这是一本写给老百姓的书：讲述货币的故事，告诉每个人钱是怎么变"毛"的。

这是一本货币升值与贬值内在规律的"演义"：透过货币升值、贬值的变化，展示气候、人文所演绎的社会兴衰。

透过货币看清历史，也可以预测未来。

如松看货币之道

如松 著

国防工业出版社
National Defense Industry Press

图书在版编目(CIP)数据

如松看货币之道/如松著．—北京:国防工业出版社，
2015.6(2016.3 重印)
 ISBN 978-7-118-10127-0

Ⅰ.①如… Ⅱ.①如… Ⅲ.①货币史—研究—中国
Ⅳ.①F822.9

中国版本图书馆 CIP 数据核字(2015)第 065634 号

※

国防工业出版社出版发行

(北京市海淀区紫竹院南路 23 号 邮政编码 100048)
北京嘉恒彩色印刷有限责任公司
新华书店经售

*

开本 710×1000 1/16 印张 20 字数 287 千字
2016 年 3 月第 1 版第 3 次印刷 印数 20001—40000 册 定价 48.00 元

(本书如有印装错误,我社负责调换)

国防书店:(010)88540777 　　发行邮购:(010)88540776
发行传真:(010)88540755 　　发行业务:(010)88540717

自序

未来是繁荣还是萧条?这关乎我们每个人的前程和命运。

我踏在过去的原野上探索未来。

"历史"先生告诉我,这是由气候和人文共同决定的。可我说,这过于宏观,升斗小民难以把握。

先生推荐我去找"孔方兄","孔方兄"虽然矮小,却知道天下包罗万象的所有事实:

一个社会是诚信还是欺诈?

未来是萧条还是繁荣?

一个时代是继续上升还是衰落?

人民是幸福还是艰辛?

我又说:"凯恩斯主义是不是包治百病的灵丹妙药?"

"历史"先生说:"如果繁荣可以印出来,那世界就再也没有萧条,更不会有纷争。凯恩斯主义只是特殊时期的止疼药,长期服用自然具有成瘾性,最终成为毒药。"

中国必定会再造繁荣,占据世界舞台的正中央,但首先必须奠定货币信用的基石和繁荣的文化土壤。

种瓜得瓜,种豆得豆,看清了历史,就把握了未来。

于是,我踏着"孔方兄"的脚印,进入历史。

一路之上,体会了"孔方兄"曾经经历过的温暖与严寒、开明与暴力、诚信与欺诈、哄抢与唾弃,也无一例外地遇到了创造春秋战国、文景之治、隋唐盛世等繁荣与兴盛的伟大先贤,和把"信用"踩在脚下、为人民所不齿的宵小之辈。于是，我明白了"孔方兄"升值与贬值的奥妙，钱是怎么变"毛"的。

现代社会已经是信用货币的时代，透过制度来观察，就会显示出每一种货币的信用基础，有些货币含有黄金，是有信用的货币；有些货币是纸本位，最终会还原为白纸的价值。

让我们透过历史的事件，看透缤纷的世界所蕴含的内在规律。

如松

目录

第一章　货币的"温床" / 001
　　实物货币的"温床" / 003
　　贵金属货币诞生 / 007
　　倚天之剑 / 016

第二章　贵金属货币的王朝 / 019
　　第一次货币奇迹 / 020
　　第二次货币奇迹 / 033
　　没有信用就没有货币 / 040
　　钱奴时代 / 053
　　气候魔杖 / 058
　　第三次货币奇迹 / 062
　　唐朝钱荒 / 074
　　最大的骗局 / 076
　　隋唐盛世的"温床" / 080

第三章　诚实与贪婪的战争（一） / 083
　　弱宋与强宋 / 084
　　纸币的诞生 / 088
　　第一个吃"螃蟹"的人 / 090
　　第一次金融危机 / 091

宋朝钱荒 / 095

弱宋的真相 / 097

选对职业很重要 / 102

澶渊之盟是一场失败的货币战争 / 107

怀念宋朝 / 112

宋朝与气候的抗争 / 114

第四章　超越时代的货币体系 / 117

纸币第一次篡位 / 118

元朝托拉斯 / 131

寻根 / 139

天威难测 / 143

第五章　诚实与贪婪的战争（二） / 145

朱元璋的梦想 / 146

另眼看仁宣 / 149

白银本位的建立 / 152

隆万中兴 / 163

万历不是谜 / 174

明朝人是幸运的 / 180

明朝灭亡的真相 / 188

经济效率决定白银的流向 / 194

清朝的屈辱与银本位无关 / 197

汇通天下之乡下祖父 / 207

闭关锁国是白银惹的祸 / 213

黄金本位登基与白银本位的溃败 / 215

清朝金融危机 / 220

白银最后的光芒 / 227

信用的战争 / 229

第六章　纸币时代 / 241
　　货币是什么 / 242
　　信用缺失的时代 / 244
　　纸本位 / 252
　　美元的特点与未来 / 264
　　欧元的稳定性 / 270
　　人民币面临的挑战 / 273

第七章　我们面临的未来 / 283
　　气候战争 / 284
　　去全球化 / 291

第八章　货币与经济趋势预测 / 295
　　货币信用的"土壤" / 296
　　价格与汇率 / 297
　　经济趋势预测的要点 / 299

后记 / 310

第一章
货币的"温床"

每个人都知道,是商品交换的需求产生了货币。

可很多人不知道,气候的温暖是货币诞生的真正土壤。从公元前约8000年开始,气候不断转暖,物质开始丰富并产生了商品交换的需求,货币逐渐诞生。

春秋战国时期是中国古代文化、经济、科技最繁荣的时期,也是货币发展突飞猛进的时期。建立完善的货币信用是秦国统一天下的一把利剑!

谁能告诉我们货币升值还是贬值的规律？让每个老百姓都知道，钱是怎么变"毛"的？

只有历史和哲学。因为货币本身是历史现象，而认识社会运转法则的是哲学。

货币内在价值的变化与在人们心目中所处的地位永远是相反的。当货币坚挺的时候，也一定是货币在人们心目中相对沉寂的时候。终归货币的内在价值长期非常稳定，没有太大的波动，很难吸引人们的注意力，因为这意味着没有多少在货币上投机的余地（唯一的例外是发生非常严重的自然灾害）。贵金属本位时代是如此，20世纪五六十年代也是如此。这时，货币具有充分的财富储藏和价值尺度功能，从效率上来说，无论存什么商品都不如存钱的效率更高。那时，人们会将所有的聪明才智集中于创新，集中于提高效率，或者是聚焦于建设一个国家。

在资本市场上，具有充分信用的货币只能用于投资。

当货币的内在价值剧烈波动、失去财富储藏和价值尺度功能的时候，就会成为"明星"，吸引全社会的目光。货币升值时期，人们一般无能为力，因为铸造或印刷货币的权力是稀缺的，这个生意高度垄断。但货币贬值时期，则是全社会的人们大展身手的时候，因为商品在这一阶段都会相对货币升值，如"蒜你狠"、"姜你军"、"炒房子"等。"炒"就变成了热门词汇，这是必然产生的社会现象。这时，货币所享受到的"聚光度"很高，是社会的"大明星"，可惜，是带来严重后果的"大明星"，产业空心化是注定的结果，压制了创新的动力和效率的提升。

这些不具备完全信用的货币，在资本市场上只能用于投机。如果你搞错了属性，用于投资，很可能亏掉裤子，因为投资的收益扣除通胀以后，收益很可能是负的。

这就是货币的哲学，它一直贯穿着货币的一生。

如果你要摧毁一个社会，就让货币不断贬值，直至货币的价值归零，当然，伴随这一过程的一定是恶性通胀；如果你要建设一个社会，就让货币稳定地保持它应有的信用和内在的价值，创新就会源源不断，社会不断地走向繁荣。

实物货币的"温床"

在原始社会，我们的祖先，因为生产力水平极为低下，生活极为艰难，物资匮乏，能吃饱活下来就不错，没有多余的物资可供交换，只能群居，为的是适应恶劣的生存环境而活下去。这时，没有生活品质的要求。

当人类社会进一步发展，生产力得到提高，可以吃饱之后，为了使生产效率得以提高，生活得更好一些，就产生了社会分工。游泳好手去捕鱼，种田好手去开荒种田，健步如飞的去打猎，五大三粗的去制造工具，等等。随着社会分工的产生，交换也就产生了，因为种田的人要改善生活，制造工具的人也要吃饭，这就产生了交换。这时，生活品质这个名词也就出现了。

起始的时候是以物易物，本质上是你情我愿。

当交易更频繁，交易的数量和品种不断扩大，交易的媒介就产生了，那就是货币。所谓货币，不过是大家公认的信用媒介，这是现在的含义，但我们的祖先，坚持等价的原则，实物货币便诞生了。

"大家公认"就代表了货币的本质，这一本质从古至今没有丝毫的变化，用现代术语来表述就是货币要具有群体普遍接受性。

群体普遍接受性原则是衡量货币优劣的第一原则，凡是具备群体普遍接受性的货币都属于优良的货币，最典型的是金银。

在现代，任何用制度来保证实现紧盯物价的货币，都是具有群体普遍接受性的货币，因为物价涉及到社会生活中的每一个人；凡是不具备群体普遍接受性，需要用权力强制推广的货币都属于劣质货币，比如津巴布韦币等。在这种情况下，无论这些国家的经济是繁荣还是衰退、经济规模是大还是小，不具备群体普遍接受性的货币都是短命的，不断贬值是其基本特征。

以上这些条件依旧不是货币产生的充分条件。

商品开始丰富，具有交换的需要，前提是什么？当然是气候。温暖的气候可以带来商品的丰富，相反，在冰盖覆盖之下，农牧渔业是无法繁荣的，产品是难以丰富的，货币就无法产生。

气候的温暖，带来社会商品的丰富，产生了交换的需求，这是货币产生的"温床"。只有在这个"温床"上，人类才能不断进步，商品经济才能不断发展，货币才能产生并演化出缤纷多彩的历史。

约公元前2100—公元前1600年的夏朝，就是一个温暖的时代，是货币产生的"温床"。

卓越的气候学家竺可桢先生，为我国气候学研究做出了卓越的贡献。竺可桢先生于1972年发表了《中国近五千年来气候变迁的初步研究》，让我们可以洞悉自夏、商以来中国不同时期的气温变化。

现代科学技术对挪威雪域线的研究告诉了我们更精确的世界和中国历史上气温变化的情形，如图1.1所示。

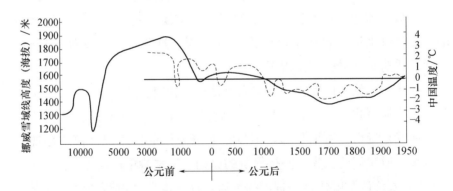

图1.1　1万年来挪威雪域线高度（实线）与5000年来中国温度（虚线）变化图

注：目前挪威雪域线高度为1600米左右；0作为目前温度；横线时间比例尺是幂数的，越向左越小。

从公元前8000年左右，中国结束了大理亚冰期内的副冰期，气候持续转暖，到夏商时期，中国和世界的气温都达到了阶段性的顶峰。

在这样的温暖时期，人类社会加速发展，商品随着生产力的进步而逐步丰富，商品的丰富带来交换的需求，货币作为交换的媒介产生了，它就是我们今天非常亲切的"钱"的祖先。

在那遥远的时代，先祖们曾经使用很多种商品作为交易媒介，包括生产工具、粮食、布帛、牲畜、皮张、齿角、龟壳、珠玉、海贝等。后来大部分都被淘汰，很显然，牵只羊去买东西，假设买条鱼，付账是比较困难的，总不能砍下一条羊腿付账吧。最终，便于携带、便于计数的奢侈品海贝成为最主要的交易媒介，作为约定俗成，为大家所公认。

人类的智慧是相通的，无论你是黄种人、白种人、黑人还是棕色人，海贝不仅仅在中国作为交易的媒介登上历史的舞台，几乎在每一块大陆，包括亚洲、非洲、美洲和大洋洲都有贝币的发现，最广泛使用的贝壳种类是存在于太平洋和印度洋暖水区的一种贝壳。

到这里，一般会产生一个疑问，海贝具有稀缺性吗？如果不具备稀缺性，又怎么可能充当货币的职能呢？每天到海边都可以捡到无数的海贝，岂不是想换什么就换什么？也确实，很多人都去过海边，海贝很多，尤其是中国的东海和南海，甚至随手都可以捡到，虽然海贝有好看的条纹、漂亮的颜色，可以作为装饰品，但并不稀缺。

到这里，需要仔细研究一下夏、商、周时期的地图，虽然那时夏、商、周的文化影响范围很广，但统治区域近似于内陆国家，西至甘肃中东部，山西、陕西、河南等地属于腹地，长江以南并不是商、周的实际控制范围，北部边界大概在河北中北部一线，相信夏朝实际控制的范围更小。别说去南海，连南海的云彩都望不到，唯一靠海的边界是现在的山东半岛沿线，海岸线并不长，那时交通不发达，不要说飞机和高铁，连普通公路都没有，要想在那里采集大量的海贝运到帝国的中心地区（西安—洛阳—安阳一线），是很困难的。运输的人要吃饭，在背够足够的粮食之前不可能背别的东西，那时连高等级直通公路（隋朝才修建大规模高等级公路）都没有，估计迷路也是正常的事情，这种直接运输的方式根本行不通。所以，海贝是通过各地的集市逐步转移到帝国的中心地区或者就是贡品，数量也就受到限制，因此，海贝是具有稀缺性的。而且，那时没有熔融冶炼技术，金银饰品是不存在的；没有坚韧的刀具，制造玉镯估计也很困难。海贝因为鲜艳的色彩和好看的花纹，是一种重要的装饰品（奢侈品），也只有如此，才能实现实物货币的等价功能。

在美洲、大洋洲、非洲等地，如果是海岸线非常宽广的地区，必定是特定的海贝才能充当货币，或者是不同的海贝价值不同，易得的价值低，难得的价值高，这是经济规律使然。因为任何货币都必须具有稀缺的属性，否则就不可能成为货币，也不会被普遍接受。到今天，这一原则依旧成立，如果货币不再稀缺，而是非常丰富，那就带来严重的通货膨胀，这种货币距离寿终正寝也就不远了，20世纪南京国民政府时期的法币和金圆券是最典型的例子。

后来，因为海贝短缺，无法满足商品交易规模不断增长的需求，仿制贝币开始出现，有石贝、珧贝、陶贝、骨贝、蚌贝、铜贝、银贝和包金贝，等等。

历史上，对夏朝是否真正存在一直有争议，贝币的产生时间也就有了争议。今天，这种争议已经不复存在。成书于西汉时期的《史记》及《盐铁论》中均有夏朝使用贝币的记载，《史记·平准书》中说到："农、工、商交易之路通，而龟贝金钱刀布之币兴焉。……虞夏之币，金为三品，或黄或白或赤，或钱或布或刀或龟贝。"大概意思是说，在夏朝，工商业兴起，各种材质的货币已经出现。《盐铁论·错币》中也说到："故教与俗改，弊与世易。夏后以玄贝，周人以紫石，后世或金钱刀布。"大概意思是说，夏朝开始，贝币、紫石、刀布等货币陆续开始使用。但由于这些记载是后人的追述，难以作为有力的凭证。而在一些夏朝的墓葬遗址出土文物中，贝币的出现佐证了夏朝使用贝币的事实。1975年在河南偃师二里头文化遗址中出土了12枚天然海贝和仿制的骨贝与石贝[①]。在河南、山西等地的多个商朝晚期墓葬中，有大量海贝和仿制贝同时出土，说明商朝晚期贝币开始了由自然属性的实物货币到硬货币的过渡。商朝的铜贝是目前世界上发现的最早硬贝币，出土于1953年，位于河南安阳大司空村的商朝墓地中。当时被称为无文铜贝，这些证据是坚实有力的。

人类的进步，商品的不断丰富，交换的产生，从而诞生了货币，温暖的气候是实现商品丰富的前提，是货币产生的真正温床。

气候的温暖催生了货币，相反，当气候转为寒冷时，货币贬值甚至消亡，如东汉末年的气温下降使五铢钱走向灭亡，商品市场回归以

---

① 尹继志，陈小荣. 试论贝币在我国的行用 [J]. 金融教学与研究，2008，(3)：78-82.

物易物。这是中国货币历史中最重要的规律。

贵金属货币诞生

夏朝和商朝是使用贝币的起始阶段，商朝又是贝币发展的重要阶段，源于商朝青铜器铸造技术的发展，天然贝币进入了金属货币的阶段。

商朝的存在是毋庸置疑的，殷商存在于约公元前1600—公元前1046年（时间无准确的定论），是第一个有同时期文字记载的王朝（甲骨文）。商朝前期屡屡迁都，最后由盘庚定都于殷（今河南安阳市），所以又称殷商。现在殷墟出土的甲骨文几乎完全验证了太史公在《史记》中记载的商王谱系。

商朝虽然是农业为主的朝代，但经济取得了快速发展，甲骨卜辞中多次提到"其受年"（能否获得丰收）的问语，这说明商朝朝廷十分重视农业生产。商朝除了出土很多六畜的遗骸之外，还发现有象骨，说明在当时的河南有驯象存在。今天，驯象主要在东南亚地区，可见当时河南北部的气候近似于现在中国云南或东南亚的气候，否则大象难以生存。今天的气候与殷商时期相比已出现了巨大的变化，平均温差大概在4摄氏度甚至以上。商朝的手工业由官府管理，洁白细腻的白陶瓷器、纺织所用的提花技术、不同形状特征的丝织品、达到顶峰的青铜器冶炼铸造技术等，这些成为殷商文明的象征。手工业的发展和青铜器冶炼铸造技术的进步，有力地推动了货币的发展。

一件事情可证明殷商经济和商品交换已经非常繁荣，因为车船出现了，有了专门牵着牛车和乘船进行长途贩运的商家，都邑里出现商贩。《战国策·秦五》中说："太公望，齐之逐夫，朝歌之废屠。"《尉缭子》中说："太公望年七十，屠牛朝歌，卖食盟津。"太公望就是大家熟知的姜子牙，姜子牙是齐国人（今山东）。《水经注·齐乘》中说："莒州东百六十里有东吕乡，棘津在琅邪海曲，太公望所出。"如果您是山东莒县人，很幸运，是这位智者的老乡。这位智慧的姜先生，人生的起始却是灰色的，"逐夫"意思是"被放逐的男人"，曾在朝歌宰牛，还是个70岁的老年屠夫，而且只是临时工（选错职业了），似乎和印象中满脸智慧的白胡子老先生相差甚远；又曾在盟津（今河南孟津）卖饭，估计也就是开个小饭馆或街头摆个摊，如果您是河南孟津人，说不定还和姜先生是邻居。

姜先生的经历告诉我们，人生任何时候都不能放弃，每当遭遇挫折的时候，就想想姜先生的经历。

史书所记载的这些经济活动以及商贾的大规模出现，说明这个时期的货币已经告别了实物货币的阶段。因为小贩拉牛车贩东西到外地，收到的如果是大批的实物货币，有牛羊、农具、锦帛、皮张、粮食等，返程一定是非常头疼的事情，还得担心牛羊将一些"货币"（粮食）就地销毁。姜子牙老板更加麻烦，估计在开饭馆的同时，还得各开一间粮店、牛羊市场、农具店等。因此，在这一时期，自然属性的实物货币已经被淘汰，取而代之的是大量的贝币开始流通。另外，虽然各种天然属性的贝币（海贝、骨贝等）也比较结实，但终归易碎易损耗，特别是大量使用时更是如此。这时铜贝成为主要的交易货币，货币逐步开始进入到硬货币的阶段，标志着金属货币开始进入我们的历史。这与现代的考古研究相吻合。

老子在《道德经》中说："五色令人目盲；五音令人耳聋；五味令人口爽；驰骋畋猎，令人心发狂；难得之货，令人行妨。是以圣人为腹不为目，故去彼取此。"本人的理解是：老子在告诫世人不能沉迷于声色犬马，这会屏蔽人们的智慧，让人们失去正常的思维能力和辨别能力。帝王如果沉迷于色音，执迷于难得之物，就会带来国破家亡。

殷纣王验证了这一点，成了亡国之君。

历史进入了周代。

牧野之战后，周朝建立，周是中国最后一个世袭制的奴隶社会朝代。

周朝对中国历史的影响就大了去了，今天社会的大部分礼仪规范、道德标准等，主要源自周朝。

周朝把君权天授形成了固定的制度。但君权天授并不是周的发明，知识产权属于殷商，虽然那时没有知识产权的概念。

《国语·周语下》中说："自后稷始基，十五王而文王始平之。"《史记·周本纪》中记载，周最初的十五个王分别为：后稷—不窋—鞠陶—公刘—庆节—皇仆—差弗—毁隃—公非—高圉—亚圉—组绀—古公亶父—季历—文王，上下两王皆为父子关系。从文王上推十五代相当于夏商时代，说明夏商时代，周的部族开始建立。

周人早期居于今山西中南部一带，公刘时，周部落则已迁居于豳（今陕西省旬邑县）。周人早先并无"周"的概念，氏族以定居的豳为国，国即是城，估计也就是打个土围子，在20世纪的北方有些地区这种土围子还很多，土围子之内就是城。这时，周人由游牧部族逐渐转化成农耕为主的部落，开始定居。自公刘起，又经九世传位，到古公亶父为部族首领时，周人受到西北地区古代少数民族之一的薰育戎的攻击，不得不再次迁徙。他们历尽艰辛，越过漆山、沮山和梁山，迁至渭河流域岐山以南之周原，就此产生"周"的概念，所以周朝的"周"字代表的是周原地名，中心位于今陕西省宝鸡市扶风、岐山一带，东西长达70公里，南北宽约20公里。所以，如果您是这些地方的朋友，大可以吹嘘一番，如果恰好姓周，那就更牛了。周原物产丰富，土地肥沃，灌溉便利，农耕条件优越，经济发展迅速。古公亶父造田营舍，建邑筑城，国力迅速恢复壮大。迁到周原以后，周与商有了联系，为了保障部族安全，古公亶父与中原的商朝建立起稳定的同盟关系，对商王称臣纳贡，接受了商朝的文化体系。周朝建立之后，商朝的文化被继承了下来，这套文化体系和天命观念经过了周公旦（就是会解梦、制定礼仪的那位先贤）的整理，成为立国的基础，进而形成了影响后代数千年的"奉天承运"的君权天授概念。

很多人可能说，周发迹于渭河流域，而吴代表的是吴越势力，相隔甚远，互不搭界。这点或有差池。古公亶父之时，周部落已颇具规模，他有三子，偏爱小儿子季历。由此看来，偏爱小儿子不是现代人的错，具有悠久的历史。长子太伯和次子仲雍为了顺从老爹的意志，以便顺利地传位给季历，自愿逃亡到荆蛮，与当地本土氏族结合，后既为吴国，也就是说，吴国与周朝本身就是一脉。

中国在封建社会时期有很多种差别，比如读书人与商人、农民的差别（万般皆下品，唯有读书高），男人与女人社会地位的差别（男尊女卑），官与民的差别等，这是有形的差别；无形的差别就更加多如牛毛。这种等级和差别的制度，实际上都起自于西周。

西周时期就开始划分国人与野人。西周实行分封制，首先就是被分封的贵族要建立军事据点，这样的据点称之为城，也称之为国，城外称之为野。无论在王朝的王畿（周王直接管辖的范围内）还是诸侯国，都存在这种分别。城中之人称呼为国人，大部分和周王室或诸侯有远近不同的血缘关系，而城外之人称呼为野人，也称庶人，他们和周王室及诸侯没有血缘关系。国人与野人具有不同的政治地位。

城乡差别自古就有啊，也难怪现在的人们愿意往大城市扎堆。

西周时期，青铜器铸造技术虽然和商代末期没有本质的差别，但数量已经急剧增加，开始出现一些青铜的日常用具，比如马具等，说明采矿业和冶炼业得到飞速的发展；井田制也使得农业的生产能力得到提高；建筑业、手工业得到极大的发展；最重要的是医药、地理、天文学开始出现；西周金文、西周诗文、西周音律都得到蓬勃发展。可以说，西周时期奠定了现代中国社会的雏形。

虽然商朝时期硬货币就已经开始使用，但一直到西周时期，依旧广泛使用各种贝币，单位为朋。铜贝币是主要的品种，到东周春秋时期，货币开始剧烈的变革。

最关键的还是春秋时期，冶炼铸造技术继续飞速发展，具备了大量铸造金属货币的条件。金属铸币在商业活动中日益显示出优越性，完全取代了西周时期依旧使用的、天然材质的贝币，并开始形成几个具有明显特征的货币体系和货币流通区域。

同时，东周时期，周天子式微，对各地诸侯的统治力下降，东周的货币也开始出现明显的变化，有些地区直接继承了西周的货币体系，有些地区偏离了西周的货币体系，继承了夏商时期的货币体系。最典型的是布币，起源于夏商时期的实物货币——农具，刀币也是一样。

在东周王室的王畿地区（今洛阳附近）和三晋地区，布币（图1.2）成为主要的货币。"布"原来是一种农具，这时逐渐脱离原来作为农具的痕迹，从实物货币的范畴分化出来，成为真正的金属铸币。春秋时期，因为布币首部仍保留着农具铲有銎可以纳柄的遗迹，所以称空首布，它是由农具铲向战国平首布发展的过渡。到战国时期，周王畿与三晋地区流行三种货币：平首布、刀币和圜钱。韩、赵、魏三国铸行的货币，以布钱为主，刀币、圜钱在不同时间和不同地区也曾使用过，周天子的辖地主要使用圜钱。

图 1.2 布币

齐国是东方大国，拥有林业、渔业、盐业等优势，商业十分发达，一直保持自己独立的刀币（图 1.3）体系，晚期才出现圜钱。

燕国也是北方大国，刀币、布币并行，燕明刀是其主要货币，晚期也铸行过圜钱。

图 1.3 刀币

楚国一直是南方大国，直接继承了西周的货币体系，从春秋以来，一直保持着它特有的铜铸贝蚁鼻钱（图 1.4）体系。进入战国时期，随着楚国影响力的扩展，蚁鼻钱的流通区域更加扩大。金饼也首先在楚国作为货币使用，这是黄金这位"明星"作为货币在中国的首次正式亮相，即便现代人对古代货币不感兴趣，但对这位明星也会倍感亲切。

楚国虽然是大国，但一直偏居南方，所以黄金这位"明星"首次正式亮相的聚光度并不高，到秦始皇统一中国之后，才大放异彩。

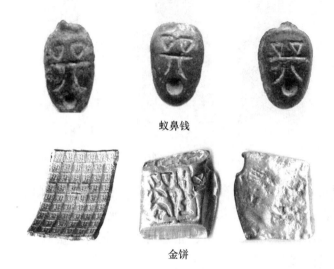

蚁鼻钱

金饼

图1.4 蚁鼻钱和金饼

秦国原本是西方边陲小国，在商鞅变法以前，没有铸钱的记载。秦孝公时，商鞅去魏入秦，变法改革，秦国逐渐强大起来，铸币才有可能。圜钱最早始于西周，圆形圆孔（图1.5）。战国圜钱始于魏，亦属于对西周货币的继承。而秦是魏的近邻，魏流通的圜钱因商鞅入秦而对秦国货币产生巨大影响。秦惠文王（公元前337—公元前311年在位）开始铸圆形方孔钱（图1.5）。秦国货币有一两圜钱、半圜钱、两甾钱、半两钱等。

秦国货币后发先至，随着秦国的不断强盛，秦国铸币流通范围不断扩大，圜钱突破了国家的界限，大量地流通于楚国、周王畿地区、三晋、齐国和燕国等地，这是综合国力强大的必然结果。在秦国使用武力征服关东六国之前，经济和货币的征服过程已经开始。

公元前247年，中国历史上的主要演员之一——秦王嬴政登上了历史舞台，即位秦王。这位具有雄才大略的嬴政先生，建立了大一统的中央集权式政权，也"备案"并启用了具有完全自主知识产权的"皇帝"称号，更主要的是，彻底埋葬了世袭制的奴隶社会，使中国正式步入了封建社会。

秦始皇登基，继承了一副好家当，在他之前，秦国已经出现六位

图1.5 圆形圆孔钱与圆形方孔钱

励精图治的君王,在中国古代历史上绝无仅有,看似不正常,实则很正常,有深刻的历史原因。

周王室就不说了,那是正宗的高贵血统。关东地区无论春秋起始时期的一百多家大大小小的诸侯,还是后来的战国诸侯,先祖也都有高贵的血统,比如齐是姜子牙的后代、燕是召公的后代、鲁是周公的后代、晋是周王室的后代,都有吹牛的资本。

可是,这些吹牛的资本并不能带来好运,因为靠吹牛是无法让国家强大的,更无法征服敌人,时刻不忘吹牛的话,最终的结局一定是被别人干掉。

秦国不同,君主在当时属于卑贱的出身,别说吹牛,估计在别的诸侯面前连提都不愿多提。

秦人先贤伯益原籍山东西南部,本为古部落首领,舜帝赐姓嬴。至夏朝末年,伯益后代费昌在夏桀时期归附商君,为商汤效力,击败夏桀,从此之后,世代辅佐殷商。至商末,伯益十世孙蜚廉和其子恶来、季胜都效力纣王。殷商失败之后,嬴姓衰落,恶来被周武王所杀,蜚廉死于霍山。周穆王时期,季胜重孙造父成为周穆王大臣,千里平定徐国之乱,受封赵城(今山西省洪洞县赵城),所以太史公认为赵姓亦是嬴姓后裔。从此，恶来的后代也到赵城居住。非子为恶来的五世孙，为周孝王牧马有功，周孝王赐给他一小块土地——秦谷（今甘肃天水市西南），让他为嬴姓祭祀。后来，非子的后代秦襄公护送周平王东迁洛阳有功，被封为诸侯，秦开始建国，占领周王室在关中的部分领地。

建国初期，秦国比较弱小。周王室东迁即是因为无法抵挡西北方向的犬戎等少数民族的强大压力，所以秦在关中建国之后，西北方向是强大的犬戎部族，函谷关以东是周王室的领地，秦国的生存空间非常狭窄。

战国时期，最先雄起的是魏国，魏文侯变法之后开始强大，主要的欺凌对象就是秦国。魏文侯二十七年（公元前419年），魏国西渡黄河在少梁（今陕西韩城西南）筑城，建造进攻秦国的军事据点，秦军对魏国的入侵进行反击，这时还基本处于相持的局面。此时，一位英雄出场，春秋战国时期与孙武齐名的名将吴起上阵，秦国开始了厄运。

魏文侯三十三年（公元前413年），李悝在郑县（今陕西省华县）战胜秦军，冲破秦军的河西（今山西、陕西两省间黄河南段以西地区）防线。魏文侯三十七年（公元前409年），吴起率军攻克秦国河西地区的临晋（即王城，今陕西省大荔县东南）、元里（今陕西省澄城县东南）并筑城。次年，吴起再次率军攻打秦国，一直打到郑县，攻克洛阴（今陕西省大荔县西南）、郃阳（今陕西省合阳县东南）并筑城。而秦国只能退守至洛水，沿河修建防御工事，并筑重泉城（今陕西省蒲城县东南）加以防守。至此，魏国全部占领了原本属于秦国的河西地区，并设立了西河郡。河西地区是秦国的主要粮食产地，河西地区的丧失将秦国逼入绝境。

更加危险的是，魏国任命吴起做西河郡守。吴起与孙武齐名，是中国历史上最伟大的军事家之一。吴起对魏国的兵制进行了改革，创立武卒制，经吴起训练的武卒，成为魏国的精锐之师，魏国军队的战斗力得到极大的提升。在吴起担任西河郡守期间，与各路诸侯的军队进行了76次大战，其中64次取得全胜，无一败绩，"辟土四面，拓地千里"，给魏国夺取了大片国土。特别是公元前389年的阴晋之战，吴起以五万魏军，击败了十倍于己的秦军，成为中国战争史上以少胜多的著名战役。吴起使秦国时刻面临丧国的危险。

悲惨的境地更能让人彻底振奋，春秋战国时期一位牛人出场了，那就是秦孝公。

为了改变被魏国、楚国等强国欺凌的局面，也为了抵御西北方向犬戎对秦国的压力，公元前362年即位、年仅19岁的秦孝公决心振兴秦国，向天下颁布《求贤令》："宾客群臣有能出奇计强秦者，吾且尊官，与之分土。"卫国人商鞅去魏就秦，实行变法，并迁都咸阳，从此秦国开始强盛。此后，历代秦王都是招贤纳士，秦孝公之后连续出现六位发奋图强的君王，他们是秦惠文王、秦武王、秦昭襄王、秦孝文王、秦庄襄王、秦王嬴政。而且历代秦王麾下的股肱之臣，有相当大部分来自关东地区。

秦国能够不断发奋图强，与嬴姓不是周王室的分支很有关系，因是原来殷商的旧臣，没有任何吹牛的本钱，只能依靠自身的发奋图强，这一点深植于一代又一代秦王的血脉之中。秦国东方有魏、楚等强国虎视眈眈，西北方有强大的犬戎时刻窥视，生存环境恶劣，不图强就死亡。在宗族的血脉和环境的压力之下，连续出现贤君又是必然。

公元前247年，13岁的嬴政即位为秦王，经历不断的内部整顿之后，秦国越来越强大，从公元前230年开始到公元前221年，秦国以摧枯拉朽之势，以几乎一年一国的速度灭亡了六国，建立了统一的大一统国家——秦朝。

其实所谓的天下，就和武林一样，东周时期，周天子这位盟主，无论实力还是号召力都日薄西山，各地帮主坐大，所谓的战国七雄不过就是帮主不断坐大的过程。

七位帮主坐大，就要发号施令，各定各的规矩。这些规矩五花八门，文章的格式、货币、度量衡甚至车轮的宽度都不同。有点像阎锡山，为了防止中央军吞并，连铁轨的宽度都另起炉灶。到秦国灭亡了六国，秦始皇登上盟主之位后，统一规矩是必然的，车同轨、书同文、行同伦、度同制等都是重要的内容。否则，原六国的地方官吏上书，盟主可能看不懂；出游到了函谷关以东，走着走着可能走不了了，因为车辆对道路的宽度要求不同；拿着秦国的钱到原来齐国的地盘买东西，老板可能会说："你这是什么东西？不卖！"虽然你揣着秦国的硬通货，但依旧得被饭馆老板赶出来饿肚子。所以，盟主重新制定统一的规矩是需要的，而统一货币制度是重要的内容，以避免出现兜里揣着硬通货却饿肚子的局面。

战国末期，各地的货币非常复杂，不仅各式各样的刀币、布币、蚁鼻钱、圜钱都在流通，而且材质也不同，包括铜、锡、铅质的都有。

估计盟主大人也懒得研究这么多种换算关系，更没工夫研究不同材质的货币之间的"汇率"，一声令下，将过去的六国货币一律废除，在原来秦国货币的基础上建立统一的货币体系。

这时，黄金这位"明星"才重新隆重登场，大一统的秦朝规定，以黄金为上币，单位为镒，每镒20两（也有说24两）；以铜为下币，圆形方孔，单位是半两，一般重约8克。钱币的鼻祖"秦半两"诞生了，黄金的货币神话也从此开始。

战国时期，称呼货币为泉。王莽改制时，再次使用货泉为货币，而王莽改制大部分模仿周礼，所以，泉也应该是西周对于货币的称呼。钱，在东周以前，代表的是一种农具，从秦朝开始，逐渐专门用于货币的称呼。

在现代社会，黄金是大哥，白银是小弟，可是在秦朝，白银小弟连孙子都算不上，因为秦朝规定白银不能作为货币流通，只能用于制作器皿等。

上金下铜是一种主、辅币的货币结构，主、辅币的结构开始形成，这种结构一直影响到现在。比如今天的社会，百元大钞是主币，硬币是辅币。秦始皇也很难想到，这种货币结构在后代实现了中国经济的多次繁荣。

如果你想给盟主大人当时的货币体系定义，应该称为金铜复本位制。这个名词估计盟主大人听不懂。

到此，大一统中国的贵金属货币体系正式诞生了。这时，货币参与交换的过程都是等价交换，童叟无欺。

童叟无欺的"货币"先生，遇到了后世狡诈的人性，演绎出历史上无数的故事，也因此让历史更精彩，让狡诈的人性展现得淋漓尽致。

倚 天 之 剑

今天，我们知道，虽然美国的霸主地位有些下降，但依旧是世界上最强大的国家，手中拿的是两把倚天之剑：第一把是人权至上的价值观，即敬重人的价值；第二把是美元，代表的是信用。

美国依靠手中的两把倚天之剑成为世界霸主，是因为对人类社会来说，充分认识人的价值，是至高无上的，而信用更是构建一个社会的基石。但是，美国人是"后生"，我们的先祖2000多年前就已经开始掌握这两件利器。

每个人都可以历数春秋战国时期的主要成就，百家争鸣（实际上远远多于百家）造就文化繁荣，科技、经济、军事大发展，那是一个令每个中国人激情澎湃的时代。想想看，不同的思想流派互相辩论、诘问，抑制糟粕，发挥所长，共同促进社会的飞速进步，那是何等的生机勃勃！

变法图强、富国强兵是那个时代的潮流。

秦国变法之前，魏文侯就在魏国进行变法，后来吴起又主持楚国的变法。魏文侯变法的结果是打得秦国满地找牙，其变法的中心思想是法制与儒家思想相结合，这是后代帝王"霸、王道杂之"的原始出处。以李悝教授法经，依法治国，魏国呈现出蒸蒸日上的旺盛生机，任用李悝、吴起、乐羊、西门豹、子夏、翟璜、魏成等人，富国强兵，使得魏国成为战国初期最强大的国家。

被打得满地找牙的秦国自然也想翻身做主人，公元前361年，秦孝公决心变法，颁布《求贤令》：

"昔我缪公自岐雍之间，修德行武。东平晋乱，以河为界。西霸戎翟，广地千里。天子致伯，诸侯毕贺，为后世开业，甚光美。会往者厉、躁、简公、出子之不宁，国家内忧，未遑外事，三晋攻夺我先君河西地，诸侯卑秦，丑莫大焉。献公即位，镇抚边境，徙治栎阳，且欲东伐，复缪公之故地，修缪公之政令。寡人思念先君之意，常痛于心。宾客群臣有能出奇计强秦者，吾且尊官，与之分土。"

虽然这篇《求贤令》不能称作诏书，但如果把它看作诏书，那一定是之后两千多年中，最让人激情澎湃的诏书。

这篇《求贤令》的精髓是把对人和知识的敬重放到了至高无上的位置，甚至君主以共享国家作为酬劳。

公元前338年，秦孝公病危，据《战国策》记载，秦孝公意欲传位于商鞅，商鞅推辞不接受。

商鞅变法的内容涵盖社会的各个方面。秦孝公于公元前359年命商鞅在秦国国内颁布《垦草令》，作为全面变法的序幕。变法主要包括：实行依法治国；废除旧世卿世禄制；奖励军功，以军功授爵；重农抑商，奖励耕织，特别奖励垦荒；实行土地私有制，允许自由买卖；普遍推行县制，废除分封制；统一度量衡制，颁布度量衡的标准器。因为当时的货币使用重量（铢两）为单位，所以，度量衡标准器的颁布，就规范了圜钱的重量和价值，等于货币规范化。2000多年后的1717年，英国的牛顿先生做了同样的工作，将黄金价格定为每金衡盎司（纯度为90%）3英镑17先令10便士，从此英镑按黄金固定了价格。如果牛顿先生看到2000多年之前的中国就具备同样的思维，估计得郁闷很久。

从此，关东有识之士持续不断地涌入函谷关，在秦国建立丰功伟业，使得秦国走上强盛之路。但这一切的根基是什么？

信用！这就是"徙木立信"的故事。信用的建立，是秦国变法强大的基石。如果没有信用，一切都无从谈起，而货币规范化是信用的外在表现。

商鞅去魏就秦、准备变法时，保守力量极其强大，包括旧贵族代表甘龙、杜挚起来反对变法。秦孝公采取什么方式解决分歧呢？不是压制，更不是"打棍子"、"扣帽子"，而是辩论！这一大辩论的内容和过程，在《商君书·更法篇》、《史记·商君列传》中都有比较详尽的记载。

这是一种非常宽松、开放的社会氛围，任何才能之士都可以展现才华，展现思想的精髓，所有的真知灼见都会融入到推动社会进步的滚滚洪流之中，无论贵族、士人与平民都可以建立丰功伟绩，商鞅舌战群儒表明了这一点。

魏国的变法和吴起主持的楚国变法，都不如秦国的商鞅变法彻底。即便商鞅死后，变法也一直在持续。从此，关东有志之士不断西去，而代表秦国信用的圜钱不断东流，虽然方向相反，但代表同一个含义：对关东六国的征服过程开始了！圜钱东流代表的是信用的征服，更是经济的征服；而有志之士不断西去，意味着人文、政治、军事的征服。

吴起、孙武、商鞅、张仪只能诞生在那个时代，不是那样的时代，这样的豪杰之士就很难脱颖而出。

在春秋战国的时代，由于处于诸侯分裂的状况，客观的压力让各国必须保持开放、开明的态度，使得人的价值和知识的价值受到最充分的重视，得到最大限度的发挥。这是春秋战国时期思想和文化繁荣进步的根本动力，也因此诞生了中国古代的哲学文化，老子的思想、孔子的思想、墨子的思想等都不同程度上属于哲学的范畴。

对人与知识的敬重和信用的建立，自古至今，都是两把倚天之剑，是征服的利器，也是社会和经济走向繁荣的根基。

第二章

贵金属货币的王朝

西汉有两个繁荣周期,那就是文景之治和昭宣中兴。这两次繁荣周期最关键的基础之一就是使货币具有更高的价值、更完善的信用,用现代术语来说就是使用通货紧缩的货币政策,西汉的两次繁荣就是两次货币奇迹。到西汉后期,货币不断贬值带来通货膨胀,加速了西汉的灭亡。

三国演义中的"义"字代表的是什么?本章告诉读者"义"的另一种表现形式。

两晋钱奴是中国历史上独特的风景。

隋唐盛世给所有中国人以激情澎湃的自豪感,我们是唐人!但隋唐的货币让中华民族更加自豪,唐朝的开元通宝比唐朝军队征服的区域更广大,即便唐朝灭亡以后,依旧是中国商品市场中价值的"脊梁",隋唐盛世演绎了中国古代史上第三次货币奇迹。

第一次货币奇迹

刘邦的烦恼

很多人会说,刘邦翻身了,从"派出所所长"(亭长近似这个岗位)一跃成为盟主(皇帝),"普天之下,莫非王土,率土之滨,莫非王臣",难道还有烦恼?有!而且很烦恼。

秦朝末年,经过大规模战乱,后来又经过四年的楚汉战争,百业凋零。因为秦朝实行的是严刑酷法,因此,起义军的主体——农民,对官僚地主阶级的仇恨深重。表面上看,项羽烧了阿房宫很可惜,实际上反映的是这种仇恨。可想而知,官僚地主阶级和他们的财产都受到了摧毁性的打击,而广大的百姓,更是背井离乡,很多逃进了山林,社会一片凋零。刘邦虽然登上了盟主之位,但这个家不好当。

西汉初期,汉廷是不铸钱的,而是将铸币权下放给各个郡国和民间。一定有人说,刘邦有点傻,这么好的生意自己不做,提着脑袋"闹革命",一朝翻身做主人,为了什么?还会有人说,刘邦是因为信奉黄老思想的"无为而治"而放弃了铸币权。说刘邦傻的人,先摸摸自己的脑袋是不是发烧,把自己烧糊涂了,刘邦如果没有足够的智慧,登不上盟主的宝座;说刘邦因为信奉黄老思想而放弃铸币权,我不敢反对,因为我没问过刘邦,也或许有这方面的原因,但我知道这不代表全部。更有一些人说,西汉政府没有认识到货币发行权的重要性,这是站着说话不腰疼!以建国后萧何在功臣中的地位可见,刘邦对财政的重要性非常清楚,否则楚汉战争早就输掉了,估计他自己的脑袋也搬家了。

汉廷不铸钱,最主要的原因是它兜里没有钱!

很多人会说,你这不是废话吗?不是废话。当时实行的是贵金属货币,你要铸钱,就要有贵金属(金和铜本身就是钱)。当时国家的财政是什么情形呢?《汉书》中有一句话给出了答案:"民失作业,而大饥馑，死者过半；自天子不能具醇驷，而将相或乘牛车。"看见了没有，当时的老百姓很惨，死者过半，皇帝出行连四匹颜色相同的马都凑不齐，大臣只能乘坐牛车。金铜又能有多少呢？真正的一穷二白。所以，刘邦的烦恼是明知道自己有权力铸钱，但他太穷了，没铜铸钱。

那好吧，刘邦很穷，但既然登上了盟主之位，办法总是有的，我给他想了两个办法：第一，既然登上了盟主之位，没有屠龙刀也可以号令天下，可以加税，从百姓身上拔毛。可是，"大城名都，户口可得者只有十分之二三"，就是说大中城市的人口，因为不断的战乱，仅剩下20%～30%。刘邦的封地曲逆原来有3万人，现在只剩下5000人。"民失作业，大饥馑，死者过半"，"人相食，米一石5000钱"。以上这些都是《汉书》的记载。盟主能拔毛吗？刘邦本身就是秦朝的公务员，按现在来说，至少也算银领，应该活的挺滋润。只是因为秦朝暴政，没法混了，起来造反推翻了秦朝。估计那时的刘邦对这一点的记忆还很深刻，知道这个时候如果从百姓身上拔毛，一定会有很多人以自己为光辉榜样，将自己赶下擂台，被赶下擂台的前盟主一般是丢掉脑袋。刘邦不糊涂，所以，这个办法行不通。第二，盟主既然登基，就拥有了权力，总可以大规模找矿，开矿铸钱。可是，如果在百废待兴的时期，不是首先恢复生产，稳定人民的生活，而是大力组织开矿铸钱，必定导致通胀继续恶化，民不聊生的情形将更加严重，最终的结局估计刘邦也清楚，这个办法也行不通。

刘邦当时放弃铸币权是无奈，当然也应该受到"无为而治"的影响。

牛人的选择

西汉初期实行的是郡县和封国并行制（应该是效仿西楚的模式），郡的长官是郡守，封国的长官当然是诸侯王。刘邦自领15郡，异姓王被铲除之后（仅剩下长沙王），封立的"同姓王"共有9国，本质上是郡国自治制度。

封国国君的权力很大，有些封国比如吴国、楚国的面积也很大，等于数个郡的面积，其政权与中央基本相同，除太傅和丞相由中央任命外，自御史大夫以下的各级官吏，都由诸侯王自己任命，诸侯王还有军权、财权，再加上盟主赋予的铸币权，等等。

史书上一直在说，封国制造成了中央权力削弱，也造成了后来的七国之乱，似乎刘邦这样的决策是完全错误的，是万恶之源，但事实并非如此。

这种封国制度本质上是地方自治制度。汉初时期，社会萧条，百废待兴，而各地的情形不同，封国建立之后，扩大了地方自治权力，汉朝政府对地方不再过多干预（本身就没钱，即便想干预也是心有余而力不足），增强了各封国发展地方经济的积极性。西周伊始，在关东分封了很多诸侯，这些诸侯之间的边界就成为春秋战国以后关东地区地域划分的历史因素。其次就是经济因素，吴越、燕代、齐鲁、三晋等，因为资源禀赋不同、气候不同，形成了自身的经济特点。西汉的郡国划分依旧参考了以上历史和地理等因素。西汉实行郡国制度，使得各地因地制宜，充分地发挥了自身的经济特点，极大地促进了经济的发展。《史记·吴王濞列传》中说："会孝惠、高后时，天下初定，郡国诸侯各务自拊循其民。"大概意思是说，汉初各诸侯王国都对本国的老百姓采取优抚政策，其目的就是为了招抚和安置流亡人口，使人民积极从事生产，发展经济。太史公又云："吴王，能薄赋敛，使其众，以擅山海利。"说的是吴王依据山海的有利条件，对百姓轻徭薄赋，受到百姓的拥护。吴王濞通过种种优待国民的办法，调动人民的劳动积极性，促进了吴国经济的迅速发展。《史记·淮南衡山列传》载："淮南厉王长，收聚汉诸侯人及有罪亡者，匿与居，为治家室，赐与财物爵禄田宅。"大概意识是说，淮南王为争夺更多的劳动人手，不惜对流民甚至逃犯皆赐予优厚待遇，目的是发展生产。而"胶西于王"刘瑞，命令官吏不得收租税（"令吏毋得收租赋"），从而使老百姓有更多的资金投入再生产，亦有利于地方经济的发展。

优待人民，轻徭薄赋，任何时期都是王道。

那时，中央所属郡县的成年男子，要到边地或京师屯戍，也就是要当义务兵。而诸侯王国所属之人，只在本诸侯王国范围内服役，有的诸侯王还给服役者发工资。诸侯王国的义务兵离家近，又有工资，待遇如此之好，结果，中央郡县就有许多人户逃亡到诸侯王国去。如果任何一个诸侯王国或刘邦直接管辖的地区，不好好优待百姓，估计百姓都跑了。所以，那些诸侯、郡守之流，估计做梦都在想如何优待百姓，否则自己就成为了光杆司令，这种压力可是太大了，对百姓自然需要物质、思想双管齐下。此外，那些分散在郡县的侯国也尽可能地利用自己有限的职权，招揽流亡，增殖户口，奖励开荒，以图增加地方财政收入，使得许多侯国的户口迅速增长。

《史记》载："齐国，东有琅邪、即墨之饶，南有泰山之固，西有浊河之限，北有渤海之利……故，齐带山海，膏壤千里，宜桑麻，人民多文采布帛鱼盐。"当时齐国政府除发展本地生产，还专门设有经营盐铁生产的机构，以开发利用丰富的自然资源。对于吴国，《史记》载："东有海盐之饶，章山之铜，三江、五湖之利。"赵地多铁矿，故赵国以冶铸为业。此外，燕、代北国，因其自然条件，发展成半农半牧的经济区。南方长沙等国，利用水利之便，广开水田种植稻谷。从长沙马王堆汉墓出土的丝织物中，还可见许多精美的刺绣，其中有信期绣、长寿绣、乘云绣等，说明驰名中外的湘绣早在西汉长沙国时就已经发展到较高水平。

汉初时期，出现了举国上下竞相安抚百姓、努力发展生产的情景，社会迅速恢复。

在历史上，刘邦是牛人，以近似布衣之身夺取天下。这位牛大哥，更在西汉初期一穷二白的条件下，使得西汉经济迅速恢复，使人民安定下来，说明他在政策的选择上更牛。如果说货币铸造权的下放是无奈的选择，那么，郡国自治制度是非常适时的选择。

铸币是个技术活

列位说了，西汉既然开放了铸币权，大家都去铸币，岂不是都发财了？

哪有这样的美事？如果一个社会每个人都去铸钱，那么，大家都得饿死。

一般的农民和城市市民是铸不了钱的，因为古代铸币，必须有金、银、铜等贵金属，要贵金属就必须去找矿、挖矿和冶炼。现代找矿有很先进的仪器，在古代，都是自然发现的。除了已经发现的矿山之外，找矿可是个漫长的过程，一般人可承受不了这种成本。而且一般人既买不起矿山，也没有财力开采。在当时，冶炼可是技术活（现代也属于技术工种），一般的农民和城市市民难以胜任。即便拥有矿山的"土豪"不止一个，铸出来的钱也有很大差别，比如重量、纯度、外观等都会有差别，市场会按市场的法则优胜劣汰，所以，市场份额最终都会集中到少数几家手中，他们会依靠质量和品牌胜出。

事实也是如此。西汉初期的钱币发行最后主要集中到吴王、齐王和邓通手中。对吴王、齐王我们基本清楚，而邓通是蜀郡南安（今四川乐山）人，在皇宫当差，主要工作是洗皇船，也算是个吃皇粮的公务员，尽管是蓝领。因为一个离奇的境遇，被汉文帝封为上大夫，成为宠臣，并赐给他一座铜矿山铸钱，也就是严道铜矿，现在的位置是四川省荥经县六合乡古城村附近，从此富可敌国。据说，其人是中国有史以来十大富豪之一，而且排名靠前（没有考证），按逻辑来说，李嘉诚远远不行，因为李嘉诚是挣钱机器，而邓通是印钞机！铸币权开放以后，主要市场份额被吴王、齐王和邓通占有。

隐患

汉初时期，封国有军权、财政权、铸币权和大部分官吏任免权，问题也就出来了。邓通就不说了，后来被汉景帝罢官，没收矿山，从事印钞职业居然最后饿死。邓通先生留下的最大遗产是"邓通"成为后世人们对钱的代用称呼。但吴王、齐王这样的王国本身就拥有极大的权力，现在又占有了货币铸造市场很大的份额，威胁到了中央的权力。

此外，西汉同时流通秦半两和汉半两，也带来严重的问题，因为汉半两的重量远低于秦半两，而币值却相同，就有很多不法商人搜集秦半两熔融之后，铸成汉半两，这是典型的劣币驱逐良币的法则（格雷欣法则），秦半两和汉半两的币值相同，是实现这一法则的基本条件。一枚秦半两重量约十二铢（约八克），可铸成四枚汉半两，因这种汉半两十分轻薄，似榆树之荚，故而又称"榆荚钱"，重量是三铢（大约两克），货币成四倍增加，各王国加速铸钱也难保没有缺斤短两的行为，结果带来通货膨胀。

王国成为真正的独立王国，货币的混乱带来通货膨胀，汉初经济迅速恢复之后，开始显现严重的问题。

刘邦在公元前195年仙逝之后，吕后出场。吕后二年（公元前186年）时，西汉作出政策调整，"行八铢钱"。此次调整在史书上仅记有这四个字，其他的情况则一无所知。最近出版的《张家山汉墓竹简（二四七号墓）》一书则披露了这次调整货币政策的一些情况。西汉政府为此专门立法，制定了金融方面的法律——《钱律》。该律隶属于《二年律令》，是它的一个组成部分。与《二年律令》同出有一部《历谱》，所记最后一年是吕后二年，可以证明《二年律令》即是吕后二年制定的一部律令。其中的《钱律》就是此年为推行新货币政策的立法，与史书的记载相吻合。

在《二年律令》的《钱律》中，明确规定铜钱的直径应不小于"十分寸八以上"（即汉制八分）。对可流通铜钱的其他标准也作了规定，钱体虽有磨损，但上面的文字（即"半两"）大部可识者，并非折断或铅质钱者一律可以流通。《钱律》并未有钱币重量的规定。从《汉书·食货志》、《吕后本纪》可知，吕后二年法定铜钱的重量是八铢。

吕后二年货币政策的另一重大变化是，政府收回铸币和发行权，禁止民间私铸，对违反者给予极严厉的处罚①。

与之相配套的政策是政府收回矿山的开采权，或由政府直接开采，或出租于人，政府收取租金，《二年律令·金布律》对此有记载。

政府禁止民间铸币以后，改由中央政府主导货币的铸造和发行。当然，钱币的铸造是分散在全国许多地方，由政府派员直接监管。相对"榆荚钱"而言，吕后二年发行的"八铢钱"重量增大了许多，掺入的杂质也减少，铜的消耗明显增加，政府的支出成本大为提高，财政呈现出不平衡，就是我们今天熟知的财政赤字，从而导致新币制难以为继。

吕雉女士发觉上当了，规规矩矩铸钱并不保证是一本万利的好生意，古人和现代人印钞的含义不同啊。

吕后六年（公元前182年），货币政策再次调整，废止"八铢钱"改行"五分钱"，即恢复使用钱径仅有半寸、实重三铢的"榆荚钱"，

---

① 彭浩. 西汉初年货币政策的调整 [EB/OL]. (2010-01-27) [2014-06-08]. http://wuhan.pbc.gov.cn/publish/wuhan/2963/2010/20100127162902167396163/20100127162902167396163_.html.

面值仍维持"半两"不变。这样做自然是货币贬值行为,政府从这次的货币改制中获取了大量的财富,使府库得以充实。这次调整大约维持了七年的时间①。

谁说女子不如男?吕雉女士就开创了中国历史上的创举,政府有史以来第一次通过货币贬值猎取财富,这是给后代统治者上的第一课,当然这一课是很容易牢记的。吕雉女士有无数的追随者,更有很多铁杆粉丝,当然,最终都要付出代价,这些朝代无一例外都是短寿的。

由以上可见,政府回收货币发行权,本质上并未对国家带来实际的好处。相反,财政难以为继,只能又恢复"榆荚钱",虽然这一过程政府掠夺了财富,充实了财政,但货币改革失败了,"榆荚钱"的恢复意味着政府信用的丧失。

由此也可以看出,在古代,铸币并不是一本万利的生意,在等价交换的原则之下,铸币只是商品市场中的一种经济行为。如果政府严控货币的价值,铸币并不能保证发财,亏掉裤子也是可能的。今天,任何国家的中央银行只要开动印钞机,就可以实现一本万利,和古代相比,差别可是大了去了。

汉文帝的货币奇迹

汉初的货币政策是不完善的,刘邦时期,因为秦半两和汉半两重量不同,产生了货币投机的空间,造成通货膨胀。吕后时期,政府对货币政策的调整是完全失败的。这时,中国历史上又一位牛人出场了,虽然这位牛人在史官和很多名人的笔下并没得到过多的赞誉,只认为是普通的守成之君,既不像朱元璋那样是典型的劳模,也不像汉武帝那样不断在聚光灯下提高知名度,但这样的人才是更牛的人,因为用他的思维梳理了社会,引导社会走向真正的繁荣。

这位牛人就是汉文帝刘恒。

老子在《道德经》中说:"致虚极,守静笃;万物并作,吾以观

---

① 彭浩. 西汉初年货币政策的调整 [EB/OL]. (2010-01-27) [2014-06-08]. http://wuhan.pbc.gov.cn/publish/wuhan/2963/2010/20100127162902167396163/20100127162902167396163_.html.

复。夫物芸芸，各复归其根。"

本人理解的意思是：要尽力使心灵的虚寂达到极点，使生活清静坚守不变。万物纷纷芸芸，都有内在的规律。遵循事物的内在规律，万物就能一齐蓬勃生长。

世间的任何事情，都有内在的规律，人们最需要做的就是探索和顺应这种内在的规律。用今天的话说，就是当好裁判员，然后让内在规律发挥作用，这就是最理想的状态，货币与商品生产之间的关系也是一样。汉文帝将这种思想演绎在经济生活中，奠定了文景之治。

中国的经济史上，通胀或通缩是时刻存在的问题，纸币时代，通胀如影随形，这种恐惧深入每个人的骨髓；而贵金属货币时期也是一样，要么因为贵金属供给增长缓慢带来通缩，阻碍经济的发展，要么有些不良的统治者铸虚钱盘剥社会，造成社会经济的混乱。

难道就没有一种理想的方式解决这一问题吗？让经济发展和货币的信用供给保持完美的平衡，使经济健康地运转？有的！中国历史上就有两个时期实现了这种理想状态，使经济发展与货币信用的供给实现完美的平衡。当然，在这种理想状态下，社会各行各业都会蓬勃发展。第一个时期就是西汉文景时期；第二个就是后面的唐朝前期。

文景之治时期，开创了中国货币史上的第一次奇迹。

前文说了，即便开放铸币权，也不是谁都可以铸钱的，而且市场会按市场的法则，优胜劣汰，和今天有些品牌商品的市场占有率不断提升是一样的道理。如果铸的钱过多，就会形成通货膨胀，那么商品的价格就会上升（钱币的价格下降），社会资本就会提升对商品的投资，增加商品的生产能力，同时，因为钱币的价格下降，社会就会减少对钱币生产的投资，钱币供给增速就会下降。比如，你是种棉花的，当市场钱币增加时（假定这些钱币都是足重的钱币，如何监督钱币铸造的质量是政府这个裁判员的事情），棉花的价格上涨，你的收益就会增加，就会扩大再生产，来年种植更多的棉花，结果就会增加商品的供给，实现新的平衡。同时，钱币的价格下跌（棉花价格上涨代表钱币价格下跌），铸币收益下降，甚至亏损（比如吕雉女士的痛苦经历），就会减少钱币的铸造量并减少铸币的投资，钱币的供给增速下降，也一样抑制商品价格的继续上涨。最终,市场自身的力量就会抑制通货膨胀。当通货紧缩发生时,商品价格下跌,钱币价格上涨,市场的行为相反,也会自动抑制通货紧缩的进一步发展。

市场自然会在商品生产和货币铸造之间实现最理想的平衡,这是一种最优化模式,是古代货币管理的奇迹,这个奇迹由汉文帝创造,而西汉政府的唯一职责是监察货币保持稳定的价值(重量),当好裁判员。

当商品生产与市场的货币信用供给实现理想的平衡时,经济自然展现蓬勃生机,不断走向繁荣。

汉文帝五年(公元前175年),政府调整货币政策,废除"盗铸钱令",准许民间铸钱,实行四铢"半两"钱(图2.1),比原来的重量提升了三分之一,重新建立政府的公信力。四铢半两钱一直使用至汉武帝发行三铢钱时才废止,大概使用了四十余年。

图2.1　文景之治时期重量为四铢的汉半两

(图片来源:中国网)

这是一项具有重大历史意义的举措,重铸的四铢半两钱提升了钱币的信用,抑制通货膨胀。准许私人铸钱,恢复市场商品生产和钱币铸造之间的自我调整模式,用市场行为调整钱币和商品生产之间的平衡,这是文景之治形成的金融基础。用"无为"最终实现"无所不为",深刻地认识了市场自行调节的法则。

本人认为汉文帝时期货币重量的设立(四铢)参考了吕后货币改革的经验,如果重量过高,相当于面值过低,铸币行业会出现大面积亏损,行业就会难以为继,形成通货紧缩;而"榆荚钱"属于面值过高,造成通货膨胀。四铢重量的设定,是一种均衡测算和选择的结果。

就凭汉文帝的这点见识,就配得上历史赋予的地位。也就决定了汉文帝无需做劳模,更无需不断用聚光灯提高知名度,就可以在历史上占据崇高的地位。

汉文帝二年（前178年）和十二年（前168年）分别两次"除田租税之半"，租率最终减为三十税一。这是在寻找国家和民众之间理想的分配方式，过于向民众倾斜，则会造成国用不足，边防削弱；过于向政府倾斜，就会造成民生困苦，动摇国家之本。三十税一的比例在后世的很多朝代都是最基本的赋税比例，事实也证明，这是一个比较合理的比例，这是汉文帝的卓越贡献。汉文帝十三年，还全免田租。汉文帝重视农业，曾多次下令劝课农桑，根据户口比例设置三老、孝悌、力田若干人员，并给予他们赏赐，以鼓励农民生产。

文景时期，重视"以德化民"，当时社会安定，百姓富裕。到景帝后期，国家的粮仓丰满起来了，新谷子压着陈谷子，一直堆到了仓外；府库里的大量铜钱多年不用，以至于穿钱的绳子烂了，散钱多得无法计算。

汉文帝提倡节俭，并以身作则。文帝在位二十多年，宫室、园林没有什么增加。他修建自己的陵墓，要求从简，不许用金银等装饰，只许用陶瓦。

西汉初年，大的诸侯王国不过万户，小的五六百户；到了文景之世，"流民还归田园，户口迅速繁息"。诸侯王国大者至三四万户，小的也户口倍增，而且比过去富裕得多。

汉廷、郡国优待百姓，轻徭薄赋，百姓富足；政府励精图治，国用充足，这就是繁荣的中国。可这些依旧不是全部，汉文帝"以德化民"意味着什么？

虽然史书上只有简单的"以德化民"四个字，但具有丰富的内涵。

从春秋以来，中国经历了近四百年的分裂时期，虽然秦始皇实现了短暂的统一，但很快再次陷入分裂，直到西汉建立。

在这样长时间的分裂时期，各个国家形成了适合自身特点的价值观、文化理念、经济模式、货币制度等，甚至宗教信仰都会出现自身的特点。我们现在说，民族之间是有差别的，现在中国有五十六个民族，各有自身的特点。在这些差别中，不同的人种最容易形成不同的民族，比如苗族和哈萨克族的人种差别很明显。但有些民族之间，人种并没有明显的差别，因为宗教信仰不同、文化不同、价值观不同，形成不同的思维模式和行为模式，最终，也形成不同的民族。

比如，春秋战国时期的齐鲁和燕赵，很显然，人种之间没有明显的差别，但是，因为地域因素，形成了不同的文化。即便今天，齐鲁文化和燕赵文化依旧有各自显著的不同特征，直接使得人们的价值观和行为模式出现了差别。当这种差别根深蒂固之后，一个齐鲁人遇到一个燕赵之人，通过思维和行为的观察，得到的感觉就是这小子是个外族人（甚至是外国人）。如果在战国时期，您是一位北京人（属燕国），到洛阳去出差（属周王畿），拿着您在燕国的硬通货"燕明刀"去饭馆吃饭时，估计这饭是吃不成的（周王畿流通圜钱），而且饭馆老板还可能会因为您手中的"刀"而怀疑您是否有不轨行为。您的第一感觉是到了国外，拿着人民币是无法在美国的小饭馆吃饭的。

春秋战国时期，这种差别非常明显，比如，秦人在战国时期被中原诸国称为戎狄、夷狄之后，有一定贬义的成分；而"荆蛮"一词，在《辞海》中解释为："即楚，周人敌视楚国的称呼。"很显然，这是一种敌意的称呼。各国之间就形成了不同的价值观、思维模式、文章模式、度量衡体制等。拿着一国的硬通货到别的国家却只能饿肚子的情形是经常发生的。

当这种差别不断深化，形成人们心中固定的思维模式，不同的民族就形成了，进而很容易形成不同的国家。因此，长期分裂之后形成的大一统朝代，一般比较难以持久。虽然有统治者政策的原因，但这种内在的分裂倾向，无疑是更加重要的原因。秦朝和隋朝都比较典型。因为在人们的心目中，燕赵之人、齐鲁之人、楚国人等，大家潜意识就认为别人是外国人，至少也是非我族类，其心必异。

这种分裂的意识，不会因为秦始皇实行车同轨、书同文、行同伦、度同制等改革措施而彻底消失，因为这些措施只解决了表面的现象。比如：秦国的老兄可以看懂楚国亲戚的来信；吴国的车马到了齐鲁依旧可以行驶；北京的老兄出差到了洛阳不会因为货币的不同而饿肚子。这些只是表面现象，人们的价值观和思维理念的差异是行政力量无法消除的，他们深深地根植于各地民众的心中。

这种固有的力量是非常强大的，是直接推翻秦朝的原因之一，项羽的旗号是西楚霸王，一个"楚"字直接点出了主题。

汉文帝的"以德化民"具有非常深邃的寓意,也是非常适时之举。

道家以天地万物之自然为"道",而各种事物所得之自然为"德"。儒家认为,无论人性善恶,都可以用道德去感化教育人,儒家思想中的仁义礼智信都属于德的范畴。而汉文帝真正注释了"德"的内涵。

《史记·匈奴列传》记载,孝文帝后二年,遣使给匈奴单于的信中说:"皇帝敬问匈奴大单于无恙。使当户且居雕渠难、郎中韩辽遗朕马二匹,已至,敬受。先帝制:长城以北,引弓之国,受命单于;长城以内,冠带之室,朕亦制之。使万民耕织射猎衣食,父子无离,臣主相安,俱无暴逆。"信中还说到:"圣人者日新,改作更始,使老者得息,幼者得长,各保其首领而终其天年。朕与单于俱由此道,顺天恤民,世世相传,施之无穷,天下莫不咸便。汉与匈奴邻国之敌,匈奴处北地,寒,杀气早降,故诏吏遗单于秫糵金帛丝絮佗物岁有数。今天下大安,万民熙熙,朕与单于为之父母。朕追念前事,薄物细故,谋臣计失,皆不足以离兄弟之驩。朕闻天不颇覆,地不偏载。朕与单于皆捐往细故,俱蹈大道,堕坏前恶,以图长久,使两国之民若一家子。元元万民,下及鱼鳖,上及飞鸟,跂行喙息蠕动之类,莫不就安利而辟危殆。故来者不止,天之道也。俱去前事,朕释逃虏民,单于无言章尼等。朕闻古之帝王,约分明而无食言。单于留志,天下大安,和亲之后,汉过不先。单于其察之。"

从信中内容可见,汉文帝努力减轻人民的刀兵之苦,使人民可以过上稳定的生活。

在封建社会时期,田赋一直都是主要的税源,这种农业税贯穿历史始终。而文帝十三年(公元前 167 年)起,连续免除全国田赋长达 11 年,这是中国封建历史的点睛之笔,从无人可以超越。人民富足,社会安定,由于农民负担长期得到减轻,政府与农民的关系得到了空前的改善,出现了社会安定和谐的局面。史称:"文景之世,国家元气恢复,社会安定,府库充实,人民生活近于小康。"《史记·律书》记载汉文帝时:"百姓无内外之徭,得息肩于田亩,天下殷富,米至十余钱,鸣鸡吠狗,烟火万里。"没有了对外战争中百姓所承担的徭役,也没有对内承担的田赋,天下富足。汉初米价高至五千至一万钱,而文帝时期低至十几钱，这真是非常大的变化，下跌了99.6%以上。如果您这样认为，依旧被忽悠了，忽悠您的是"汇率"先生。

刘邦凑不齐四色相同的马匹、萧何大人们需要坐牛车的时候，那是秦亡汉兴的转折期。当时主要的流通货币是秦半两，重十二铢；在汉朝，主要流通的是汉半两，不算吕后时期的"榆荚钱"，即便文帝时期提升铜钱重量以后，重量也不过四铢。换句话说，秦半两和汉半两的换算关系是1∶3。米价的实际差距比数字显示的还要大得多。

我们可以算算米价的实际降幅，以秦末汉初的米价5000钱、汉文帝时期米价20钱计算，秦末汉初买一斤米的钱，文帝时期可以买750斤；原来买一天口粮的钱，现在至少可以买两年多的口粮。

这才是一个欢乐祥和的盛世。

《史记·文帝本纪第四》记载："文帝临终诏书，不以死为哀，且反复重申不得厚葬，并亲拟葬礼规模，恐子孙违己意也。千载圣君，至死尚垂治天下。"另外，还记载太史公的赞美："呜呼！仁哉！吾以汉文帝为千载第一明君也。"

文帝之"以德化民"，不是向天下人说教道德礼法，而是让人民过上富足的生活，通过自身的行为将德与仁广施于天下万民。

春秋战国四百多年来，根植于人民心中的分裂倾向消失了。从此，中国各地区不同语言、不同习俗、不同文化、不同思维习惯的人民从内心认可"汉"的旗帜，自愿昂首挺胸地说：我是汉人！汉族人民屹立于世界之林，我们才有了今日汉族的称呼！

虽然汉朝的"汉"字，源于刘邦起初被封为汉中王。但本人认为汉族的"汉"字，真正起始于汉文帝，是汉文帝弥合了中国在春秋战国漫长的历史过程中形成的分裂倾向。

每当您填写履历表中民族一栏时，如果您写下的是汉族，您一定要牢记汉文帝的伟大功绩。

米价不断下跌，不断减轻徭役和赋税，这就是汉文帝的"德"，是普惠万民，这就是人道，人道就是天道！隋文帝也念好了"德"这部旷古的经书，所以，创造了盈满之国的美誉。而隋炀帝看不懂这部"德"经，所以，成为丧国之君。

第二次货币奇迹

历史的三岔口

上文说到,西汉政府留下了隐患,那就是王国同时拥有军权、财权、铸币权和人事权,对西汉中央政府形成威胁。最终出现七国之乱,战争的结果是王国战败,名存实亡,到汉武帝时期,铸币权收归中央,但这场战争对国家来说没有胜者。

王国的名存实亡,失去了几乎所有的权力,意味着大一统的权力模式形成。无论经济、政治还是文化,没有竞争自然就失去了活力,也就没有了进步的动力。郡国争相优待民众、努力发展生产的环境消失了;百花齐放、争奇斗艳的文化氛围成为了历史,社会进步的动力衰弱了。

如果我们换个方式来思考,在高祖刘邦至文帝时期,在诸侯王国没有对朝廷形成威胁之前,收回诸侯王国的兵权,对铸币权以征税的形式进行有效管理,结果会如何?

诸侯王国的铸币行为不敢太离谱,铸币过程中也不敢有假冒伪劣行为,否则将造成社会的动乱,损害汉廷的利益,汉廷一定会惩罚,而汉廷手中有兵,有能力做到这一点。诸侯王国的铸币行为受到规范,所铸货币就会真正起到信用媒介的作用。而铸币权不在中央,中央也不可能通过货币的贬值行为为所欲为,汉廷对铸币权进行征税,充实了财政,朝廷也可以健康运行。各个封国、郡县必定依旧努力发展生产,推进经济继续繁荣,从此中国就会脱离后来运行的轨迹,走向诸侯王国与汉廷互相制约的健康发展道路。

这有点类似于联邦机制。

实现权力的相互制衡,才有社会的长治久安,可惜,历史不容如果。

功与过

在文景时期,西汉处于经济的恢复期,对周边的游牧民族主要采取和亲的策略。到汉武帝时期,随着国力的增强,主要采取军事打击的策略。汉武帝军事上知人善任，经过卫青、霍去病等人多次出击，解决了匈奴的军事威胁，巩固了边防，汉武帝功不可没。

《罪己诏》的发布可说是汉武帝一生最大的功绩。汉武帝后期，由于连年对外用兵和肆意挥霍，国库已经空虚，汉武帝用桑弘羊执掌全国财政，对盐铁实行垄断专卖，并出卖爵位（买官卖官），允许以钱赎罪（以钱抵法），使吏治进一步腐败。广大贫苦农民不堪官府和豪强的双重压榨，于汉武帝统治的中后期接连爆发起义，并且愈演愈烈。军事上，公元前90年（征和三年），贰师将军李广利受命出兵五原（今内蒙古自治区五原县）讨伐匈奴的前夕，丞相刘屈牦与李广利合谋立昌邑王刘髆为太子，后刘屈牦被腰斩，李广利妻被下狱。此时李广利正在乘胜追击，听到消息恐遭祸，欲再击匈奴取得胜利，以期汉武帝饶其不死。但之后兵败，李广利投降匈奴。这时，西汉内忧外患，处于崩溃的边缘。公元前89年（征和四年），桑弘羊等人上书汉武帝，建议在轮台（今新疆轮台县）戍兵以备匈奴，汉武帝驳回桑等人的建议，并下诏反思自己，称"当今务在禁苛暴，止擅赋，力本农。修马政复令以补缺，毋乏武备而已"，史称《轮台罪己诏》。

聪明人与普通人的差别在哪里？审时度势！《轮台罪己诏》的发布和武帝中前期解决匈奴的威胁，是其一生最值得纪念的成就，后人不会遗忘。

但汉武帝后期的一些做法，也是贻害无穷，比如：强调人治，彻底破坏了西汉初期的法制社会体系。

西汉前期，以黄老思想为治国理念，法制占有非常重要的地位。刘邦带军攻入咸阳时，诸将都去抢金银财宝，也难怪，大家跟随刘邦老兄造反，主要是为了升官发财，而萧何则带人去抢秦朝的档案馆，这样萧何就掌握了秦朝的人口、地理、法律等资料。西汉建国后，萧何根据秦国的法律，以无为而治、清静守法、约法省禁、顺应民心的原则，对秦法进行了修改，制订了《九章律》，全社会共同遵守，在法律的框架下"无为而治"。以后"萧规曹随"，西汉建国的法制基础得以巩固和完备。汉文帝、汉景帝等都是依法治国的榜样，不敢把君主个人意志加于法律之上。有一个故事颇能说明"文景之治"是如何依法治国的。《汉书》中记载：一次，汉文帝马队经过中渭桥，有一人从桥下走出来，惊了汉文帝所乘的马，于是派人把这人抓了起来，交给法官张释之处理。那人解释说，看见马队，躲到桥下，后来以为马队走了，就出来。出来后，看见马队还在，就逃跑。张释之依律，判此人罚款。汉文帝很生气，这人惊了我的马，还算马温和，换其他的马，不伤了我吗？你怎么只是罚款（原告不服）。张释之说，法律，是天子与天下人都必须共同遵守的。法律就是这样规定的，你要加重处罚，这样法律就不能取信于民了。汉文帝思考后说，法官说得对。

汉文帝想加重处罚，但最后仍然不得不依法办事，这就是文景黄老之治的表现。法律是天子与天下人都共同遵守的，身为帝王，也不能把自己的个人情绪和意志加于法律之上。但遗憾的是，由萧何、曹参、汉文帝等开创的清静无为、依法治国的好传统，被汉武帝彻底破坏了。

汉武帝后期不断地穷兵黩武，各地农民不断造反，国家可说处于风雨飘摇之中。司马光曰："孝武穷奢极欲，繁刑重敛，内侈宫室，外事四夷。信惑神怪，巡游无度。使百姓疲敝起为盗贼，其所以异于秦始皇者无几矣。然秦以之亡，汉以之兴者，孝武能尊先王之道，知所统守，受忠直之言。恶人欺蔽，好贤不倦，诛赏严明。晚而改过，顾托得人。此其所以有亡秦之失而免亡秦之祸乎？"

汉武帝利用货币贬值大规模从社会掠取财富，造成社会的严重动荡。汉武帝不断地改变币制，共进行了四次货币改革，给经济带来混乱。如果你生在那个时代，也会胆战心惊，说不定一觉醒来，官府通知，你兜里的货币作废，换新币了。

公元前140年和119年两次货币改革最为典型，通过发行虚钱制造通货膨胀，实现自身聚敛财富的目的。

汉武帝建元元年（公元前140年）行三铢钱，重如其文，比原来文景时期汉半两的重量下降四分之一。由于三铢钱与四铢重的半两钱等价使用，又发生了典型的劣币驱逐良币的行为。于是，导致盗铸盛行，这也难怪，盟主大人从四铢钱改为三铢钱，自己就在盗铸，民间自然有人效仿。因此到了建元五年春，只能"废三铢钱，行用半两钱"。公元前119年再次进行货币改革，《史记·平准书》中记载："于是天子与公卿议，更钱造币以赡用，而摧浮淫并兼之徒。是时禁苑有白鹿而少府多银锡……有司言曰：古者皮币，诸侯以聘享……又造银锡为白金……以天用莫如龙，地用莫如马，人用莫如龟，故白金三品：其一曰重八两，圜之，其文龙，名'白选'，直三千；二曰以重差小，方之，其文马，直五百；三曰复小，椭之，其文龟，直三百。令县官销半两钱，更铸三铢钱，文如其重。"简单地说，就是铸造分别相当于三千、五百和三百钱的大钱（白金三品）；还将自己禁苑的白鹿皮制成货币，取名皮币；同时，命令县官销毁半两钱，减少重量铸三铢钱，这是铸小钱的行为。

文中可见，虽然后代将这次的行为命名为"货币改革"，实际就是朝廷缺钱花了，"更钱造币以赡用"。所造的新币白金三品，可不是现在的白金，而是银锡合金，面值相当于三铢钱的 3000 倍、500 倍、300 倍；所谓白鹿，估计就是得了白化病的鹿，用白鹿皮制成皮币（制作工艺技术得问司马迁大人），面值相当于三铢钱的 40 万倍。

虚钱和小钱的使用，造成社会上盗铸成风。汉武帝规定盗铸金钱罪皆死，可民间盗铸根本无法阻挡，甚至官吏也参与其中。五年间，数十万人因此被杀。最后，犯罪的太多，监狱也装不下了，杀也杀不完，加上老百姓不信任新币，"改革"只能停止。

所以，您可别听到改革这个词汇就欢欣鼓舞，有时是馅饼，而有时是陷阱。

汉宣帝的货币奇迹

文景之治时期，是通过市场行为自动调节商品生产和货币铸造之间的平衡，实现第一次货币奇迹。到昭宣时期，中央已经收回货币铸造权，一样实现货币稳定和经济繁荣的奇迹。

这一次奇迹的诀窍是引导货币升值。

昭宣中兴的故事有很多，实际上三句话就可以代表主要的内容：第一是与民休息，保持货币的信用；第二是严格执法，防范冤狱；第三是严格吏治。

与民休息的内容在汉武帝的《轮台罪己诏》中就已经确定，无论霍光辅佐昭帝的时期，还是宣帝执政的时期，都是重要的内容。在此期间，7次颁布了减免田租、口赋及其他杂税的诏令，6次颁布"赈贷种及食"和《勿收责》的诏令。凡遇郡国遭受水旱及地震灾害，当年租赋徭役皆免。昭帝颁布《令民得以律占租》的法令，废除了律外苛税。宣帝时更下令《勿行苛令》，减盐价，禁止官吏"擅兴徭役"。

五铢钱诞生前夕，因半两钱濒临崩溃，市场一片混乱，汉廷和各级政府与商民争利，拼命铸钱，使得通货过度膨胀，钱币的购买力急速下降，物价飞涨。民众无法生存，相继放弃生产，流亡他乡，靠出卖劳动力来糊口；或者是铤而走险，加入私铸行列，企图赚取厚利。汉武帝元狩五年（公元前118年）开始"废三铢钱，改铸五铢钱"。钱文"五铢"从此启用，五铢钱自西汉武帝元狩五年至唐武德四年，铸造历史长达七百余年，是中国历史上绝无仅有的货币品种，其流通地域之广，影响之深，在中国货币史乃至世界货币史上都占据重要地位。

虽然汉武帝时期开始铸造五铢钱，但五铢钱迎来辉煌却是在昭宣中兴时期。

宣帝五铢是汉宣帝在位期间铸行的（图2.2）。铜质、形制、书体、铸造均已达到尽善尽美的程度，币值坚挺、工艺精美、质量完善的五铢钱在此形成。宣帝铸钱以工整敦厚著称，在西汉钱中地位极高，一般重量在3.5克到4克之间。

图2.2　宣帝五铢
（图片来源：百度百科）

汉宣帝亲政后，进一步废除了汉武帝时期订下的酷法，法律的地位实质上却得到了提高，治国策略更倾向于依法治国，而不是人治。设置廷尉平一官，专助廷尉决疑案、平冤狱，将治狱的好坏作为考核官吏的一项重要内容。通过这些措施，改变了武帝末年人人自危，大臣"安危不可知"的局面。同时，宣帝严肃执法（恢复法律的尊严）。在汉宣帝即位初期与霍氏家族争夺执政权的斗争中，大司农田延年作用非凡，"以决疑定策"，被宣帝刘询封为阳城侯，但因修建汉昭帝陵墓，趁雇佣牛车运沙之机，贪污账款 3000 万而被告发。有大臣为他说情，认为"春秋之义，以功覆过"，但刘询没有同意，派使者"召田延年诣廷尉"受审，拟以重罚，致使田延年畏罪自杀。

与民休息、坚守货币的信用加上恢复法律的尊严，成就了昭宣中兴。

汉宣帝对吏治的治理是史上的佳话，既不是采取雍正那样的严酷手段，也不是采取某些皇帝那样放任自流的方式。对于郡守一级的官员，汉宣帝都是亲自召见（相当于面试），严格的考核措施使得官吏队伍不断廉洁高效，可以说，官吏的选择是其执政时期最重要和最谨慎的事情，也是其一生最大的成就。

无论昭帝还是宣帝都慎动刀兵，但不等于对边防无动于衷。宣帝即位第二年（公元前 72 年），汉朝发铁骑 16 万余，分五路攻打匈奴，这是两汉 400 年最大规模的一次对外骑兵出征，匈奴惨败。到甘露三年（公元前 51 年），呼韩邪单于亲往帝都长安，俯首称臣做北藩。用今天的话说，就是一战打出几十年的和平。

昭宣中兴时期，吏治清明，四海无事，国泰民安，物阜年丰，是西汉的黄金时期，也是西汉的最高峰。因此年年铸钱，很快发行出去，又很快回流到国库中来。宣帝末年，库中存钱八十多亿。

封建社会时期，通货膨胀有利于货币发行人从民间抽取财富，基于汉武帝之后，货币发行人基本都是朝廷，货币贬值和通货膨胀的过程就是将财富从民间转移到朝廷的过程；相对应的，通货紧缩就是相反的过程。

当货币贬值造成通胀的时候，民不聊生，激化之后就会造成民变，甚至导致王朝的灭亡，汉武帝公元前 119 年的货币改革至为明显；而通货紧缩会削弱中央的财政能力,威胁到国防等事业,也对国家不利。

任何时期这都是一对难以调和的矛盾,是一个两难的问题,可这一难题在汉宣帝刘询的治下,就不是问题。

这位刘兄除了精简机构、清明吏治的常规手段之外,降低主要商品价格,让利于民(我们今天的术语就是通货紧缩),让老百姓手中的货币购买力不断增加;通过清明吏治和发展农桑,用经济繁荣的方式提升国家的财政能力。

换句话说,提升国家的管理效率促进经济的发展,进而提高了国家财政收入;用价格让利,实现国民富裕。

在刘兄的大力倡导下,各级官吏都将劝课农桑、发展生产作为首要政务。刘询还派农业专家蔡葵为"劝农使",巡视全国,指导农业生产。在刘询统治后期,国内经济空前繁荣,农业连年丰收,谷价创造了汉代的最低价。想想文景时期的谷物价格(每石十几钱),做到这点还真是非常困难的事情,可这位刘兄做到了。

为防止谷贱伤农,五凤四年(公元前54年)的正月,大司农中丞耿寿昌向汉宣帝奏请在边郡设立常平仓,以供给北部边防之需,减省转输漕运之费。"常平"源于战国时李悝在魏国所行的平籴(dí),即政府于丰年购进粮食储存,以免谷贱伤农,歉年卖出所储粮食以稳定粮价。汉武时期的桑弘羊发展了上述思想,创立平准法,依仗政府掌握的大量钱帛物资,在京师贱收贵卖以平抑物价。宣帝时期,这种"常平"的举措,很快收到成效,漕事因而畅达。汉宣帝又下令在边郡各地筑造谷仓,于谷价低时加价籴入、价高时则降价粜(tiào)出,以平抑谷价,调剂各边郡的谷物供给,名曰"常平仓"。

虽然常平仓始于战国时期,但大规模建设却只有汉宣帝时期,这是为什么呢?今天看起来,常平仓是很简单的事情,特别是可以加印钞票的时代,更是轻而易举。但是,在当时是需要强大的财政后盾的,这种后盾是贵金属储备,这种储备是无法印刷的。也就是说,大规模建立常平仓,必须有底气,有强大的财政能力。因为从提高价格收购到低价卖出的过程,加上仓库的建设、管理储运费用等,都需要国家财政支付大量补贴,没有繁荣的经济,没有强大的财政支撑,大规模推广常平仓根本是不可能的。

在古代，食盐是最重要的物资之一，历朝历代都将盐税作为国家财政的主要收入来源，但汉宣帝不断贯彻减盐价的措施，让利于每一户家庭。

宣帝刘询，是第一个实施官员问责制的皇帝；也是第一个明文规定无罪推定条款的皇帝；皇家的赏赐不是面向皇族，而是面向全国的所有人，居然一次动用国库的三分之一；三次亲自接见万民上访。这些都是中国历史上的创举。

太史公司马迁有一个女儿嫁给杨敞，所生小儿子叫杨恽。杨恽自幼聪颖好学，他的母亲把自己珍藏并且深爱着的《史记》拿出来给他阅读。杨恽初读此书，便被书中的内容吸引住了，爱不释手，一字字、一篇篇，非常用心地把它读完。杨恽成年之后，还把它读了好几遍，每读一遍总是热泪盈眶，扼腕叹息。在汉宣帝的时候，杨恽被封为平通侯，这时候他看到当时朝政清明，想到他的外祖父司马迁这部巨著正是重见天日的时候，于是上书汉宣帝，把《史记》献了出来，从此天下人得以共读这部伟大的历史著作。

司马光曰："帝兴于闾阎，知民事之艰难。霍光既薨，始亲政事，厉精为治……是以汉世良吏，于是为盛，称中兴焉。"

在中国两千多年的历史上，鲜有同时做到对外扬国威、对内安居乐业、对国财政充盈的时代。而汉宣帝刘询时期，谷物创造西汉的最低价格，盐价不断降低，谷物和食盐是农耕社会最主要的两种商品。而宣帝五铢是童叟无欺的五铢钱，实际上，这是一种适度通货紧缩的措施。

这是货币的信用所创造的奇迹！

对外，威震西域，一战打出几十年的和平；对内，百姓安居乐业，国家不断让利于民；对国家，宣帝末年，库中存钱八十多亿。

这才是明君，汉宣帝是中国古代君王的典范！

没有信用就没有货币

唯一的错误

在治国方面，汉宣帝几乎是完美的帝王，这在中国历史上非常罕见，吏治、民生、国防、外交、财政几乎做到了尽善尽美。但世上无完人，这位刘兄只犯下一个明显的错误，但却是最致命的错误。

汉宣帝刘询为汉武帝和皇后卫子夫之曾孙，皇太子刘据之孙。刘兄出生数月，即逢巫蛊（一种巫术）之祸。皇后卫子夫和太子刘据相继自杀。刘据的妻妾和三子一女皆死，唯独襁褓中的刘病已（后改名刘询）逃过一劫，被收系郡邸狱。据《汉书》记载：巫蛊之祸案发后，邴吉被调到京城任廷尉监，负责处理太子刘据案。邴吉知道太子是被诬陷的，怜悯刘病已这个无辜的婴儿，便让忠厚谨慎的女囚胡组、郭征卿住在宽敞干净的房间哺育皇孙。后元二年，武帝病，望气者说长安监狱有天子气（看来这位望气者不是吹牛），武帝便派遣使者，命令将监狱中人一律处死。使者夜晚到来，邴吉紧闭大门，说道："皇孙在此，普通人都不能无辜被杀，何况皇上的亲皇孙呢？"邴吉大义凛然，以大无畏的气概拒不执行皇帝的旨意。到了天亮，使者无奈回去回复，武帝此时也清醒了，说："天使之也。"于是大赦天下，皇曾孙刘病已得救了。邴吉于是将刘病已送到祖母史良娣家里。

大难不死，必有后福，冥冥之中都有命运。

武帝后来下诏，将刘病已收养于掖庭，上报宗正并列入宗室属籍中。

据《汉书》记载：掖庭令张贺（张汤的儿子）原是刘据的部下，他对刘病已极好，自己出钱供刘病已读书。在刘病已长大后，张贺非常赏识刘病已，想把自己的女儿嫁给他，但张贺的弟弟右将军张安世反对："曾孙乃卫太子之后也，幸得以庶人衣食县官，足矣，勿复言予女事。"于是张贺作罢，为刘病已迎娶许广汉女儿许平君为妻，演绎了一段流传千古的佳话。

刘兄登基之后，对霍光言听计从，百依百顺，但只有一件事例外，就是立皇后。当时众公卿都认为霍光之女是最佳的皇后人选，甚至集体上书。这时候，皇帝却下了一道莫名其妙的诏书，诏书说：我在贫微之时曾经有一把旧剑，如今我十分地想念它啊，众位爱卿能否为我将其找回来？（"上乃召求微时故剑"，源自《汉书》）。对于这道诏书，估计群臣要回家捉摸几天，甚至连带老婆孩子需要一起猜谜语。但中国人的智慧还是没得说，最后大家终归揣摩到了刘兄的心意，开始一个个请立许平君为皇后。

故剑情深的浪漫典故从此开始流传，这是中国历史上一道最浪漫的诏书，一道王子对贫女的许诺。刘兄不但是一位好皇帝，还是一个重情重义之人。

许平君与刘询于公元前76年生下后来成为汉元帝的刘奭。

刘奭多才多艺，能写一手漂亮的篆书，至于弹琴鼓瑟、吹箫度曲、辨音协律等等，无不穷极其妙，令人叹为观止。

在汉宣帝时期，奉行"霸、王道杂之"，实际是依法治国和以德治国互相兼顾，这种治国理念源自战国初期的魏文侯。从汉元帝开始，法治开始荒废，大批无能之人占据了重要岗位，充斥朝廷和地方，门阀制度开始形成。西汉开始走向衰落。

自此地方经术世家开始形成壮大，州郡的主官，开始父子相传或兄弟相传，这是门阀制度的起源。在这种情形下，因为少了地方的掣肘（父子相传以后，对维护皇权失去了动力），一些人篡夺最高权力就非常容易。这种制度在西汉后期到整个东汉时期不断发展壮大，两晋时期达到顶峰。东晋时期更达到血统论的高度，只要血统高贵，其他不论，都可以高官厚禄。

既然将国家社稷举手送人，那一定就有不客气之人（也无需客气），投机钻营之人总会适时而出——王莽出场。

货币第一造假之人

元帝时期，门阀阶层逐步壮大，结果大权旁落，只能借助宦官。宦官、外戚、门阀阶层同时登上舞台，在争夺盟主权力的过程中轮流坐庄，可唯独皇帝被打下了擂台，失去了号令天下的资格，甚至最后连候选资格都被注销（孺子婴被废）。

西汉后期成帝、哀帝之世，社会矛盾不断尖锐，灾荒频频，自然导致国家财政亏空，各位盟主（掌握权力的实际盟主已经大部分不姓刘）开始打起了货币的主意，剪轮五铢钱开始出现。

剪轮五铢钱又称"磨郭五铢"、"剪郭五铢"。简单地说，就是五铢钱边缘被剪掉或磨掉一部分，面值不变，钱币实际重量下降，同样的材料就可以铸更多的钱，等于加印钞票。

西汉自武帝之后，皆以外戚辅政，汉元帝的大老婆王政君，六十余年母仪天下，辅佐了四任皇帝，用一言九鼎来形容或许都是不够的，那真是号令天下，莫敢不从。王莽是王政君的外甥，再加上"不知疲倦的工作态度，礼贤下士的工作作风，艰苦朴素、乐于助人的优良品德"，自然火箭般地高升，朝野上下皆赞王莽。公元6年，汉平帝死后，王莽指使同党向太皇太后王政君上书，要求让他代天子临朝。王政君无奈，只好顺从这一要求，由王莽摄政，称为"摄皇帝"。

公元6年，王莽改年号为居摄元年。三月，王莽立年仅两岁的刘婴为皇太子，号称"孺子婴"。此后数年，就是装神弄鬼的时间，搞一些符命图谶等，证明自己代汉是代天行事，这些儒生对这一行业，自然具有专业化的水准。更可笑的是连刘邦的委托书都出现了，赞成王莽代汉。既然死去近200年的刘邦老先生都说话了，王莽再"推辞"也就不像话了。公元8年，王莽踢开了汉朝的候任盟主"孺子婴"，自己直接登上了盟主宝座，改国号"新"。

有一部电视剧的名字叫《过把瘾就死》，这个名字形容王莽最贴切，因为王莽的工作态度很成问题。

抱着使汉朝长治久安工作态度的汉高祖刘邦，登台伊始就全力恢复经济，安定百姓生活，事实证明，刘邦的工作态度是十分正确的。可是，王莽并没有长期工的打算，而是临时工的理念。

居摄二年（公元7年，也就是当上假皇帝的第二年），王莽就露出了本来面目。铸"一刀平五千"、"契刀五百"、"大泉五十"与汉五铢并行；"一刀平五千"重约30克，"契刀五百"重约16~18克，"大泉五十"重约7~12克，分别约相当于汉五铢钱的9倍、5倍、3倍（汉五铢钱不少于3.5克），面值却分别相当于汉五铢5000枚、500枚及50枚来使用。当时大规模的农民起义还没有发生，直到公元17年至18年，因为爆发严重的自然灾害，湖北爆发绿林军起义，山东爆发赤眉军起义。这说明王莽通过铸造虚钱敛财并非被迫，而是主动行为。

第二次货币改革是在始建国元年（公元9年，与上次只间隔一年），保留此前的"大泉五十"，另铸"小泉值一"，两品并行。"小泉值一"重约0.6~1.2克，面值和五铢钱相同。

第三次货币改革是在始建国二年（公元10年），实行五物（金、银、龟、贝、铜），六名（钱货、金货、银货、龟货、贝货、布货），二十八品。二十八品中，有金货一品，银货二品，龟宝四品，贝货五品，布货十品，钱货六品。其中钱货六品后世称为"六泉"，以上均为货币。

不能说很复杂，而是非常复杂，您如果记不住也就算了，因为这些东西都很短命。估计如果集市摆个摊，至少得高中毕业，否则计算不了价款。连龟、贝都再次成为货币，那是真正的返祖了。如果最简单理解，就是市场中的货币立即多了几十倍，知道这么多也就够了。

这充分说明，王莽对待工作的态度很成问题，第一次改革，还可以说是折腾刘家，终归刘家的大旗（西汉）不倒，就没法改朝换代，旧的不去，新的不来。可第二、第三次货币改革的时候，王莽已经是皇帝，再继续折腾，可就是折腾自己了，和自己过不去，但王莽还没折腾够，最后一次货币改革发生在地皇元年（公元20年），废除此前铸行的所有货币，另铸"货泉"、"货布"，其中"货布"1枚当"货泉"25枚使用，而重量仅为其数倍。

以上依旧不是全部，据现代的研究结论，王莽当政期间，发行的货泉（货币）有一百多种，如果我们生在那个时代，要搞明白有多少货币品种和相互之间的兑换关系，足够喝一壶的。

王莽如此热闹地折腾货币，终于让死去的汉武帝不再寂寞了。

在成百乃至上千倍高额利润的刺激下，尽管王莽课以重刑，"重其法，一家铸钱，五家坐之，没入为奴婢"，但仍然阻止不了盗铸者的洪流，人们不惜铤而走险，因犯铸钱罪而被没入奴婢的人数达到十几万人。

王莽不断地进行货币改革，整个掉进钱眼里去了。可王莽为什么那么缺钱？饥荒是因素之一，更主要的因素是王莽的改制。

任何改制，一般都是精简机构，期望实现更高的效率，社会更公平。但王莽相反，他希望官员多多益善，或许他觉得，官员越多，自己的"仆人"、"打手"就多了，地位越稳固。

新莽始建国元年，王莽以《王制》及《周官》为据，改秩禄之号，更定官位为公、卿、大夫及士（这些都是西周时期的官位）；最低级的庶士为百石,最高级的卿则为中二千石;将官吏的选任制改为世袭制;把西汉时的州、郡、县三级制,改为州、部、郡、县四级。

由于行政区划的随意改制,导致部、郡、县的数量大增,仅县的数量就增加了两倍,官吏的数量也相应地大幅增长,官吏的俸禄和衙门的办公费用也随之增长,能够享受贪污资格的官吏也就更多,这极大地加重了国家的财政负担。为了应付迅猛增长的财政开支,王莽创立了许多新税,租税名目繁多,而且需要不断地改革货币,聚敛财富。新朝末年,对人民征敛更甚。

再次提醒大家,改革不是新鲜词汇,是一个拥有悠久历史的词汇,改革有时拥有很多不同的面目,王莽的改革,就是开历史的倒车。

大家可以给王莽各种评价,但都没多少意义。伴随王莽在货币上不断地折腾,聚敛财富,赋税多如牛毛,加上天灾不断,农民起义风起云涌,社会大乱,新莽也就短命而亡。

事实证明,王莽只想当一把临时工,既然想过把瘾就死,"历史"先生也就毫不客气。公元23年,王莽被农民军杀死,更可悲的是,他的尸体被士兵和百姓分食。

王莽,货币第一造假之人,实至名归。

需要提醒的是,王莽是个文化人,虽然所造钱币都是虚钱,属于忽悠的性质,但有文化的人造假,还是会体现出一定水准。这一时期所铸造的钱币(图2.3),大部分铸造精美,有很高的收藏价值,如果您现在拥有那时期的钱币,恭喜您!您有一笔可观的财富,拍卖市场会给出让您惊喜的答案。

图2.3 王莽时期的复古钱币
(图片来源:中国网)

信用是货币的"生命"

《道德经》说:"希言自然。故飘风不终朝,骤雨不终日,孰为此者?天地。天地尚不能久,而况于人乎?故从事于道者同于道;德者同于德;失者同于失。同于道者,道亦乐得之;同于德者,德亦乐得之;同于失者,失亦乐得之。信不足焉,有不信焉!"

本人理解的意思是:任何人都要遵循自然的法则,狂风刮不了一个早晨,暴雨下不了一整天。谁使它这样呢?天地。天地的狂暴尚且不能长久,更何况是人呢?所以,从事于道的就同于道,从事于德的就同于德,从事于失的人就同于失。同于道的人,道也乐于得到他;同于德的人,德也乐于得到他;同于失的人,失也乐于得到他。诚信不足,就会有不信任。

汉文帝时期,用德使得天下万民自愿团结在大汉的旗帜之下,用法治和货币的信用成就文景之治,遵循了商品生产和货币信用之间的自然平衡法则;汉宣帝时期,货币的信用就意味着对臣民的诚信,德与法并行,成就昭宣中兴。王莽在货币造假这一行业不是浪得虚名,不断破坏货币的信用,本质是破坏自身的信用,自然无法长久。王莽自己不遵守信用的结果,就是天下所有人都不对他遵守信用,最终的结果是新莽短命而亡。

货币是自然形成的,是人类社会商品交换过程中产生的信用媒介,当货币维持它自然属性的时候,商品社会就会取得不断的发展,带来经济和社会的繁荣。在文景之治和昭宣中兴时期,货币的自然属性显露得淋漓尽致,忠实地履行了货币的信用职责。

但从王莽时期开始,货币开始大幅度偏离自己的自然属性,主要成为牟利的工具,当不能充当信用职责的时候,货币就会死亡。而货币死亡过程代表的是商品经济倒退的过程,市场回归以物易物。从新莽时期到隋朝的建立,就经历了三个这样明显的过程。

名列榜首的自然非王莽莫属。汉武帝以后,五铢钱已为人民所惯用,但王莽却禁止通行已久的五铢钱,复用古代货币,而且推行政策摇摆不定,种类繁多,致百姓不能使用,仍沿用以往的五铢钱。当王莽下令强制使用"五物六名二十八品"的复杂货币时,社会经济发生混乱，通货膨胀更加严重。货币政策每改革一次，就是对人民的一次大搜刮、大掠夺，"民涕泣于市道"，"愁苦死者什六七"，"王莽末，天下蝗旱，黄金一斤易粟一斛"。王莽死后，社会恢复以物易物的"自然经济"，货币实际上已经死亡。

名列次席的是东汉末年到三国时期，代表人物是董卓。

东汉光武十六年（公元40年）再次实行五铢钱，也就是中国历史上的东汉五铢，重量3～3.5克不等。虽然当时社会上的私铸行为并没有完全杜绝，但官铸东汉五铢占据统治地位。伴随钱币价值稳定，东汉开启了明章之治（公元57—88年）的繁荣，通过轻徭薄赋、减轻刑罚、力倡文教、远征匈奴等手段，使东汉的国力达到鼎盛。梁鸿（东汉诗人）在雒阳（洛阳的古称）城北写下著名的《五噫歌》记载当时的繁华：

陟彼北邙兮，噫！
顾览帝京兮，噫！
宫室崔嵬兮，噫！
人之劬劳兮，噫！
辽辽未央兮，噫！

到后期，东汉开始衰落，五铢钱的重量开始下降，市场中出现大量的磨边五铢和剪边五铢、凿边五铢。磨边五铢比东汉五铢轻1克左右，剪边五铢和凿边五铢比东汉五铢轻大约40%，面值不变。

灵帝光和七年（184年）爆发黄巾起义。中平六年（189年），董卓入洛阳，废少帝，立献帝。初平元年（190年），董卓挟献帝迁都长安。为了搜刮民间财富，他大铸小钱。铸钱需要铜，就将秦以来的各种铜制品销毁作为铸钱原料。秦始皇时，收天下兵器铸造了12个金（铜）人，相传每个金人重24万斤（秦衡制，约合现在的61.44吨），董卓用其中的9个（一说10个）来铸钱。汉武帝欲求长生，造了一个神明台，台上有承露盘，有铜仙人手捧铜盘、玉杯承接"云表之露"，掺和玉屑来吃。汉武帝时还铸有铜神兽、铜神禽、铜龙、铜马和铜柱等。这些铜制品也都被董卓拆毁用来铸钱。董卓铸造的小钱，或有"五铢"、"五朱"等字，或无文字，钱质很差，又非常轻薄，每枚重仅1克上下，与真正的五铢钱相去甚远。小钱铸造数量多，只能在中央政府统治权力所及的狭小地区内流通，造成了恶性通货膨胀。以小钱计算的谷价，每石从几万钱、几十万钱涨到几百万钱①。

由于董卓滥铸小钱，商品经济遭受了一次严重的破坏。虽然初平三年（公元192年）董卓即被杀，但分裂的局面已经形成，商品经济的衰退长期延续，使中国进入了物物交换或以谷帛为币的社会。

直到曹操、魏高祖曹丕和魏明帝曹叡时期，五铢钱才再次恢复使用，货币重归舞台。

居于第三的是大分裂和南北朝时代，代表人物自然是各位君主。东晋偏安江南，至晋恭帝司马德文元熙二年（公元420年）灭亡。其后160余年间，我国南方先后历经宋、齐、梁、陈四个王朝，史称南朝。宋所铸大钱当两，被认为是当两五铢钱。当两五铢钱直径2.7厘米，穿径1厘米，厚肉，重5克。"大钱当两"一样是不足值的虚钱，实际上是通货膨胀。陈宣帝陈顼太建十一年（公元579年），铸行"太货六铢"，此钱铜质优良，轮廓整齐，钱文瑰丽匀称，铸造精妙绝伦，居南朝之冠。太货六铢尽管铸造精美，却并不受欢迎。因其大小和旧五铢相仿，而朝廷规定新钱一枚要抵十枚五铢旧钱，坑人程度超过董卓小钱。南朝的朝代都曾经铸钱，但都是虚钱，并不被社会所接受，商品经济持续倒退，以物易物再次兴起。

而十六国和北朝时期，很多朝廷也都曾经铸钱。只有北魏孝文帝在洛阳铸行的"太和五铢"属于实钱，其他均属虚钱，都以聚敛财富为目的，也一样难以被社会所接受。

在大分裂时代，人们再次使用锦帛这些原始的交易媒介进行以物易物，商品经济出现倒退。

没有信用，就没有货币。

三国之"义"

三国演义是中国脍炙人口的故事，如果我们换个角度来看，三分归晋的结局早已注定，也更能看到三国之"义"的义在何处。

有人说，当时魏国最强大，是基于占据了中原广大地区，人口最多，经济实力强大，直接形成三分归晋的结局，这种观念是有偏颇的。

---

① 邹志谅. 东汉后期五铢钱的败坏［EB/OL］.（2014－04－25）［2014－06－08］. http://news.cang.com/info/201404/313275_2.html.

东汉末年，是中国历史上自然灾害最严重的时期之一，气温下降，灾害频发，主要影响的就是中原广大地区。饥荒和瘟疫，对中原的人口和经济带来沉重的打击，形成十室九空的悲惨局面，有很多人逃往江南。

洛阳是东汉的都城，曾经是繁华的大都市，可是，到了东汉末年，曹操在古都洛阳郊外，举目四望，到处是一片荒凉的景象，人迹罕至，杂草丛生，伤感地写下了后来流传千古的著名诗句《蒿里行》。曹植的"家家有伏尸之痛，室室有号泣之声，或合门而亡，或举族而丧者"，说的也是中原地区。

同时，曹魏还面临鲜卑、乌丸、匈奴、羌等民族在北方的强大压力，这种压力在气温下降的周期极其强大。

相反，南方地区，受气温下降的影响小得多。虽然吴越之地开发较晚，但由于这里战乱较少，加之北方人民大量迁居江南，给这里带来了先进的生产技术和大量的劳动力，使江南地区的农业生产和社会经济得到了迅速发展。加之吴国建立前期又大力推行屯田制度，使耕田面积显著扩大，耕作技术和农业产量也有了很大提高。

而刘备占领的益州，在刘璋统治的时代，就是中国富足的地区，土地肥沃，物产丰饶，东汉末年遭受的战乱也较中原为轻，故社会经济比北方的发展好得多。蜀汉建国以后，诸葛亮又派人整修和护理都江堰，保障了成都平原的农业灌溉。北伐曹魏之始，诸葛亮又先后在汉中一带实行屯田制度，不仅减少了军粮运输，也促进了北方农业生产的恢复和发展。蜀汉的手工业以盐、铁和织锦业等最为发达。特别是成都的织锦"技巧之家，百室离房，机杼相和"，远销吴、魏，是军费的一大来源。蜀都成都也是当时最大的商业都市之一，"市廛所会，万商之渊；列隧百里，罗肆巨千；财货山积，纤丽星繁"，其兴盛景象可以想象。

所以，从经济条件来说，当时无论吴国还是蜀国，经济基础都比中原好得多；从军事来说，魏国受到南北夹击，西晋后期，北方少数民族就大量地侵入中原，形成了大分裂时代。

曹操祖孙的才能是魏国强大的根源。如推行屯田制，招募无地或无生畜的农民，统一组织耕种官田，这是组织流民归农的有效办法，恢复了社会秩序，增强了魏国的实力。以洛阳为例，在曹丕于公元220

年建都洛阳时，还是"都畿树木成林"；王昶为洛阳典农时，"斫开草菜，勤劝百姓，垦田特多"，农业由恢复走向发展，人口增长；齐王曹芳于235年被封为齐王、任洛阳典农时，洛阳已成为"其民异方杂居，多豪门大族，商贾胡貊，天下四（方）会利之所聚"的繁华大都市。由此可见，北方经济的恢复非常迅速。与此同时，在曹魏所属南方地广人稀的地区，扩大开辟面积，兴修水利，提高农业产量；建置大规模的官营手工业作坊，发展手工业生产。当时江南的武昌是冶炼中心，铜、合金、银制造业发展迅速，造船业、陶瓷业、丝织业、制盐业等等也都十分发达，当时曹魏陆续发展起很多商业繁荣的中心城市。

所以，中原经济的发展，和曹操三代的努力密不可分。而在货币的选择上，更直接决定了历史的走向。

东汉末年，董卓大量铸造1克左右的小钱，物价升腾，形成严重的通货膨胀。建安十三年（208年），曹操担任丞相开始执政，为了平抑物价，重新起用了足值的五铢钱，商品市场迅速稳定；并广开屯田，建设水利，使农业产量提高，人民生活稳定。黄初二年（221年），曹丕以谷贵罢五铢钱（当时谷贵的主要原因是物资匮乏，农业产量不足），以谷、帛为"货币"，虽然罢五铢钱，但谷、帛亦属于足值货币，特别是帛，在贵金属货币匮乏时期（当时三国征战，铜是战略物资），是最好的代替物。曹丕在位7年就去世了，曹叡登基后（227年），马上取消了谷、帛为货币的政策，重新起用五铢钱，魏五铢重3.4克，属于标准的五铢钱，曹魏的经济得以继续好转。五铢钱在曹魏的使用一直持续到曹魏灭亡，这直接促成曹魏相对吴、蜀的经济和军事优势不断扩大。

相反，刘备入蜀时，一路分送钱财过亿，又与诸将约定，得刘璋府库钱财尽分众人，除了赵云等少数人主动将分到的钱又捐献给了他以外，刘备自身的府库帑藏少得可怜。于是，建安十九年（214年），在刘巴的建议下，刘备废除了五铢钱，实施了新货币——直百钱（也有人认为是直百五铢钱）。20世纪在成都南郊燃灯寺出土的汉灵帝（168—189年在位）中平四年的墓葬显示，在汉灵帝时期就已经出现了直百五铢钱和直百钱。在东汉时期，"直"的含义等同于现代的"值"，也就是1枚相当于100枚五铢钱。直百五铢钱直径26~28毫米，重

8~9.5克，而"直百"钱直径大者16~19毫米，重1~1.5克。这种面值与实际价值严重分离的货币，让刘备政权的府库瞬间充实起来，可蜀中百姓只能无奈地接受战争与经济的双重压力。好在蜀国土地肥沃，粮食产量还算高，蜀锦的跨国销售非常抢手，蜀国的经济没有崩溃。但是，蜀国继续进行着货币贬值的脚步。刘禅时期，"直百"钱越铸越薄，到刘禅末年，随着吴国与蜀国进行货币贬值竞赛，"直百"钱的重量最小的只有不到0.5克，那真是"轻如鸿毛，薄如草纸"。货币不断贬值让蜀国的经济逐步萧条，财政不断萎缩，最后走向灭亡。

孙吴地处江南，在当时的寒冷周期，物产较丰富，人民亦较富裕。但孙权实行"大泉五百、大泉当千、大泉二千和大泉五千"等品种，也是货币不断贬值的策略。孙吴于嘉禾五年（公元236年）铸造大泉五百，过了两年，又铸大泉当千。大泉五百虽有十二铢重，但比起大泉五十来，仍是大大地减重，其他条件不变，物价应当上涨三倍，如果对比五铢钱，涨幅更大。而大泉当千贬值幅度更超过大泉五百。孙吴地广土肥，有铜铁矿，利于冶炼与铸造，但由于战争经费开支巨大，还是不能维持，孙吴就铸造大泉二千，最后铸造大泉五千，在货币贬值之路上越走越远。这是赤乌八九年间（公元245—246年）的事情。到头来是官民交困，财政极度亏空，国基不稳，最后走向灭亡。

三国时期，吴、蜀有比较密切的经济交往，双方开展货币贬值竞赛，结果，经济萎缩，人心背离，财政枯竭，难兄难弟携手走向灭亡。而曹魏，通过货币信用的建立，经济、国力持续增长，最终实现三分归晋。

三国演义，焦点在"义"字，刘、关、张桃园三结义流传千古，但刘备未成功建立货币的信用，无法从根本上实现经济的兴盛，无法复兴汉室。

三分归晋，是货币的价值在晋，有历史的必然性。

信用定天下

南北朝后期的西魏和北周，人口不如东魏、北齐，在征服巴蜀和襄樊之前，仅据有关中之地，国土面积和肥沃程度与东魏、北齐和南朝无法相比，但继承北周的隋朝最终统一了天下。

偶然性中隐含着必然性。

西魏实施均田制,中期以后,修复了关中至汉中、巴蜀的通道,又与西域大规模通商,"卉服毡裘,辐凑于属国;商胡贩客,填委于旗亭",商业非常兴盛,直接促进了经济的发展。西魏、北周首开商业扶贫措施,如西凉州实现"贫富渐均,户口殷实"。民间亦颇多富商大贾,商人有持金20斤入京师贸易者(《北史·卷六十九·元定传》),这里的金就是黄金。说明在南北朝后期,西魏、北周开始出现难得的经济繁荣,占领巴蜀和襄樊之后,经济优势进一步扩大,为隋朝统一天下奠定了根基。

在冷兵器时代,北方占据强弓健马的优势,同时,北方的士兵也更加孔武有力,当经济再占有优势时,统一天下就会成为水到渠成的事情。

可是,西魏和北周的货币并无法支撑当时的经济繁荣。这一时期的货币政策非常混乱,政府先后造"布泉"、"永通万国"、"五行大布"(图 2.4)等钱,仍不能制止民间私铸及杂伪钱的流行。虽然这些钱币在今天看来艺术价值非常高,但当时并不受欢迎,因为这三种钱都是虚钱。"布泉"一枚当西魏五铢五枚,"五行大布"当"布泉"10 枚,"永通万国"又当"五行大布"10 枚,即一枚"永通万国"要合 500 枚西魏五铢钱。混乱的货币政策必定带来商品经济和贸易的衰落,大分裂和南北朝时期的各个小朝代都在证实这一点。可货币政策的混乱未能阻挡西魏和北周经济率先出现繁荣,这是什么原因?

布泉　　　　　　五行大布　　　　　　永通万国

图 2.4　北周时期的钱币——"北周三品"

(图片来源:中国网)

这时,西魏、北周与西域大规模通商,西域金银钱持续流入,而朝廷对河西诸郡用金银进行交易采取开放的政策("官不禁"),这些金银逐步流通到北周的大部分地区,皇帝以金银赏赐臣下(《周书·卷二十五·李贤传》),说明此时金银成为交易过程中的主要交易媒介之一,而西魏和北周政府所铸造的钱币地位下降,当市场存在价值标尺时,虚钱所造成的影响是有限的。

金银具有充分的信用。货币信用的建立,奠定了西魏、北周经济的发展与繁荣,进而帮助北周、隋朝统一了天下。

钱奴时代

西方有则古老的故事,塑造了一个爱财如命的葛朗台。我们今天的社会物欲横流,许多人失去了道德和信仰。中国的古代,曾经出现过钱奴时代,那就是两晋时代。同时,两晋也将门阀制度发展到顶峰,结局自然也很清楚,两晋亡于门阀势力。

门阀制度的巅峰

门阀制度从西汉元帝时期开始大规模形成,东汉时期继续发展,到两晋时期发展到顶峰。

西晋大搞宗族分封,而王国与侯国的大量出现,超越了中央与地方权力制衡关系的限度,给西晋中央政权造成了严重威胁。司马氏是士族出身,掌权后特别优厚士族,"九品中正制"已不再是按优劣选拔人才的制度,变为单纯按门第高低来选拔官吏,出现了"上品无寒门,下品无士族"的局面,门阀制度迅速壮大。西晋实行占田制和户调制,同时还规定了官僚按品占田荫客的特权。由于这些制度优容士族,士族又利用特权多占土地和人口,所以,士族势力得以不断增强。

最终,西晋的皇族、宗族、地方豪强纷纷坐大,发生"八王之乱",西晋四分五裂,国祚只有区区51年。

东晋与西晋一脉相承,门阀制度进一步发展。

西晋是按门第高低形成门阀制度,到东晋时期,逐渐演化成按血统是否高贵的门阀制度。

东晋时,士族制度得到充分发展,进入鼎盛阶段,原因是东晋王朝依靠南北士族的支持才得以存在。东晋政权是司马氏皇权和以王、庚、桓、谢诸大姓为代表的北方士族以及处于非主流地位的江南吴姓士族的联合执政，这种政治格局一直延续到东晋末年，长达一个世纪之久。那时，士族门阀的势力足以与皇权并立，甚至超越皇权，门阀政治达到鼎盛。这一时期，士族在政治上高官厚禄，垄断政权；经济上封锢山泽，占有大量土地和劳动力；文化上崇尚清谈，擅长书法、绘画等艺术；社会上不与庶族通婚往来，等等。一句话，士族把持大权，却不愿涉身实务，在优容奢侈中腐朽衰落。

为维护这种制度，士族非常重视编撰家谱，讲究世系源流，作为自己享有特权的凭证。于是谱学勃兴，谱学专著成为吏部选官、维持士族特权地位的工具。所以，在那个时代，如果要想当官，"国考"是没有的，一肚子学问也是没用的，只有怀揣着一本代表高贵血统的家谱，才是真正的敲门砖。

人生下来后，一生也就确定了，投胎技术的高低决定终身。

东晋亦亡于门阀制度。公元403年，东晋大将桓玄（东晋大士族）乘朝廷虚弱，起兵篡位，改国号为楚，史称桓楚。刘裕与刘毅等起兵勤王，并最终消灭了桓玄的力量，南朝刘宋建立，东晋灭亡。

两晋钱奴

晋国统治阶级爱钱，唯利是图，后世称为"钱鬼"。

按说，司马氏登上盟主宝座，普天之下莫非王土，率土之滨莫非王臣，有了天下就有了一切，应该爱江山胜于爱钱，更胜于爱美人。可晋朝相反，晋武帝司马炎灭亡东吴之后，将东吴的万名宫女全部纳入后宫（这位司马先生有浪费人力资源之嫌）；为了钱，更是大张旗鼓地卖官。可惜，唯独不珍惜江山。既然皇帝如此，王公贵戚更是可想而知，金钱支配了人们的交往、言谈、行事，等等。从皇帝到大臣，个个都贪财、奢侈、荒淫、放荡。当时的政治家刘毅说晋武帝司马炎卖官为己，连东汉时的桓帝、灵帝都不如，而桓、灵二帝属于历史上腐败昏庸皇帝的代表。西晋的法律规定，死罪以下可以用钱赎买（以钱抵法），这就更加助长了某些人胡作非为和官府的贪财欲望。石崇做荆州刺史时，甚至公开抢劫外国使者和客商的钱，抢劫客商也还罢了，中国自古以来就有劫道的买卖，而抢劫外交官，还真是"很牛"的事情,绝对是十分稀少的。

有些贵族每日饮食花费一万钱,还说没有吃到什么。晋武帝到他女婿王济家去,看到其饮食用具皆为闪闪发光的琉璃器,女奴百余人,穿着绫罗绸缎,送上美酒佳肴和蒸燉的由人乳喂养而成的小猪,使这位皇帝都感到震惊。王恺和石崇比富,王恺用麦芽糖洗锅,石崇就用蜡烛烧饭;王恺用一种高级布料做成遮避风尘的步幛四十里,石崇就用另一种料子做成五十里;王恺向石崇显示晋武帝赐给他的一棵二尺多高的珊瑚树,石崇当场击碎,令人拿出他家的珊瑚树,高约三四尺,光彩夺目者有六七棵,使王恺自叹弗如,彻底服了。

西晋著名的"竹林七贤"里年纪最小的一位,叫王戎。他做了官后,极其贪婪,到处收购田地、水磨,产业遍布天下。这位王先生经常手拿筹码(大概和算盘的含义近似),计算自己的财产,日夜不停,以此为人生最大乐趣。同时他又是出了名的抠门(西方的代号叫"葛朗台"),家里有棵极好的李子树,估计是优良品种,他经常摘下李子去市场卖,每次都能卖上大价钱。可是,又怕别人得到种子,也可以种出同样的李子,他就把李子一个一个钻开,把核拿掉,其聪明程度,真不愧是"竹林七贤"之一[①]。

南阳人鲁褒有感而发,作了一篇论文《钱神论》,他以"有钱可使鬼推磨"的谚语为例,说只要有钱,"危可使安,死可使活,贵可使贱,生可使杀"。鲁先生还有"专利"在身,因为他首先发明"孔方兄"作为钱的别称。《钱神论》中说到:"为世神宝,亲之如兄,字曰'孔方'。失之则贫弱,得之则富昌。无翼而飞,无足而走,解严毅之颜,开难发之口。"

可惜,鲁先生愤世嫉俗,不愿为官,最后不知所终。

两晋,在中国钱币史上很特别,是唯一一个没有官方铸造钱币的朝代,这直接说明两晋时期中国的商品经济非常萧条,因为钱币的发展一定伴随的是商品经济的进步。那老百姓用钱怎么办?有啊,就用前朝遗留下来的旧货币。西晋因为继承的是曹魏,所以用的是曹魏的五铢钱。到了东晋,因为地盘在当年的东吴一带,所以就用东吴旧钱。

---

① 卢晓刚. 说钱:与财富有关的事儿[M]. 太原:山西经济出版社,2009.

前面说过了，大泉五百、大泉当千、大泉二千、大泉五千，面值很大，重量自然比较重，个头也会比较大。东晋人非常幽默，把这种大钱叫做"比轮"——每个人都拿着车轮子去买东西①。

国家虽然没铸钱，地方上却铸过一种五铢钱，是由一个叫沈充的人主持铸造的，民间都叫"沈郎钱"。

汉武帝之后，铸币权收回中央，一直严禁私人铸钱。这沈充是何许人也，竟然能有权铸钱？史书上说，这个沈充出身江南士族，"少习兵书"，有军事谋略，深得东晋权臣王敦的器重，王敦任用沈充当自己的参军、龙骧将军。永昌元年（322年），王敦上表讨伐刘隗，沈充于吴兴招募响应，任大都督，督护东吴诸军事，后帮助王敦之兄王含叛乱，被东晋朝廷所杀。

他在东晋元帝的318—321年间铸钱，世称"沈充五铢"、"沈郎五铢"或"沈郎钱"，民间又叫做"小五铢"。这个钱质量很差，因为掺杂的锡过多，所以，铜色发白，极薄极小，每枚只重1克，和董卓小钱差不多，还不如西汉的"榆荚钱"。这种"沈郎钱"非常著名，在钱币史上也颇负盛名，因为中国历史上以个人名字命名的钱币应该独此一家（邓通也没有以自己名字命名的钱币），别无分店。后世很多年还有诗中提及，李商隐诗云："今日春光太飘荡，谢家轻絮沈郎钱。"李贺云："榆荚相催不知数，沈郎青钱夹城路。"王建又有诗云："素面花开西子面，绿榆枝散沈郎钱。"这些诗句都是讽刺"沈郎钱"既轻又小，如榆钱、柳絮。

两晋时期关于铸钱的事，就这一桩。外表看来司马氏很有自由市场经济的精神，并没有因为铸钱而处罚沈充。实际应该是东晋制度的反映，大氏族王敦的势力很强大，东晋朝廷无能力处罚。

这就带来一个问题，两晋的君臣都爱钱，却只用前朝的钱，但钱币是有自然损耗的，市场流通的钱币会随着时间的延续而减少；而且君臣和富豪们大量存钱，货币供应量就会严重不足，流通领域怎么办？老百姓的智慧是无穷的，从晋朝时起，民间用钱有时候约定可以缺斤短两，学名叫做"短陌"，也就是不到一百文，可以当成一百文用。如

---

① 卢晓刚. 说钱：与财富有关的事儿[M]. 太原：山西经济出版社，2009.

果按现代的术语来说，应该也算货币杠杆，因为几十文可以当成100文使用，这是结结实实的杠杆，看来人民群众的创造力真是无限的。

货币不够用，朝廷的赏赐和俸禄都不用钱，一律用布帛。发年薪时，大官小官都用车往家里运布帛。两晋皇帝赏赐给臣下的布帛，一般数量都很惊人，动不动几千几万匹，权臣桓温一次就曾得赏30万匹。如果是大贪污犯，也好抓，只要看看他家中的仓库即可，因为那时没有现代洗钱和银行转移销赃的门道。可估计司马氏也没那么认真，司马氏自己卖官，如果让官员们不贪污，个个非破产不可，司马氏自己的生意也就砸了。

当时的西北地区大量使用布匹作为钱来使用，到市场买东西或者中午去饭馆吃饭，用多少就剪多少。东晋所辖的南方，也有一些地区不用钱，而是用粮食代钱，对于这些地区，当时被称为"用谷之地"[①]。所以，两晋是一个货币返祖的时代，期望商品经济取得发展，是不能奢望的。

从春秋战国时期的楚国开始，黄金就是货币，到秦朝的时候，黄金成为主币，西汉时期，黄金依然是主要的货币，作为大额交易或皇帝赏赐的时候使用。在两晋时期，黄金在流通领域不常见了，因为两晋的君臣和"土豪"太爱钱，争相比富，豪门贵戚都用金子来打造器物首饰，黄金在流通中的数量越来越少，后来在一些地区干脆就退出了货币序列[②]。

黄金一减少，白银的地位便急剧上升。秦始皇曾经规定，白银只能作为器饰收藏，不能作为货币使用。到了晋代，黄金大哥悄然隐退，小弟白银崭露头角。

白银大量进入日常流通之后，老百姓使用"斤"不太方便，这时一斤大约合今天的223克，便民措施就是以两计数。《十六国春秋》里就记载过，当时"一斗米值银半斤"、"一斤肉值银一两"。这时的一两大约合今天14克，按银价每克4元计算，一斤肉（223克，不到现代的半市斤）合五六十元，无论这肉是猪肉、牛肉还是羊肉，都太贵了。也间接地说明，在南北朝时代，因为气候的寒冷，食物短缺，物价奇高。

疯狂的钱奴，疯狂的门阀势力，大量的流民，两晋造就了一个混

---

① 高强. 为钱而狂：趣说晋朝货币[J]. 纳税人报，2014.
② 卢晓刚. 说钱：与财富有关的事儿[M]. 太原：山西经济出版社，2009.

乱的时代。

以史为镜，可以知兴衰。

气候魔杖

公元 8 年，西汉事实上灭亡；公元 23 年，短命的新莽灭亡；公元 220 年，衰弱的东汉最终灭亡；三国混战，公元 280 年三分归晋；公元 316 年，短命的西晋灭亡，中国进入 2000 多年来最悲惨的大分裂时代，北方的汉人人口锐减。

虽然这一时期，出现过像刘备、曹操那样的政治家，可都改变不了历史的趋势：中华民族一步步滑向灾难的深渊。决定这一切的魔杖是什么？

是气候！人类的活动，恰似秋风中飘荡的残叶。

西汉末年，我国逐步进入一个灾变时期，其高潮是公元 2 年至 57 年。

公元前 48 年，发生了渤海湾西岸的海侵事件：元帝初元元年四月（公元前 48 年），客星大如瓜，色青白，在南斗第二星东可四尺。占曰："为水饥。"五月，勃海水大溢。初元二年六月，关东饥，齐鲁地区人相食。秋七月，诏曰："岁比灾害，民有菜色，惨怛于心……一年中地再动，北海水溢，流杀人民……"

王莽时代，《汉书·沟洫志》记载，大司空掾王横言："河入勃海，勃海地高于韩牧所欲穿处。往者天尝连雨，东北风，海水溢，西南出，浸数百里，九河之地已为海所渐矣[①]。"

这些都记载了海水侵入陆地事件带来的严重自然灾害，无数人被卷入大海，无数人流离失所，人们挣扎在死亡线上，而人们赖以生存的村庄和城郭，被淹入海底。

"一年中地再动"，很显然，表明了这些海水侵入陆地的事件是由地震引发。这些海水侵入陆地的事件，并不是我们今天认识的海啸，而是地壳变动带来的海水侵入陆地。谭其骧教授反复研究，认为："其

---

① 王子今. 汉代"海溢"灾害 [J]. 史学月刊，2005，(7)：26—30.

海侵范围为今渤海湾 4 米等高线以下①。"现今渤海湾的大面积陆地，在当时被沉入海底。今天津、黄骅、宁海一带有几十处古文化遗址，它们不是东周、西汉时期，就是隋唐时期，其间独缺失东汉、魏晋、南北朝时期的文化遗址②。在武清县雍奴故城遗址之上有海相地层。在西汉泉州故城遗址（今天津城北武清县城上村）之上已湮没有 2 米深的淤泥。海侵之前这些地方有许多村落、城市，形成一个时期的文化地层，之后，海水侵入，海相地层压置在文化地层上，至公元 6 世纪海水退出，又才有新的村落与文化地层，当中独缺失了公元 1 世纪至 5 世纪的人类活动遗址。说明这种海侵是地震引发的海平面变动③。

海侵事件的发生，使西汉末年的气温开始下降，自然灾害频发，旱灾、蝗灾、水灾不断发生，也因此，西汉末年被称为中国古代末日式大灾难。

公元 2 年全国人口 5900 多万，至公元 57 年全国人口仅有 2100 多万，减少了 3800 多万。

西汉末年，农民起义风起云涌，直接推翻了新莽政权，这些农民起义的背后动力，既有新莽政权的腐朽没落，更有气候的强大推动力。

气候的变迁从商周之交就导演了朝代更迭，在西汉末年，再次显示它的魔力。在这样的时期，毫无疑问是货币贬值的时代，王莽的虚钱，就产生在这一趋势之下。当气候恶化、物价上涨以后，为了维护政府的运转，就必须给公务员加工资，可是，财政收入并不能快速增长，甚至随着灾害的到来而下降，政府就只能铸虚钱，这依旧是财政赤字不断扩大带来的恶果。何况，王莽不断加大公务员队伍，让这一矛盾更加尖锐。这一规律未来还会不断验证，任何气温急剧下降、自然灾害不断加重的周期，都是货币贬值直至消亡的周期。

西汉灭亡了，短命的新莽也快速灭亡了。

竺可桢先生在《中国近五千年来气候变迁的初步研究》中，比较深刻地描述了东、西汉之交到隋唐之前中国气候变化的情形：

---

① 谭其骧. 长水集 [M]. 北京：人民出版社，1987.
② 李世瑜. 古代渤海湾西部海岸遗迹及地下文物的初步调查研究 [J]. 考古，1962，(12)：652—657.
③ 天津市文化局考古发掘队. 渤海湾西岸古文化遗址调查 [J]. 考古，1965，(2)：62—69.

"公元之初，我国天气有趋于寒冷的趋势，有几次冬天严寒，国都洛阳晚春还降霜雪，但冷的时间不长①。"这表明东、西汉之交的时期，曾经出现气温的短期下降，但时间不长，与西汉末年的海侵事件相对应。

"到三国时代，曹操（公元155—220年）在铜雀台（今河南临漳西南）种桔，已经不能结实了，气候已比司马迁时寒冷。曹丕在公元225年，到淮河广陵（今淮阴）视察十多万士兵演习，由于严寒，淮河忽然结冰，演习不得不停止。这是我们所知道的第一次有记载的淮河结冰。那时，气候已比现在（竺可桢先生笔下的'现在'，指的是20世纪70年代，下同；从20世纪70年代开始，地球的气温是回升的态势，但近10年，气温的回升停止了）寒冷得多。这种寒冷继续下来，直到公元3世纪后半叶，特别是公元280—289年这十年间达到顶点。当时每年阴历4月份降霜，估计那时的年平均温度比现在低1℃～2℃②。"说明东汉时期的气温从中前期的相对平稳到后期的显著下降，一直持续到大分裂时代。

"南北朝时期（公元420—579年），南京覆舟山筑有冰房，是用以保存食物新鲜的。那时南京的冬天应比现在要冷2℃，才能提供储藏需用的冰块。约在公元533—544年出版的《齐民要术》，总结了六朝以前中国农业最全面的知识。根据这本书，当时黄河以北阳历4月中旬杏花盛开，5月初旬桑树生叶，与现在相比约迟了两周到四周。此外，书中还讲到当时黄河流域石榴树过冬要'以蒲藁裹而缠之'，也表明六世纪上半叶比现在寒冷③。"

从图1.1中，我们也可以看到世界和中国的气温在公元前后有一个短期下降的过程，东汉中前期虽有恢复，但已达不到西汉时期的温度，从东汉末期开始剧烈下降。

东汉末期，公元167年、172年再次发生大规模的海侵事件。郦道元在《水经注》中说："昔在汉世，海水波襄，吞食地广，当同碣石，苞沦于洪波也。"又说："昔燕齐辽旷，分置营州，今城面海滨，海水北侵，城垂沦者半。"说明这些海侵事件将临海的很多城市和村庄淹入

---

①②③ 竺可桢. 中国近五千年来气候变迁的初步研究 [J]. 考古学报，1972，(1)：15—38.

海中。

当一个地方年平均温度降低 1℃时，就等于把这个地方向高纬度方向推移大约 300 公里。在东汉末年至南北朝寒冷期内，我国宜农区与宜牧区的分界实际上已被推到了黄河一线（现在位于长城以北一线），这是大分裂时期洛阳成为牧场的根本原因。《资治通鉴·卷第八十七》载：洛阳饥困，人相食，百官流亡者十之八九。一些官宦人家多率宗族、宾客及乡党迁徙南方。如北伐名将祖逖，原在洛阳做官，永嘉五年洛阳被刘聪攻占后，带领宗族部下数百家南迁，寄居京口（今江苏镇江）。

同时，北方游牧民族因为气候寒冷，草原退化，无法在北方生存，只能不断南迁。特别是西晋大一统朝代灭亡之后，中原民族对北方游牧民族的抵抗力下降，数百万匈奴人、鲜卑人、羯人不断涌进中原，为了争夺生存空间，展开持续的战争和屠杀，这是五胡乱华的本质。

寒冷的气候，相伴而来的是瘟疫，东汉大瘟疫是中国历史上有文字记载的最严重瘟疫。公元 3 世纪初（东汉亡于公元 220 年），古都洛阳的郊外，举目四望，到处是一片荒凉的景象。曾几何时，作为东汉王朝的都城，这里人烟密集、商旅如云，但在此时，这里却人迹罕至，杂草丛生。面对这种凄惨的场景，一代枭雄曹操在路过这里时，不禁伤感地提笔写下后来流传千古的诗句：

> 铠甲生虮虱，
> 万姓以死亡。
> 白骨露于野，
> 千里无鸡鸣。
> 生民百遗一，
> 念之断人肠。

根据古代较为权威的官方记载，瘟疫爆发前的汉桓帝永寿三年（公元 157 年）时，全国人口为 5650 万，而在经历了大规模的瘟疫和三国混战，到晋武帝太康元年（公元 280）时，全国人口仅存 1600 余万，竟然锐减达四分之三。

当时著名的医学家张仲景，曾经悲痛地回忆道，他的家族本来人口众多，达两百余人，但在不到十年的瘟疫流行期间，竟有三分之二的人死去了。

东汉朝廷腐败、糜烂，西晋朝廷荒淫、堕落，东晋与南北朝的各个朝廷也都有自身短命灭亡的原因，但气候的魔杖在此也发挥了决定性的魔力，直接造成中国大分裂时期的惨剧。

气候温暖时期的春秋战国分裂时代，战争为的是争夺土地和人民，促进了经济、军事、科技和文化的空前繁荣；气候寒冷时期的大分裂时期，战争是为了争夺生存的空间，酿成中华民族极为悲惨的一页。

夏商时期，因为气候的温暖，商品经济兴起，进而产生了货币；大分裂时期，气候转冷，瘟疫多发，商品经济衰落，货币也随同衰落，货币不断贬值导致货币信用缺失，很多时期倒退到以物易物的时代。

天道尤可畏。

第三次货币奇迹

《道德经》说："上善若水。水善利万物而不争，处众人之所恶，故几于道。居，善地；心，善渊；与，善仁；言，善信；政，善治；事，善能；动，善时。夫唯不争，故无尤。"

本人理解的意思是：上好的行为典范应该像水一样，善于利导万物而不与之争，处守于众人所不愿的低下处，所以，接近于道。水，善于择下而居，存心幽深而明澈，交游共处，和谐相亲，言行表里如一，易于清静太平，行动善于顺势而行。正因为水总是利导万物而不与之争，所以，它很少患得与失。

交游共处，和谐相亲，成就隋唐盛世。

隋朝的历史虽然只有短暂的 38 年，却被誉为"盈满之国"，这是一个国家最高的荣誉。而唐朝，只要想到诗仙李白、诗圣杜甫、诗史白居易，就可以想到灿烂的文化和充满了自豪与自信的中国人，不仅汉族人建立丰功伟绩，少数民族人士一样光耀史册。

隋唐，敞开了自己宽广的胸怀，耕耘自己肥沃的土壤，造就了国家的强盛、百姓的富强和灿烂的文化，孕育了繁荣与文明。

盈满之国

杨坚在公元 581 年登上盟主之位，国号隋。

一段神话从此开始，杨坚的功绩，冲出了国门，走向了世界。在遥远的西方，他是西方人眼中最伟大的中国皇帝之一，被尊为"圣人可汗"，"圣人"是一个至高无上的地位。在美国学者麦克·哈特1978年所著《影响人类历史进程的100名人排行榜》中，排行第82位。

杨坚的功绩一直影响到今天。

今天，我们大学的招考制度，就来源于科举制度，虽然这不是最完美的人才选拔制度，但却是目前为止相对公平的制度，而科举制度就源自杨坚。所以，您今天如果进入了北大、清华，进而在仕途上或学术上取得成就，第一个应该感谢的是杨坚，因为他给了每个人公平的机会。东晋时期，家谱是唯一的敲门砖，而这时，才能才是本钱。

杨坚废除北周的"六官制"实行"三省六部制"，地方去除郡级，形成州县两级制，淘汰掉大量的政府人员，减轻了财政负担和百姓负担。这基本形成了后代的国家管理机构框架，今日的省县两级管理体制，亦源于那一时期。为了抑制地方豪强势力，下令正式废除魏晋以来的九品中正制，打破了门阀制度对国家政权的把持。设立科举制度以公平地选拔人才，打通了所有有才之士进入帝国中枢的通道。迁移关东与江南世族到大兴城（现在西安市）看管起来，这些地方势力是中国不断分裂与动荡的始作俑者。

经济上，减轻刑罚与徭赋，实行均田制、租庸调制和输籍之法，目的只有一个，让农民摆脱了地方豪强和大地主的控制。大兴水利，促进农业的发展。统整货币与度量衡以整顿贸易环境。皇家首先提倡节俭，从而带动了整个社会的朴素之风，魏晋时期一直蔓延的奢靡之风得到治理。长安、洛阳的官仓储粮达千万石，被称为满盈之国。

《贞观政要·辩兴亡》记载："记天下储积，得供五六十年。"《贞观政要·奢纵》记载："西京府库亦为国家之用，至今未尽。"就是说，库存可满足国家五六十年的开支，西京府库到唐朝开国20年还未用尽，可见库存数量巨大。

五铢钱自汉武开始，走过700年曲折的历程，以繁荣作为结束。货币再次恢复了自然的属性——促进经济发展的信用媒介。

时代在变，时间也在变，有一条真理绝不会变，越是真正的盛世，货币越简单，简单到大多数时间你会忘记它，因为它的价值是恒定不变的。开皇时期就是如此。

隋文帝开皇三年（公元583年）铸行一种合乎标准的五铢钱，史称置样五铢。大分裂和南北朝时期，铸造了五花八门的钱币，但绝大部分都是虚钱，犹以东晋使用的东吴货币最为典型。到此时，这些货币一律禁止流通。

隋文帝开创盈满之国这一盛事的基础依旧是信用。

隋朝铸造的钱币原称为开皇五铢，也称隋五铢。可是，随着时间的延续，逐渐被称为置样五铢。那是因为隋文帝在各个关口摆放一百枚开皇五铢作为样品，任何商贾和百姓，如果您持有的是非标准的五铢钱，对不起，您的钱就要销毁重铸，求爷爷告奶奶也没用，任何人都别想投机（持有和使用虚钱本质是投机），置样五铢的名称也就开始兴起，并被历史所接受和推崇。这样就把所有用于弄虚作假的虚钱驱逐出了市场，保证了货币的内在价值和信用，也建立了社会的信用基础。至开皇五年（公元585年）货币终于统一，专行五铢钱（图2.5）。

图2.5　置样五铢（亦称开皇五铢、隋五铢）

任何一个有作为的帝王，都会将信用作为立国之本，而货币的信用是国家对臣民的庄严承诺。在这一承诺之下，任何投机取巧的行为都被社会所不容，因为货币的价值恒定，是"定海神针"，炒作商品以牟利的行为就失去了投机的空间。取而代之的是不断创新，是努力劳动，促进了社会经济的蓬勃发展。隋文帝的"承诺"结出了丰硕的果实，那就是"开皇盛世"。

到隋炀帝大业年间（公元605—618年），随着隋炀帝骄奢淫逸，好大喜功，滥用民力，在货币上开始弄虚作假，铸行五铢白钱，在铸币过程中掺入更多的锡铅等金属，其形制大小、轻重与开皇五铢相同。

至此，五铢钱这位长寿的"老人"走完了它700多年坎坷的一生。

这位"老人"见证了中国的历史，既有初期五铢钱纯粹代表信用的过程，带来社会的不断繁荣与稳定，人民富足，国家昌盛，如昭宣时期永远让"老人"怀念；也见证了一些宵小之人不断榨取五铢钱的信用，通过货币贬值的形式盗取他人的劳动，这种投机的行为几乎贯穿"老人"的一生，王莽、董卓等以及大分裂时期的大部分君主都在这个名单之上赫赫在列；而且，五铢钱历史上还刻上了唯一一位私人的名字——沈充，从未登上盟主之位的沈充所铸造的"沈郎钱"也算是一道风景；更有曹操祖孙不断维护"老人"自然的属性——信用，当然也得到了丰厚的回报，使得曹魏的国力不断上升，为实现三分归晋奠定了基础；最终，隋文帝为"老人"带来安宁的晚年，伴随它的是开皇盛世。

这位"老人"还见证了气候的历史，西汉中前期、隋朝时期气候温暖，"老人"身体健康；西汉末年、东汉中后期和大分裂时代、南北朝时期，随着气候的恶化，气温下降，灾害与瘟疫多发，"老人"也备受摧残，不断贬值，有时甚至退出舞台。

这是一位700多岁的长寿"老人"，它的慧眼照耀着历史。

理想的古代货币体系

文景之治称为第一次货币奇迹，源于找到商品经济发展和通货信用之间最完美的市场调节方式；昭宣时期实现第二次货币奇迹，源于宣帝时期在货币升值的过程中实现经济的繁荣和国家富强。这些，在古今中外的金融史上都是经典的范例。

开皇盛世形成的原因有很多，但当时采取的是紧缩的货币政策，这是明显的事实，这再次证明，信用才是国家繁荣与强大的真正基石。

凯恩斯主义者是丑陋的，也是无能的，只要出现通货紧缩的苗头，只会惊慌失措，开启印钞机。他们到今天还没认识到，增加市场的钞票数量，并不能增加市场的信用。相反，钞票不断超发，虽然短期可以提振经济，但最终，钞票信用的不断下降会阻滞经济的发展，以滞胀的形式形成金融危机。

信贷泡沫破灭形成的金融危机，其目的是消灭多余的流动性，让货币重新提升信用！若不能适时改革货币政策，长时间地进行货币超发，最终会形成货币危机。

唐朝，是中国历史上最辉煌的时期之一，至今国外很多地方都有唐人街，也有很多西方人将中国人称为唐人，都源于盛世唐朝。这是一个开放、自信、繁荣的时代，更实现了第三次货币奇迹。

在金属货币时代，当经济持续繁荣时，往往带来通货紧缩，这种紧缩如果持续过长时间，会阻碍经济的进一步繁荣，最根本的原因在于贵金属勘探开采的过程相对缓慢，无法满足经济持续增长所带来的信用需求。所以，中国古代从秦始皇时期就开始使用复本位的货币制度，缓解这种货币信用增长和经济增长之间的矛盾。

遗憾的是，金和铜都属于矿产，产量受到限制，并不能有效地缓解这一矛盾。汉文帝用市场的力量解决这一矛盾，而唐朝，将贵金属和锦帛的优势有机地结合在一起，创造了一个中国古代理想的货币体系。如果用现代的术语给出一个定义，应该是贵金属—帛复本位制。

唐朝建立后，迅速出台了自己的铸币政策。武德四年（621年）七月，"废五铢钱，行开元通宝钱，径八分，重二铢四累，积十文重一两，一千文重六斤四两"（图2.6）。形制仍沿用秦朝的方孔圆钱，规定每十文重一两，每一文的重量称为一钱。从此，中国的币制正式脱离以重量为名的铢两体系而发展为通宝币制，成为唐以后历朝的铸币标

图2.6 开元通宝

准，沿袭 1300 年。

铢钱是一种重量体系，24 铢为一两，是 24 进位制。通宝币制是两、钱、分、厘的十进位制，其中一钱重 3.73 克，也就是开元通宝一枚钱的重量，这是我们今天熟悉的十进位制。

唐朝天宝年间（742—756 年），还第一次规定了钱币的成分组成：铜 83.32%，白蜡 14.56%，黑铅 2.12%。我们今天很熟悉这一进步所带来的含义，那就是规范化货币，使货币所代表的信用更加明确。

唐朝在铸钱的同时，又实行"钱帛兼行"的货币制度，钱即铜钱，帛则是丝织物的总称，包括锦、绣、绫、罗、绢、绮、缣等，实际上是一种以实物货币和金属货币兼而行之的多元货币制度。

唐朝不断出台严厉打击私铸和滥铸等法令，并禁断使用恶钱，保证钱币的重量和质量。

粗看起来，唐朝的货币没有多少出彩之处，甚至有点近似于王莽的做法，种类比较多，但本质上根本不同。王莽时期，市场所有流通的货币都属于虚钱（禁止实钱流通），货币失去了价值尺度职能；而且王莽不断地进行货币改革，加上流通虚钱，货币也没有财富储藏职能。而唐朝的开元通宝，忠实地履行了货币的这两项职能，帛只是起到辅币的功能。

货币有四大职能：第一是价值尺度职能，它必须是一把标尺，可以衡量商品和劳务的价格，而价格的倒数就是货币购买力，价格水平越高，单位货币的货币购买力越低（这里的价格指全部社会产品的价格而不是某种商品的价格，总体价格水平的波动幅度即通货膨胀率），货币购买力与通货膨胀率成反比；第二是流通手段职能，当货币在商品交易中起媒介作用时是流通手段，即货币充当交换媒介；第三是价值（财富）储藏手段职能，暂时退出流通处于静止状态的货币发挥储藏手段职能；第四是支付手段职能，货币作为独立的价值形式进行单方面转移时执行支付手段职能，此时无商品同时同地地相向运动，货币执行支付手段可超出商品领域，如银行信用、税收、工资等。

价值尺度和流通手段是货币的两个最基本的职能。商品要求把自己的价值表现出来，需要一个共同的一般尺度，用该尺度表现并交换。

商品需要等价交换，所以需要一个被社会公众所公认的交换媒介，这两个最基本的要求由一种商品表现出来时就是货币。

这里的"公众所公认"代表的是货币的群体普遍接受性原则，凡是违反这一原则的货币（比如通过权力强制推行），都属于劣质货币，不具备价值尺度和价值储藏职能。

货币所要求的四大职能，在贵金属货币时代，基于贵金属数量的增长缓慢，单一货币往往难以同时满足，特别是经济持续快速发展时，矛盾尤为突出。但铜钱和帛的组合解决了这一问题，铜钱具备价值尺度和价值储藏职能，当开元通宝的组成成分确定之后，这种职能进一步得到完善；但铜的产量，在古代具有增长缓慢的特点，无法和经济增长带来的市场信用需求相匹配，这就影响了货币的交易媒介和支付手段职能，所以帛作为辅币可以很好地补充这些职能。

因为帛是手工制品，当市场的通货信用过剩的时候，钱币的价格下跌，市场会自然减少帛的供给，恢复商品和通货信用之间的平衡；而市场通货信用短缺的时候，钱币价格上涨，帛作为手工制品可以迅速增加供给，同样可以保持商品和市场通货信用之间的平衡，使得货币的流通手段职能和支付手段职能得到完善。

世界上不同的国家，在不同时期都使用主币加辅币的货币体系。比如中国的秦朝和汉朝，实行的是金铜复本位制度；还比如实行金本位之前的英国和欧洲大陆，实行的是金银复本位制度。但主币与辅币都是贵金属时，受到客观因素的制约。比如，美洲白银大开发时期，大量的白银流入欧洲，进一步推动了欧洲的通胀，100年间，物价上涨了2~3倍以上；而后来海运发展，中欧之间的贸易飞速发展，基于中国的经济优势，欧洲的白银又大量地流入中国，英国信用短缺，逼迫英国不断进行货币重铸，给经济发展带来严重的打击。但帛作为辅币，数量随时按市场的要求进行市场调节，可以做到商品和通货信用之间的理想匹配，所以大大优于历史上的其他主辅币的货币体系。

唐朝的货币是市场调节，这是一项伟大的创举：作为主币的铜钱是价值之根，而作为辅币的帛随时完善市场信用增减的需求，最终为商品经济提供最理想的信用供给。

唐朝创造了理想的古代货币体系。

唐朝的金融创新

唐代大城市中出现了柜坊和飞钱。柜坊经营钱物寄付，在柜坊存钱的客户可以凭书帖（类似于现金支票）寄付钱财。柜坊既实现了存款业务，也实现了转账功能，因为在商品交易过程中只要将柜坊的书帖交给对方，就完成了付账。这说明了商业在唐朝已经十分繁荣。

"飞钱"实质上是一种汇兑业务，飞钱始于唐宪宗元和初年，有两种形式：一是官办，商人在京城把钱交给诸军、诸使或诸道设于京城的"进奏院"，携券到其他地区的指定地方取钱；二是私办，大商人在各道或主要城市有联号或交易往来，代营"便换"，以此盈利，实际就是汇通天下的雏形。这种汇兑方式一方面减低了铜钱的需求，缓和钱币的不足，相当于提高了铜钱的周转率。另一方面，商人前往各地进行贸易活动时，亦减轻了携带大量钱币的不便。但这种飞钱不能理解为钱，只是一种汇票。

现代金融的很多功能，在唐朝都已经实现，实现了存款和本地转账业务，也实现了汇票的功能。所以，盛世大唐代表着非常先进的金融体系和不断发展的金融创新。

梦幻大唐

唐朝的货币体系和金融创新，为唐朝持续的繁荣提供了保障。

中国历史上，不同时期都曾经出现繁荣，但这些繁荣周期都很难持久，虽然有很多人为和客观因素，但金融因素是主要的原因之一。

在唐朝，太宗李世民时期成就贞观之治，高宗李治至武则天时期成就永徽之治，再到唐玄宗李隆基前期的开元盛世，前后持续了一百多年，这有深刻的内在原因，开明的人文文化和理想化的金融体系是最主要的推动力。

自信的大唐非常开明，这种开明体现在各个方面。关于唐太宗的知人善任和直言纳谏尽人皆知，最著名的是"以铜为镜可以正衣冠，以史为镜可以知兴衰，以人为镜可以明得失"，这种雍容大度是开创贞观之治的基础。无论你是尊卑贵贱，是汉族还是少数民族，也无论你过去是敌人还是友人，都有脱颖而出的机会，汉人自不乏名相名将，更有无数少数民族人士建功立业，甚至长孙无忌、尉迟敬德、独孤彦云已经很难确认是汉族还是少数民族，但从姓氏来看，主要是少数民族血统为主。而高宗皇帝的"贞观遗风"使得这种繁荣继续延续。高宗时期，领土东起朝鲜半岛，西临咸海（一说里海），北到贝加尔湖，南至越南横山，维持了32年。高宗有知人之明，他身边有诸多贤臣，如辛茂将、卢承庆、杜正伦、薛元超、韦思谦、戴至、张文瓘、魏元忠等人大多是自己亲自提拔的，传统史学家认为高宗碌碌无为是错误的。

显庆（656—661年）末年，高宗病情加重，皇后武则天逐渐掌握朝政，朝廷内外称他们为"二圣"。公元675年4月13日高宗诏令："武后摄政"。公元676年11月，改元仪凤，布施大赦天下。由此直至高宗驾崩（683年），武则天全面掌控朝政。

武则天是一位开明的君主，也是一位善言纳谏、知人善任的帝王。正如《资治通鉴》所评说："太后虽滥以禄位收天下人心，然不称职者，寻亦黜之，或加刑诛。挟刑赏之柄以驾御天下，政由己出，明察善断，故当时英贤亦竞为之用[①]。"也就是说，虽然太后以利禄收买人心，但对于那些不称职者一样给以严厉的惩罚，明察善断，所以当时的才能之士竞相为朝廷效力。垂拱二年（686年）三月，"太后命铸铜为匦。其东曰：'延恩'，献赋颂、求仕进者投之；南曰：'招谏'，言朝政得失者投之；西曰：'伸冤'，有冤抑者投之；北曰：'通玄'，言天象灾变及军机密计者投之"。铜匦设在朝堂上，鼓励群臣上书言事[②]，也鼓励申冤举报、献计献策，等等。武则天政令严明，刑罚严峻，即便自己非常喜爱之人，如果犯法，也会受到严惩。但是，她对于直言敢谏的臣民却十分敬重，尽量采纳他们的建议，即使言语有所冒犯，也能加以宽容，免予追究。比如："太后信重内史梁文惠公狄仁杰，群臣莫及，常谓之国老而不名[③]。"将狄仁杰称呼为国老，不称呼名姓，显示尊重。

武则天很喜欢正直而有才能的人，又肯破格选贤任能。当时的名相狄仁杰、张柬之，后来开元时期的名相姚崇、宋璟等，都是她选拔的，有的得到重用。徐敬业举兵反叛时，发布了一篇《讨武曌檄》，此文措词激烈，用语刻毒，不仅历数武则天种种"罪恶"，还对她个人的

---

①②③　白寿彝. 中国通史（第六卷）·隋唐时期（下册）[M]. 上海：上海人民出版社，1997.

品德及私生活进行了恶意歪曲和疯狂攻击，最后还骂她"包藏祸心，窃窥神器"，而以"试观今日之域中，竟是谁家之天下"（《资治通鉴》）这样的语句煽动人们反对她。可是，武则天读此檄文之后，不仅未发怒，相反，却询问写此檄文的是谁。在得知是一曾任八品小官的骆宾王所写时，她惋惜并抱怨说："宰相之过也，人有如此才而使之流落不偶乎！"（《资治通鉴》）

武则天死后，虽然经历了中宗李显和睿宗李旦的短期动荡，但李隆基登基后，唐朝立即进入繁荣的顶峰。

公元712年，睿宗李旦让位于太子李隆基，即唐玄宗，又称唐明皇。唐玄宗在位44年，前期（开元年间）因为政治清明，经济迅速发展，唐朝进入全盛时期，史称"开元盛世"。

唐朝的盛世，起自唐太宗登基的公元626年，大约终止于张九龄去世的公元740年，历时110多年，这是一个历史的奇迹。

大唐的自信与开明，不仅体现在政治上，亦体现在文化上。在唐朝，道教、佛教和西方宗教都可以得到自由的发展，儒家思想、道家思想等各种思想均可充分发挥，尤其是哲学思想具有很高的地位，韩愈、李翱、柳宗元、刘禹锡在哲学思想上都有很高的成就，唐朝的诗歌、散文更是大气磅礴，影响深远。

唐朝是中国历史上最为兼容并蓄的时代，这种依托文化的包容、开放、自信所形成的繁荣，也就自然可以更加持久。

理想的货币体系和金融创新更是唐朝的繁荣得以不断持续的基础。在贵金属货币的时代，基于贵金属产量的增长缓慢，当经济繁荣时，通货紧缩会成为经济继续发展的阻力，繁荣周期越长，这种反作用力越强。而唐朝用理想的货币体系解决了这一基础性制约，加上不断的创新，使经济繁荣得以不断延续。

唐朝之后的宋朝，一样遵循唐朝的货币信用构建原理，使用坚挺的铜钱作为主币，结合辅币共行的措施，将中国古代经济与科技推上更高的高峰。唯一的差别是宋朝在不同时期使用铁钱或纸币作为辅币。

唐朝的繁荣不是基于某一两位帝王，更不是基于局部变革，而是基于开放、自信、包容的文化和金融领域的创新，也就可以更加持久，自然与其他时期具有本质的不同。

这种长期的繁荣反映在每个人的生活之中，米价最有代表性。根据《隋书》、《资治通鉴》、《贞观政要》、《新唐书·卷五十一·食货一》、《旧唐书·卷七十四·马周传》等资料整理出隋唐部分时期的米价如表 2.1 所列。

表 2.1　隋唐部分时期米价①

年　代	每斗价格（文钱）
隋炀帝大业八年（612 年）	几百钱（河北）
隋恭帝义宁元年（617 年）	三千钱（洛阳）
唐高祖武德元年（618 年）	八九千钱（洛阳）
唐太宗贞观元年（627 年）	一匹绢（关中）
唐太宗贞观四年（630 年）	三四钱
唐高宗永徽五年（654 年）	两钱半（洛阳）
唐高宗麟德二年（665 年）	五钱
唐中宗景龙三年（709 年）	一百钱（关中）
唐玄宗开元十三年（725 年）	十五钱（洛阳）
唐玄宗开元二十八年（740 年）	二十钱
唐肃宗上元元年（760 年）	七千钱
唐代宗广德二年（764 年）	一千钱

从数字可以看到，唐朝太宗到玄宗中前期的繁荣盛世给人们带来的福祉是实实在在的。

在古代社会，米价下跌、物资丰富是繁荣的唯一标志；而米价飞涨，必定是人民饥寒交迫的时期。唐朝后期，还有一位励精图治的君王，那就是开创了元和中兴的唐宪宗。在当时通货紧缩的帮助下，唐宪宗元和六年（811 年），米价跌至唐朝的最低点，每斗两钱。

随着唐朝的持续繁荣，大唐不断开疆扩土，这种开疆扩土不仅仅体现在军事上，更体现在货币上，开始扬威海外。

今天，我们说美国是世界上最强大的国家，美元在全世界流通。一千多年前的大唐开元通宝也是一样，伴随盛世的不断持续，中外贸易持续繁荣，开元通宝开始流通周边很多国家，成为硬通货，那是中国人的骄傲。

---

① 陈磊. 隋唐时期的物价研究：以江淮地区为中心［J］. 史林，2012，（4）：51—64.

唐朝和东南亚各国在经济、文化上的联系非常密切，随着人员的往来，唐朝的财物、钱币一批又一批地通过海运和陆路，流到了东南亚各国。林邑（今越南中部）、真腊（今柬埔寨）、室利佛逝（今印度尼西亚苏门答腊）、堕婆登（今印度尼西亚）、狮子国（今斯里兰卡）和骠国（今缅甸）经常派人来唐朝，他们带到中国的是香料、珍珠、象牙、棉布，带回去的是粮食、金银、钱币。当时，唐朝人对东南亚各国带到中国来的商品非常喜欢，并把它们看成是难得的珍品。

开元通宝也流向印度洋和地中海各国。在唐朝时期，朝廷在今广州设有市舶使，专门管理对外贸易的收税工作，外国商人来中国经商做买卖，只要不违反当时唐朝政府的法律，贸易往来完全自由。当时，载着出口商品、食物和钱币的中国船只，往返航行于波斯湾、地中海一带。据阿拉伯人苏莱曼在《东游记》中说，唐朝时，中国建造的航海船，特别高大，尽管波斯湾、地中海风大浪高，但中国船只却通行无阻、安然无恙。现在埃及开罗南郊福斯他特遗址，还发现数以万计的我国唐朝时期的瓷器碎片。在今印度勃拉名纳巴特遗址，也发现有中国唐朝时期的瓷器碎片。同时，在东南太平洋的婆罗洲北部沙捞越，也发现了我国唐朝人开设的铸铁厂。可见当时唐朝铸造的钱币，随着我国对外贸易商人、航海人员购买日常生活必需品、在国外开设企业，也流散到了现在的埃及、印度和印度尼西亚等国。

唐朝货币还流向北方的突厥国及其铁勒、回纥、拔野古、葛罗禄等部族，东北方的高丽、百济、新罗、日本等国也有唐朝货币流入。日本自隋唐以来，一直和我国保持着友好往来关系，公元600年至公元614年，日本多次派使者来华，每次往返都要带走一批财物、钱币。到了唐朝时期，日本对吸收中国文化非常热情，经常派出一批批留学生、学问僧来到我国，同时，唐朝主动将汉文化和佛教传到日本。

此外，开元通宝也流向西北方的西突厥、大食国、吐谷浑、泥婆罗国和天竺诸国。从长安安远门，西行上垅坂，通过河西走廊的武威、张掖、酒泉、敦煌四郡，出玉门关，经伊州、北庭、轮台，越伊黎河至碎叶进入中亚，这就是当时的"丝绸之路"。唐朝和中亚西亚的商人、贵族等携带着钱币、财物往返于丝绸之路，是当时货币流出的主要途径之一。

波斯（今伊朗）是西亚的重要国家，唐初即有使节往来。唐高宗时，波斯遭大食侵略，王子卑路斯曾来唐求援。波斯被大食灭亡后，波斯反抗大食的政治势力仍继续以国家的名义遣使来唐。

大食是阿拉伯帝国在中国史书上的名称，最强盛时领土横跨欧、亚、非三洲，在中亚与唐为邻，在当时，阿拉伯帝国与唐朝是世界的双雄。此后，双方的经济、文化交流通过陆路和海路发展迅速。许多大食商人来中国经商，长安、洛阳、扬州、广州、泉州等地都有他们的集居地。大食的天文、历法、数学、医学、建筑术等也传入中国。中国的丝织品、瓷器等大量输往大食，造纸术、炼丹术、医学、养蚕和丝织技术也传入大食，并再传至其他地区。

唐朝的军队扬威西域，开疆扩土；唐朝的货币——开元通宝，走得更远，扬威到亚洲的大部分国家，还深入到一些非洲和欧洲国家。1000多年前，大唐的船队就到达过波斯湾、地中海。开元通宝，真正代表了唐朝的开疆扩土，代表了唐朝在世界的地位。

贞观年间到开元盛世，唐朝持续110多年的繁荣，唐朝创造了中国历史上的奇迹，这是包容的文化所孕育的奇迹，也是金融创新所造就的奇迹。

唐朝，用它那宽广的胸怀、开明的文化，体现了华夏泱泱大国的风范。

唐 朝 钱 荒

当唐朝脱离了起始设计的理想货币体系之后，立即出现了钱荒。

安史之乱，中断了唐朝的繁荣，出现剧烈的通货膨胀，乾元二年（759年），长安及其附近地区斗米7000钱（《旧唐书·食货上》）。

安史之乱后，唐朝经济恢复。唐德宗贞元年间（785—805年），开始出现严重的钱荒，历经德宗、顺宗、宪宗、穆宗、敬宗、文宗，共计五十多年。当时是以钱重物轻来形容，原因是什么呢？主要有以下五个方面：

第一，德宗建中元年（780年），开始实行两税法，由征实物改征钱币，这是钱荒的最重要原因。前面说过，帛在经济增长持续快于货币供应增长的时期，起到市场信用的补充作用，而政府不收实物只收钱币，相当于帛的辅币地位被取消，市场信用短缺，自然带来钱币的升值。

第二，安史之乱平定后，南方经济得到很快的发展，北方经济得到恢复，经济快速恢复需要市场的信用供给快速增加，可是，铜的供给增长缓慢，形成钱荒。按有关资料计算，在文宗、宪宗时期，即便将国家的全部铜产量用于制钱，也只能铸造21万贯，根本无法满足要求[1]。同时，安史之乱后，各地节度使各自为政，都想保住自己的地盘，必须加强军备，需要更多的铜。因此，即便21万贯的数量也根本无法保证。

第三，随着钱币（铜）的不断升值，民间蓄铜严重。唐朝，是佛教大发展的时期，佛教寺庙的大发展也占用了大量的铜，进一步减少了钱币的供给流通，进一步加剧钱荒。

第四，外贸加速发展，象牙、药材、宝石、犀角、香料大量流入中国，钱币作为主要的交易货币流出境外，这些货币成为相关贸易国家的储备货币，放大了对铜钱的需求。

第五，民间商业在此期间大发展，大量的商铺诞生，商业的繁荣加大了货币的需求。

其中，最根本的因素还是帛的辅币地位被取消，市场的信用再也无法实现快速补充。

公元780年，一匹绢的市场价格是3200文，到796年，跌到1500文，到宪宗（805—820年在位）末期，已不到800文，相当于下降了四分之三。米价从唐德宗贞元元年的（785年）的500钱，跌到唐德宗贞元八年（792年）的70～150钱[2]，到唐宪宗时期，米价更跌到每斗两钱。

任何新生事物都是适时而生的，唐宪宗时期，宪宗励精图治，出现中兴，经济再次繁荣，推动物价下跌，而当时处于钱荒时期，加剧了物价的跌幅。因此，为了缓解流通中钱币数量的不足，提高钱币的周转率，宪宗时期产生了飞钱，放大了经济市场的信用供给，进一步

---

[1][2] 法文宗. 浅议唐朝中后期的钱荒[J]. 税务研究，2010，(9)：94—96.

促进了经济的发展。

货币体系和金融制度的重要性，在此显示得淋漓尽致，没有唐朝前期的理想货币体系，就很难产生持久的经济繁荣。

最大的骗局

现在，我们揭开中国历史上一个最大的骗局。中国历史上，只要一说到分裂和战争，教科书就告诉我们必定是百业萧条，人民贫困，事实真的如此吗？

自然，战争带来人员伤亡，影响农业和工商业生产，特别是战乱的中心地区，影响更为严重。但是，发生在不同气候周期的战争，有截然不同的性质。

前面我们已经说了两个截然相反的例子：一是春秋战国时期，气候处于温暖时期，诸侯之间的战争为的是争夺土地和人民。虽然战争过程中会造成死伤，影响商品生产和交流，但诸侯之间的竞争压力直接促进生产力的提升，出现经济、文化、科技的全面进步。如果是百业萧条、人民困苦，这些进步都是无法实现的。二是大分裂和南北朝时期，发生在气温下降的寒冷周期，战争的目的是为了争夺生存空间，自然是哀鸿遍野、民不聊生。因为这时实现土地生产能力和人口消费能力的再平衡是最主要的矛盾。同样的分裂，在气候冷暖周期，造成的后果截然不同。

中国历史上的战争，有对外战争，比如隋炀帝远征朝鲜和抗日战争；有民族之间的战争，比如大分裂时代在中原发生的无数战争；亦有农民起义战争，一般是因为气候灾害所迫或统治阶级的压迫过于深重（往往两者同时存在），这种情形下，战争的参与度最高，因为太多的老百姓难以生存下去的时候，自然就会铤而走险，最典型的是各个朝代的农民起义。

以上这些战争大都与老百姓的利益密切相关，用今天的话说，有群众基础。

但是，有一类战争和老百姓基本没有多少切身关系，那就是统治阶级内部争夺权力的战争，目的都是为了建立自己的统治地位，登上盟主之位。

这就带来一个奇特的现象，统治阶级争夺盟主之位的战争时期，政治与经济并不是同向运行。最典型的是五代十国时代，不断地出现悍将推翻自己的顶头上司——皇帝，自己登基。这些统治阶级的内部争斗，老百姓的关注度比较低，实在是群众基础比较差。

公元580年尉迟迥以杨坚有篡位野心为号召，谋划举兵讨伐杨坚。尉迟迥讨伐杨坚的命令传到他所辖各地，今豫北、河北、山东等地均纷纷响应，反杨坚的总兵力达到几十万。杨坚派韦孝宽率兵前往镇压。尉迟迥率十三万大军布于邺城之南，准备与韦孝宽军决一死战，他的部下有许多都是关中人，属于精锐部队。两军刚交战时，韦孝宽军失利。这时邺城一带前来观战的老百姓很多，他们的目的无非是想看免费电影，可能对他们来说，这种电影属于不用买票不看白不看。韦孝宽的部将宇文忻心生一计，命令自己的部队向观战者射箭，老百姓纷纷而逃。宇文忻乘机大喊"敌军败了！"尉迟迥军听到喊声，不辨真假，纷纷逃走。韦孝宽军乘胜攻入邺城（《北史·宇文忻传》）。

这种战争，是老百姓观看免费电影的机会。当然，如果演员中有宇文忻这样缺德之人，一部分观众就要付出很高的"门票"代价。

在气候的温暖周期，统治者不断进行内部战争，不断地争权夺利，但老百姓埋头从事自己的生产，默默地推动经济进步。在这样的时代，统治者为了维护自己的地位，对老百姓的支持更加需要，否则，老百姓都逃走了，税源没有了，兵源也没有了，皇帝自然当不成了。这是春秋战国时期经济、科技繁荣的根本原因。

然而，五代十国时期发生的战争，就是这种气候温暖条件下发生的分裂战争，绝大部分是统治者之间的战争，属于群众基础比较差的战争。对于绝大多数百姓来说，基本是观看免费电影，属于观众。

这样的时期，经济无疑是继续发展的。这时，南方较为安定，持续吸收来自北方的流民，为南方带来大批的劳动力及先进的耕织技术，加速了南方经济的发展。由于南方十国国家林立，竞争的压力很大，帝王稍有偷懒，就很可能被别人干掉，或者老百姓都跑了，自己成为光杆司令，因此重视生产发展，从而发展出若干个以大城市为中心的经济区域。蜀地是农业、工商业发达地区，又注重兴修水利，广泛耕垦，在褒中一带还兴办了屯田，使得农业生产比较发达，仓库饱满。后蜀时期，百姓富庶，米便宜到一斗三文钱。江南两淮重视农桑、茶叶、水利与商业贸易，其中吴越、闽国与南汉的贸易最为兴盛。湖广依靠卖茶和通商，运茶到黄河一带，交换衣料和战马以获利。这些区域彼此互通有无，并与华北、外国通商贸易，商业十分兴盛。华南地区被细划分为数国，各国为了提升经济实力莫不细心经营。

两淮、江南与太湖地区在隋唐时期十分繁荣，是唐朝的粮食重镇，历经庞勋之变与黄巢之乱后也逐渐回复，当地朝廷支持大规模开垦荒地，并且修筑水道。吴和南唐在丹阳疏浚练湖，在句容疏浚绛岩湖，在楚州筑白水塘，在寿州筑安丰塘，少者溉田数千顷，多者溉田万顷以上。吴越王钱镠在钱塘江修筑钱塘江石塘以防海潮侵袭，并且疏浚西湖、太湖和鉴湖等，又募民开垦荒田，免征田税，使杭州一带成为江南富裕之城。马殷占据湖南建立楚国后，不断提升湘中、湘西的粮食产量。这些都使得长江中下游一带成为"赋出于天下，江南居十九"的余粮区，到宋朝更有"苏常熟、天下足"的说法①。

所以，南方至此已完全代替北方成为全国的经济中心②。

虽然北方五代战乱频繁，经济已经落后于南方十国，但君王一样大力提振经济。后梁太祖称帝后重视农业，他任张全义为河南尹，以恢复河南地区的生产。公元908年，又令诸州灭蝗以利农桑③。后唐明宗执政期间，提倡节俭，兴修水利，关心百姓疾苦，使百姓得以喘息。到后周时，后周太祖郭威为了减轻农民压力，于公元952年直接将兵屯的营田赐给佃户，以提升税收，并且废除后梁太宗朱温实行的"牛租"，使农民免除牛死租存的负担。到后周世宗柴荣时，建立均田制，按实际占有田亩征税。这不同于隋唐前期的旧制，是一种按资产征税的先进手段，对经济发展起到促进作用。

所有的经济行为，最终都体现在货币上。虽然五代十国时期的部分统治者为了战争的需要偶有发行虚钱，比如南唐中宗李璟在位时期所铸"永通泉货"，是当十钱的大钱，但铸期只有大约半年时间，故当年铸造量不大，影响很小。所以，这一时期虚钱的数量很少，仍以实钱为主。

---

①③ 王小甫.隋唐五代史：世界帝国·开明开放[M].2008.
② 复旦大学，上海财经大学.中国古代经济简史[M].上海：上海人民出版社，1982.

五代的后梁铸造"开元通宝",后唐李氏铸造"天成元宝"、"青泰元宝",后晋铸"天福元宝",后汉铸"汉元通宝",后周铸"周元通宝"。十国的四川地区铸有"永平元宝"、"永平通宝"、"通正元宝"等;马殷割据湖南时,铸有"天策府宝",此外马殷还曾铸有铁钱和铅铁钱,铅铁钱十文当铜钱一文。南唐是五代十国中铸钱最多的,传世有"大齐通宝"、"保大元宝",还有"开元通宝"、"唐国通宝"、"大唐通宝"三种。

这些钱基本都是摹仿唐朝的开元通宝,因为质量和信誉的差异,在商品市场中基本处于辅币的地位。唐代的开元通宝是我国货币史上最成功的钱币之一,对后世影响极大。唐亡之后,民众对它的信任和喜爱并未减少,仍是安定市场的重要手段,广泛流通,忠实地执行着市场的价值尺度职能和财富储藏职能,这就是信用的力量。虽然唐朝末期的地方势力分裂了唐朝政权,但它们依旧被笼罩在开元通宝巨大的光环之下。五代十国政府铸钱虽多种多样,却无法改变开元通宝在市场中的地位,各国所铸钱币一波一波地出现,一浪一浪地被淘汰①。开元通宝依旧占据市场的中流砥柱地位。

五代十国所铸钱币,以后周的"周元通宝"地位最高。后周"周元通宝"始铸于后周世宗柴荣显德二年(公元955年),是五代时期铸行最多、质量最好的铜钱。"周元通宝"形制依旧仿唐朝开元通宝,制作较精良。因为"周元通宝"是用佛像铜铸的(周世宗曾冒天下之大不韪毁坏铜制佛像),所以衍生出许多关于此钱能治病的传说。在《书影》中说"妇人手握此钱",可治难产;《秋灯丛话》说:"清顺治初,孝感多病症,或于古钱币中检周元通宝一文,持之即愈②。"

唐朝后期,因为取消了帛的辅币地位,市场信用不足,造成严重的通货紧缩。为了补充市场的信用,五代十国时期,辅币就有了新的发展,除了各国政府所铸造的铜钱本质上都属于辅币之外,铁钱和铅钱开始大规模使用,弥补市场信用不足。

《十国纪年》载:"马殷铸铅铁钱,行于城中,城外特用铜钱。"这

---

① 华夏收藏网. 古钱币介绍——隋唐及五代十国 [EB/OL]. (2011-01-06) [2014-06-08] http://news.cang.com/info/137953_4.html.

② 华夏收藏网. 五代十国时期的"罗汉钱"——周元通宝 [EB/OL]. (2012-03-22) [2014-06-08] http://news.cang.com/infos/201203/192120.html.

里的城中城外指的是境内境外，说明湖南开始使用铅铁钱。广州的南汉政权铸造铅钱；刘仁恭建国后号燕（即桀燕国，疆域在今河北北部，都城在今北京），并非十国之一，但时代相当，除铸有铜钱之外，尚铸有铁五铢钱；后蜀孟昶广政年间（938—965年）铸铁钱、铅钱。

从五代十国货币反应的内涵来看，这一时期经济是持续增长的趋势。因为流通的唐朝开元通宝是足值货币，是商品市场的价值尺度，而这一时期铸造的铜钱绝大部分都是仿照唐朝的开元通宝，一样属于价值有保证的钱币。所以，这一时期的货币价值是稳定的。同时，五代十国时期，货币信用不断扩张，不仅铸造铜钱作为唐朝开元通宝的辅币，而且铸造铅钱、铁钱作为辅币，说明货币信用在不断扩张。

货币的价值稳定，信用不断扩张，代表着生产发展、商品供给持续增长，有力地证明这一时期的经济是上行趋势。

五代十国的经济发展水平在数字上亦有展现。当代英国著名经济史学家麦迪森，采用购买力平价法，以1990年1美元的购买力为基数，将上千年来欧洲与中国的人均GDP，一律折算成1990年的美元，从而描绘出经济发展史的轨迹。根据他的测算，公元960年（赵匡胤建立宋朝），中国人均GDP为450美元。

公元960年，就是中国五代十国的后期。即便到现代，中国的人均GDP在1950年才448美元，也就是说，五代十国结束时，中国的经济在当时已经比较繁荣，达到了1000年后的水平。

所以，如果说五代十国处于封建社会的分裂时期，带来经济萧条和百姓困苦，是不客观的。

五代十国，由于是气候暖周期发生的分裂，北方开始强大起来的契丹族，移民式南侵的动力并不强，而热衷于扶持代理人（如北汉）。这种分裂直接造成各国竞争的压力加大，给中国经济带来了进步，将隋唐盛世延续了下来。

隋唐盛世的"温床"

隋唐时期，是中国气候温暖的周期之一，良好的气候，支撑了隋唐盛世。

从图 1.1 中我们可以看到，中国文明史上有三个温暖期：第一个是夏商时期，最为温暖；第二个是春秋战国到西汉时期（这两个时期基本完成了中华民族的形成过程，古代文明也在此期间产生）；第三个温暖期就是隋唐和五代十国时期，这一时期的气温虽然低于以前的温暖期，但依旧属于近 1000 多年来中国最温暖的时期，此后，气温是逐渐下降的趋势。

在竺可桢先生的著作中，对于隋唐时期的温暖气候有清晰的记载："隋唐时代（公元 581—907 年），在第七世纪中期，气候变得温暖了。公元 650 年、669 年和 678 年的冬季，国都长安无冰无雪（注：最近数年，西安的日平均气温最低都是 $-10℃\sim-8℃$，最低温度更低）。八世纪初到九世纪的初期和中期，西安的皇宫里和南郊的曲池都种有梅花，而且还种有柑桔。公元 751 年皇宫中柑桔结实，公元 841—847 年也有过结实的记录。柑桔只能抵抗 $-8℃$ 的低温，而现在（指 20 世纪 70 年代，下同）的西安几乎每年的绝对最低温度都在 $-8℃$ 以下[①]。"

可以看出，当时的气温比今天大约高 $2℃$。有些年份甚至高很多，因为现在的西安，冬天无冰无雪几乎是不可想象的。

很多人对这些数字会感觉很枯燥，但是，解释之后您会大吃一惊。

现在，中国的农牧线基本以长城以北为界，甚至东北地区都成为主要的产粮区。如果气温下降 $2℃\sim3℃$，那么农牧线就会被向南推移到黄河附近，而且北方草原退化，北方大部分地区不适合农业生产。在农耕社会，就代表北方人民失去了生存的希望，只能向南不断地发动战争，拓展生存空间，无论五胡乱华的胡族还是后来的契丹人、蒙古人和女真人都是如此，即便宋、明盛期，与北方游牧民族间的战争也断断续续，可见气候的力量。

这只是矛盾的一方面，另一方面，气温下降具有普遍性，南方广大地区，随着气温的下降，植物生长期也会缩短，比如过往产三季的地区只能产两季，有些原本产一季半的地区就只能生产一季（最典型的是现在黄淮海广大地区）。南方农业产量下降，没有多余的农产品可供交换，与北方人民交换农产品的意愿下降。

---

① 竺可桢. 中国近五千年来气候变迁的初步研究 [J]. 考古学报，1972，(1)：15-38.

北方人民无法生存，南方对农产品交换的潜力下降，战争是自然的选择，这一时期的战争，大多数情况下不以人的意志为转移。

当气温升高2℃左右的情况下，也就是隋唐时期，农牧线就会由现在的长城以北一线向北直线推移。在现代，张家口已经可以进行农业种植，在隋唐时期，相当于适宜种植的农牧线还要从张家口—呼和浩特一线直线向北推移六七百公里以上。北方地区地广人稀，温暖期有大片绿草茵茵的牧场，有比较充足的农产品供给（至少可以用牛羊来交换，满足对农产品的需求），何苦提着脑袋和中原人争夺土地呢？而南方广大地区农作物产量提升，与北方人民交换的意愿增强。

这是问题的本质。在气候温暖期，南北各民族之间有事好商量，称兄道弟，大家和平共处；在寒冷期，北方游牧民族面临生存的危机，只能南迁，没有商量的余地，所以，民族之间不断地走向战争。

隋唐时期，就是这样的温暖期。

《敕勒歌》能生动地刻画温暖周期北方草原的风景。

> 敕勒川，阴山下。
> 天似穹庐，笼盖四野。
> 天苍苍，野茫茫，
> 风吹草低见牛羊。
> 男儿血，英雄色。
> 为我一呼，江海回荡。
> 山寂寂，水殇殇。
> 纵横奔突显锋芒。

阴山在如今内蒙古中北部地区，东西走向，包括狼山、乌拉山、色尔腾山、大青山等，隋唐这样的温暖期，阴山南北都是绿草茵茵的牧场，中华各民族之间是平和的。

这就是隋唐盛世的"温床"。

第三章
诚实与贪婪的战争（一）

宋朝是虚弱的王朝吗？从军事上来说，是！宋朝是强大的吗？从文明程度、经济、科技、文化来说，更是！而且是超级强大，宋朝的货币强大到日本和很多周边国家主动接受宋朝的货币。宋朝的文明先进到现代西方的有些汉学家更愿意生活在1000年前的宋朝！

本章将揭开形成宋朝这种两面性背后的原因。

据《剑桥中国史》测算，宋朝时期，中国的经济总量占当时世界经济总量的 60%。2000 年美国 GDP 占世界经济总量的 30.6%，2007 年这一数字为 25.4%，也就是说，如果只看占世界经济总量的份额，与宋朝相比，今天的美国仅仅是"小弟"。宋朝的火药、造船、印刷、造纸、手工业等行业飞速发展，推动了世界的进步。

宋朝是当时世界上最富裕的国家，也是科技最发达的国家，是毫无疑问的。英国学者汤因比说："如果让我选择，我愿意活在中国的宋朝。"美国学者乔纳森说："上一个千年的中国，是世界超级大国，也是世界上最强大的国家。"

经济的繁荣，带来信用需求的膨胀，很显然，纯粹用传统的信用产生方式难以满足经济的需求。当时的四川只能大量地使用铁钱，说明贵金属的产量增长无法满足经济的需求。宋朝人发明了新的信用产生方式，那就是纸币。在当时，纸币处于补充市场信用需求的辅币地位，类似于唐朝的帛。

可事实证明，纸币虽然补充了市场的信用需求，但也意味着"魔鬼"从此出笼，那就是通货膨胀，从纸币诞生的那一天就开始了。

弱宋与强宋

公元 960 年，赵匡胤登上盟主之位，建立了宋朝。

初看起来，没有任何不同之处，和姓嬴的、姓刘的、姓司马的没多少差别，而且还似乎胜之不武，登上盟主之位有欺负弱小的成分。

后周（951—960 年）是五代时期的最后一个朝代。虽然是短命的，但后周世宗柴荣（954—959 年在位）却在不到三年的时间内，即攻占了南唐长江以北的所有领土和四川的土地。公元 959 年，后周世宗在解决了南唐的后顾之忧之后，再次北上攻辽，至宁州，刺史王洪投降；

至益津关，契丹守将终廷晖投降；至瓦桥关，守将姚内斌投降；至莫州，刺史刘楚信率众投降；五月，瀛州刺史高彦晖归顺。42天连收三关三州，共17县，契丹军队望风而降，直逼幽州（今北京（《旧五代史》））。但就在此时，柴荣突然患病，不得不中止向北的进攻，不久病逝。柴荣死后，他七岁的儿子柴宗训登基。殿前都点检赵匡胤谎报兵情，说辽国和北汉进犯，借口领兵到陈桥驿，发动"陈桥兵变"，夺取后周帝位，建立北宋，一个新的时代开始了。

表面上看，赵匡胤仅仅是继承了柴家的盟主之位，实际远不止于此。

后周世宗在位的短短5年间，清吏治，选人才，均定田赋，整顿禁军，奖励农耕，恢复漕运，兴修水利，修订刑律和历法，还考正雅乐，纠正科举弊端，搜求佚书，雕刻古籍，大兴文教……特别是文教、法律事业的建设，已经远远超越了那个时代。但后周世宗下令拆毁寺庙，毁铜佛铸钱，被后世之人所诟病。

后周的国力和军队的战斗力飞速上升，在强悍的后周军队（禁军）面前，后来与北宋打的不可开交的契丹军队也是望风归降。

所以，赵匡胤继承了一副好家当。

但是，赵匡胤的子孙也注定是不幸的盟主。公元1000年前后，是近1000年来气温下降的最初阶段，虽然开始阶段都是缓慢的，但骤降阶段终会到来。公元1100年前后，气温剧降，北方草原退化，生存的压力急剧增加，北方游牧民族向南发动侵略战争是必然发生的事情，而且这种战争从心理上讲是不平衡的，南方民族只能抵御，而北方民族是彻彻底底地提着脑袋上阵，因为他们必须杀出一条生存之路。

宋朝或许是中国历史上最窝囊的大一统朝代。盟主地盘也不大，西北有西夏，北方有大辽虎视眈眈。"弱宋"二字似乎把这个统治中国大部或半部319年之久的朝代给盖棺定了论。确实，按中国传统对封建王朝的评价标准来看，宋朝很窝囊。首先，要有强大的中央集权，这点宋朝似乎还说得过去；其次，要"普天之下莫非王土"，西域还不够，最好像成吉思汗那样，把莫斯科甚至欧洲也弄来，这方面宋朝就差劲了。南宋偏安一隅自不必说，诸如"暖风吹得游人醉，直把杭州作汴州"之类的讽刺诗句不可胜数。就是北宋，真正把国境线推进到长城一线的时间也只是瞬间。扬威西域、长驱漠北、直捣黄龙和宋朝无关，连自己的小命都保不住，每年还不断上贡。叫叔叫大爷的还总是挨揍，两任皇帝做了俘虏（徽钦二帝），两次被赶到海上去（宋朝南迁和南宋京城临安被攻陷以后），这些都是前无古人的"光辉事迹"。

但是，如果我们改变一下自己的视角，按另外一个标准来看待宋朝，不是只看王侯将相的"千秋功绩"，而是看看对世界的贡献、经济发展和老百姓的生活，你会大吃一惊，得到完全相反的结论。

宋朝继承并发展了隋唐以来经济的持续繁荣，并达到顶峰，而且是在气候下降的周期实现的，因此宋朝创造了奇迹。北方游牧民族是依靠屠杀来抵抗人口和土地生产能力之间的矛盾，这种矛盾在气温下降的周期注定发生，而宋朝，是通过经济繁荣的文明模式抵抗这种矛盾，这是全人类的骄傲。

中国古代的科技创新，有一半产生在宋朝。中国四大发明中的指南针、火药和印刷术都诞生在宋朝，对世界文明的进程起到巨大的推动作用，直到今天，依旧得到世界的尊敬。

宋朝年财政收入最高曾达到14000万贯以上，一般年份也可达到6000万贯以上，即便失去半壁江山的南宋，财政收入也高达10000万贯。这是一个什么概念？清朝前期，岁入较低，因为国家处于战后的恢复期，不具备可比性。乾隆中后期，岁入约4000~5000万两白银之间，之后的嘉庆、道光、咸丰年间，岁入在4000多万两上下波动，大约100年间没有增长，数量远远低于五六百年前的宋朝（按一贯铜钱相当于一两白银计算）。1717年以后，因为欧洲逐渐实行了金本位制，白银成为普通金属，以黄金作为参照物，这时白银的购买力比宋朝低，比明朝大部分时间低一半左右。明朝建立以后，直到1600年之前，金银比价基本在1∶6上下波动，在1440年曾经达到1∶1.67[①]，而清朝康熙年间在1∶10左右，之后，银价不断下跌，1771—1800年间，金银比价是1∶15.00~15.47，因此，清朝的白银购买力下降。而乾隆五十五年（1790年），中国的人口已经达到3亿，咸丰元年（1851年）超过4亿，远远高于宋朝，人均数字更无法相比。直到清朝末年的光

---

① 全汉昇. 宋明间白银购买力的变化及其原因 [J]. 新亚学报，1967，(8.1)：157—186.

绪年间，国家岁入的数字才达到了宋朝的水平。虽然白银的成色有差异，这种对比方式不是非常准确，但依旧无法否认，宋朝的经济非常发达！

可能很多人会说，宋朝的财政收入如此巨大，是不是通过盘剥百姓得来的呢？如果你从人均负担的财政收入来看，确实是如此。可是，为何宋朝是中国历史上仅有的没有爆发全国性农民起义的两个朝代之一呢？（另一个是短命的西晋）这一点说明宋朝百姓的日子过得还不错。如果依靠盘剥百姓取得巨额的财政收入，这种收入是不可持续的，老百姓早就造反了。可实际上，宋朝的财政收入有很强的持续性，所以，这种情形可以完全排除。

那么，庞大的财政收入究竟来自何处？熙宁十年（1077年），北宋的岁入是7070万贯[①]，农业的两税是2162万贯，占30%，工商税4911万贯，是农业税的两倍以上。而清朝1840年之前，地丁银一项在财政收入中所占比重始终在61%~88%之间，其他诸项所占比重最多时也不到40%。地丁银是指"摊丁入亩"后对田亩和丁役合并征收的货币形态的赋税，是田赋的主体部分（此外田赋还有漕粮等实物形态）。由此可见，清朝1840年以前的财政收入中，农业税赋占主体。这直接说明，即便在宋朝的一般年份，从国家岁入和经济发展水平（工商业发展水平）来说，都超过五六百年之后的清朝。宋朝的巨额财政收入不是来自农民，而是基于工商业的发展。

宋朝也有很多农民起义，只是规模不大，波及的范围不广。所有的繁荣都有一种相对性，宋朝无论人们的生活水平还是国家的经济水平，都达到了很高的高度。

这就是中国近一千年前发生的事情！法国著名汉学家谢和耐曾说："在社会生活、艺术、娱乐、制度、工艺技术诸领域，中国（宋朝）无疑是当时最先进的国家，它具有一切理由把世界上的其他地方仅仅看作蛮夷之邦。"这就是宋朝令全世界羡慕的文明，连洋人都认为当时的宋朝可以将其他地方看作蛮夷（未开化的文明）。可笑的是，后世很多朝代，国家治理的不怎么样，甚至很衰败（比如准皇帝慈禧），却将别

[①] 汪圣铎. 两宋财政史 [M]. 北京：中华书局，1995.

人看成蛮夷，自喻天朝上国，真是搞错了码头。日本宋史学家宫崎市定认为："宋代是中国历史上最具魅力的时代。中国文明在开始时期比西亚落后得多，但是，以后这种局面逐渐被扭转（作者注：扭转的过程就是隋唐盛世）。到了宋代便超越西亚而居于世界的最前列。然后由于宋代文明的刺激，欧洲文明向前发展了。"宋朝的文明深深地影响了世界。英国著名经济史学家麦迪森写道："早在公元 10 世纪时（五代十国后期和北宋初期），中国人均收入水平就已经在世界上处于领先地位，而且这个地位一直持续到 15 世纪。在技术水平上，在对自然资源的开发利用上，以及在辽阔疆域的管理能力上，中国都超过了欧洲。到了 19 世纪和 20 世纪上半叶，当世界经济明显加速增长之际，中国却衰退了。"

宋朝，从思想、科技、经济等诸多方面讲都是那个时代最发达的国家。可是，宋朝却无法抗击北方游牧民族的军事冲击，这必有深刻的内在根源。

纸币的诞生

铜钱为宋代最主要的货币（图 3.1）。南宋还铸行铜、铅两类钱牌，铜牌面值为贰佰文、叁佰文、伍百文；铅牌面值为壹拾文、贰拾文、肆拾文。两宋货币，金银并提，北宋太祖开宝四年（971 年）制定《伪黄金律》，这是两汉以来政府第一次视黄金为法定货币。而银的货币地位后来居上。宋朝的金银开采也具一定规模，高峰年份可得金 1.5 万余两、银 22 万两，政府常以金银铸钱。金人攻灭北宋时，曾强掠金 1000 万锭、银 2000 万锭之多，可见金、银货币数量大、用途广。宋的盐钞、茶引及僧道度牒等在一定程度上也行使货币职能[①]。

大量的足值货币流通在流通领域，这代表宋朝的经济体量非常庞大，可以佐证经济的繁荣。

铁钱自汉五铢开始，至两宋达到鼎盛期。当时四川铜少铁多，历来铁钱铸量颇丰，而陕西等地铜铁钱并用。使用过程中，一般小额交

---

① 上海颂雅. 宋朝钱币的起源 [EB/OL]. (2013—06—04) [2014—06—08]. http://www.songyash.com/news/show/473.

淳化元宝（草书）　　　淳化元宝（楷书）　　　大观通宝

图 3.1　宋朝铜钱

（图片来源：中国网）

易用铁钱，大额交易用铜钱。其比值为"旧用铁钱千易铜钱四百"（相当于5∶2），到太平兴国年间铁钱铜钱比值为10∶1，黑市比值竟高达14∶1。以10∶1计算，1小铜钱重1钱（4克），每贯折合宋制6.25斤，相当于现代的8市斤；按同值铁钱应重62.5斤，相当于现代的80市斤。如果你去超市购物，需要带一贯钱的话，望着80市斤的铁钱，估计会望而生畏，显然不便交易。

宋朝铸钱量非常之大，由初期的七监（铜钱监4座，铁钱监3座）到宋神宗时的26监（铜监17，铁监9）。每年所铸铜钱从太祖时期的7万贯逐渐增多，到太宗至道时为80万贯，仁宗庆历时为300万贯，神宗熙宁以后，每年铸钱约600万贯，达到了顶峰。

由于铁钱分量重、价值低，不便于流通和随身携带，给大宗贸易造成巨大困难。公元10世纪末叶，成都市场上遂出现所谓"交子铺"，发行纸币"交子"。纸币诞生了。

为何叫交子呢？因为那时商人携带钱款不方便，成都就出现了经营现金保管业务的"交子铺户"。存款人把现金交付给铺户，铺户把存款数额填写在用楮纸制作的纸卷上，再交还存款人，并收取一定保管费。这种临时填写存款金额的楮纸券便谓之交子。当商人与别人交易时，将楮纸券交给对方就完成了付款，当然，背钱的责任也交给了对方。如果到此为止，交子铺不过就是唐朝的柜坊，但宋朝在柜坊的基础上继续前进。

交子铺户在经营中发现，动用部分存款，并不会危及交子信誉，于是他们便开始印刷有统一面额和格式的交子，作为一种新的流通手段向市场发行。正是这一步步的发展，使得"交子"逐渐具备了信用货币的特性，也就是现代的准备金制度。

造纸术的发明、印刷术的进步和宋朝经济的空前发展，是纸币产生的"土壤"。

随着交子的影响逐步扩大，对其进行规范化管理的需求也日益突出。北宋景德年间（1004—1007年），益州知州张泳对交子铺户进行整顿，剔除不法之徒，专由16户富商经营，这十六户富商就成为了"发钞行"，至此"交子"的发行正式取得了政府认可。如果这种模式持续到今天，大概中国的货币发行模式就和现在的美国、英国是一样的，美国有美联储，英国有英格兰银行，中国有某某银行，都属于私人股权的发钞行。但是，历史拐了个弯，驶入了另一条"车道"。

宋仁宗天圣元年（1023年），政府设益州交子务，设立了政府的"发钞行"，以本钱36万贯为准备金，首届发行"官交子"126万贯，准备金率为28%，流通区域仍限于四川。宋神宗（1067—1085年在位）时，熙宁初年，法律规定伪造交子等同于伪造官方文书，交子有了法律保护。宋朝的纸币，比美国（1692年）、法国（1716年）等西方国家发行的纸币要早六七百年。

开始时"官交子"依旧模仿"私交子"，金额在票面上临时填写，加盖本州州印，只是分了一定等级，从1贯到10贯，并规定了流通的范围。宋仁宗1039年起，一律改为五贯和十贯两种。到宋神宗1068年起，又改为一贯和五百文两种。发行额也有限制，规定分界发行，每界三年（实足二年），界满兑换新交子。

第一个吃"螃蟹"的人

要说这位兄台，和大家也算老熟人，上千年来，人气持续高涨。往好了说，琴棋书画样样皆通，真正的数栖明星，如果在今天，粉丝至少上亿。往差了说，故事也很多，皇帝招妓、从皇帝到俘虏等，这位兄台就是大名鼎鼎的宋徽宗赵佶。

赵兄既然名气这么大，自然有不一般的才能，在货币方面更是不甘落后。

前文说到，金属货币很难投机取巧，比如王莽的大泉五十，明明重量只是五铢钱的三倍多一点，可面值却是五铢钱的 50 倍，老百姓的眼睛无需雪亮，用手一掂就知道是骗人的东西。可是，纸币产生以后，准备金在发钞行，你想掂就掂不到了，实际有多少准备金只有发钞行才知道。

不能不说，这位赵兄不是一般的聪明，立即就悟出了窍门，自己既然拿着发钞行金库的钥匙，自然可以做点"手脚"，成为第一个吃螃蟹的人。

据记载，1105 年，为了供应军需，因为超额发行，交子严重贬值，最后官交子不得不停办业务。《资治通鉴》记载：在崇宁二年（1103）六月，童贯、王厚率领宋军从熙州（今甘肃临洮）出发，分两路攻打在元符二年（1099 年）被羌人占领的湟州（今青海乐都），最终收复。

此仗规模并不大，这期间也没有其他记载的战事，凭这点破事就需要超发交子？而且让官方的发钞行倒闭？看来这赵兄确实不是一般人，思维难以按常理推论。

事情还没结束，宋徽宗大观元年（1107 年），宋朝政府改交子为钱引，改交子务为钱引务。除四川、福建、浙江、湖广等地仍沿用交子外，其他诸路均改用钱引。后来四川也于大观三年（1109 年）改交子为钱引。钱引与交子的最大区别是它以"缗"（相当于贯）为单位。钱引的纸张、印刷、图画和印鉴都很精良，看起来很不错，没辜负赵兄琴棋书画的才能。可是，在赵兄这里哪有这么简单的事？我们知道交子是有准备金的，钱引不置钞本，也就是根本就没有准备金，而且不许兑换，是纯粹的纸本位，赵兄做的根本就是无本买卖。

结果可想而知，纸券价值大跌，到南宋嘉定时期，每缗只值现钱一百文，只好终止。

这位赵兄还真是"全方位复合型人才"，1000 年前就发明了纸本位。

第一次金融危机

纸币诞生了，金融危机也就诞生了。

在金属货币时期，虽然虚钱的发行也会造成社会的混乱和通货膨胀，但是唬不了老百姓。董卓的小钱，无需掂，只要看一眼就知道问题所在，老百姓的眼睛是雪亮的，最终市场会选择更具信用的交易方式，比如以帛为交易媒介或者以物易物。再有就是王莽的虚钱，虽然铸造很精美，但老百姓只要一掂量，就知道把戏所在，人们有能力防范。所以，在贵金属货币的时代，虽然很多时期都有虚钱，但危害性是受到限制的。这时的市场是有效的市场，可以自己鉴别货币的价值和信用水平。

纸币出现以后，问题开始放大，保证金在发钞行的金库里，老百姓处于一摸黑的地位，即便眼睛雪亮也看不出问题，掂量更是无效。这就是赵佶兄要达到的目的，说不定赵兄还在背后冷笑，跟我斗，没门！

这时的市场失去了对货币内在价值的鉴别能力，属于无效的市场。

当货币滥发时，对百姓和经济的伤害开始放大，危害的形式就是金融危机。

交子和钱引处于纸币刚刚产生的初期，在市场交易中占有的份额有限，铜钱依旧占据主导地位（北宋铸钱量很大），虽然赵佶兄两次折腾，使得交子和钱引都最终灭亡，但终归影响被限制在一定范围内。因为主要交易份额集中在铜钱、金银等贵金属上，纸币起到的只是辅助作用。

南宋虽然依旧铸钱，但铸钱量已经比北宋大为减少。南宋发行的会子实行的是保证金制度，流通东南各路，范围很广。会子是具有流通职能的铜钱兑换券，可以说，已经成为南宋的主要信用凭证之一，完全等同于现代实行保证金制度的货币，也因此，酿成了全国性的金融危机。

据《建炎以来系年要录》记载：绍兴三十年（1160年）二月，"初，命临安府印造会子，许于城内外与铜钱并行，至是权户部侍郎兼知府事钱端礼乞令左藏库，应支现钱，并以会子分数品搭应副。从之。东南会子自此始……置行在会子务，后隶都茶场，悉视川钱引法，行之东南诸路，凡上供军需，并同见钱，仍分一千、二千、三千，凡三等。盖权户部侍郎钱端礼主行之，仍赐左帑钱十万缗为本，初命徽州造会子纸，其后，造于成都"。

也就是说，从1160年开始发行会子，与铜钱并行，可以自由兑换,见到会子如同见到铜钱,用今天的话说,属于硬通货。会子也用于支付军需,这说明会子已经和铜钱一样上升到本位币的地位。当时,连会子所用的纸张都有具体产地规定。

万变不离其宗,故事都有美好的开头。

当时,宋孝宗曾对大臣说过:"朕以会子之故,几乎十年睡不着。"(《容斋三笔》)

一代帝皇对发行纸币如此重视,从中可见封建统治者对纸币发行的小心态度。现代人可比宋孝宗"进步"多了,印多少钞票也不存在睡不着觉的问题,甚至连眼都不眨一下,更不要说十年。

起初,会子并无分界发行的制度,随着会子发行量的逐渐增多,也为了防止伪钞的流通,政府改革会子的发行制度。在乾道四年(1168年),议定立界,限额发行会子,"三年立为一界,界以一千万缗为额"。界是年限,到一定的年限,用旧会子换新会子,后期展期(展期表示延长流通年限)严重,开头规定每界发行量以1000万缗为限,但实际执行中,每界会子的发行数量不等,但一定是逐步增加的,这是定律。

第一界会子发行于乾道四年(1168年),总数1000万缗,流通时间3年。随着宋金战争和宋元战争的不断扩大,财政支出不断增加,赤字加剧,会子的发行数量开始急剧增长,流通年限亦不断增加。到了乾道九年(1173年)发行第四界会子时,总数上升到1800万,流通时间6年;到了淳熙十一年(1184年)发行第七界会子时,总数上升到2323万贯,流通时间9年;到了绍熙元年(1190年)发行第十界会子时,总数4000万贯,流通时间9年;到嘉定二年(1209年)发行第十四界会子时,数量飙升到11263万贯,流通时间22年;而端平元年(1234年)发行的第十七界会子,数量是42000万贯,流通期30年!

本人很怀疑,以当时的造纸技术,所印造的会子在南方广大潮湿地区是否可以存留30年。估计30年后,剩下的仅是少数,政府也就减轻了回收的责任,完全成为骗局。

淳熙三年(1176年),户部令三界、四界会子各展期3年,以后,又有很多界会子展期10年甚至20年,新旧会子同时流通,无形加剧了流通中货币的膨胀,"楮以太多而贱,楮以太多而轻"(《真文忠公文集》)。

发行的数量越来越大,流通时间越来越长,已发行的会子不断展期,市场上新旧会子不断叠加,数量急剧攀升。

疯狂的纸币!

淳熙十六年(1189年),临安府会子一缗尚值700余文铜钱,至宁宗庆元元年(1195年),会子每缗跌至620文,嘉定三年(1210年),会子一缗只值400余文,端平三年(1236年),刚发行不久的十七界会子,每缗值300文,到宝佑年间(1253—1258年),十八界会子每缗只能兑铜钱192文。

宁宗(1194—1224年在位)宣布十一、十二、十三界会子同时流通后,会子之多犹如决堤之水,物价飞涨犹如脱缰野马,出现会子挤兑铜钱的现象。嘉定二年(1209年),会子换界,政府规定新旧会子以一比二的比例兑换,同时严禁不按比例兑换会子,否则抄家,并鼓励打小报告互相揭发。这表示官方宣布了会子信用已经破产,更无法阻止拒收会子的风潮,会子也进一步贬值。通货膨胀导致社会中、下层损失惨重。迫不得已,政府发还抄没的家产,并筹措一千四百万贯来回收旧会子,嘉定五年后危机才渐渐平息。从此之后,会子换界已无法正常进行。十八界会子发行量更大(50000万贯,发行于1240年),白米涨到每斗米三贯四百文钱,是孝宗年间(1162—1189年)的十一倍。当时,会子被拒收,两百文的会子连一双草鞋都买不到了。

虽然南宋只占据半壁江山,但这依旧应该是中国纸币历史上第一次全面的金融危机,伴随的是南宋与金朝、元朝之间的战争不断扩大,财政支出不断增长。

但是,在此要说,南宋会子造成的危机依旧是有限的,比如1162—1240年,中间间隔70多年,米价上涨11倍,和南京国民政府时期法币和金圆券造成的通胀相比,简直是小巫见大巫。

根本的原因在于,虽然南宋开始减少铸钱,但铜钱依旧大量流通,无论占交易市场份额的多少,都是市场的价值标尺,是定海神针!这时的商品市场是有效的市场,纸币如果无限量发行,就会被拒收,限制了发行者的发行行为,所造成的损害也就受到限制。

财政的支付能力决定货币的信用,战争从来就是货币信用的"杀手"。

宋 朝 钱 荒

从唐朝中期取消帛的货币地位之后，一直到五代十国时期，钱荒一直伴随着中国，这是经济持续发展而金属货币（铜）增长缓慢的必然矛盾。

钱荒也一直伴随着宋朝。

宋仁宗庆历年间，江淮出现"钱荒"；神宗熙宁年间，"两浙累年以来，大乏泉货（注：泉货也是货币的古代称呼之一），民间谓之钱荒"；哲宗元祐年间，"浙中自来号称钱荒，今者尤甚"。南宋初期，也是"物贵而钱少"。南宋后期，"钱荒物贵，极于近岁，人情疑惑，市井萧条"。南宋理宗（1224—1264年在位）的一年春天，台州城的市民一觉睡醒，忽然发现"绝无一文小钱，在市行用"。也就是说，台州城闹"钱荒"了，市面上几乎找不到一枚铜钱流通了。

所以，钱荒一直伴随着两宋时代。

在宋朝，铜钱作为主币，虽然发明纸币起到辅币的作用，但纸币不断贬值。纸币贬值越严重，越无法为市场提供信用，越容易造成铜钱的钱荒。因此，纸币对市场信用的补充作用远不如唐朝前期使用的帛。也因此，唐朝中前期并没有出现钱荒，而钱荒自始至终伴宋朝。

除此之外，宋朝的钱荒还有更深刻的原因。

宋朝的铸钱量非常之大，熙宁年间铸钱出现高峰，每年铸钱大约600万贯，比唐朝增长了20多倍，比宋太祖时期增长了80多倍，但依旧持续受到钱荒之苦，这种钱荒肯定和经济持续增长有关，因为经济增长越快，相当于财富增长的速度也越快。因为宋朝的纸币不断贬值，无法充分补充商品市场的信用需求，硬通货（铜钱和金银）就会被动升值。这一点在南宋时期或许是主要原因之一，因为南宋的铸钱量已经大幅减少，纸币大面积流通；而北宋铸钱量非常大，从太祖开始，铸钱量增长非常迅速，很难说成是"钱荒"的主要原因。

最根本的原因在于宋朝铜钱面值设置太低，远低于本身材料的价值，为所有铜钱持有者提供了过量的补贴。

举一个例子，宋朝政府基本属于按市场经济模式运作的，政府需要的服务从市场购买，比如募兵制就是典型，既要给大兵发工资，还要管后勤，这就需要从市场购买粮食等必需品。

大兵们假设每月领到 10 个铜钱作为薪水，表面上是 10 个铜钱，实际上更多。因为宋朝铜钱的定价远远低于材料的价值，大兵只要将铜钱交给不法商人，就可以实现第二次的利润，无论这种利润是金还是银标价的都一样，也就是说，宋朝政府发给大兵的薪水实际上超过了 10 个铜钱。当不法商人将铜钱制造成其他铜器的时候，宋朝政府发给大兵的 10 个铜钱就退出了流通领域。

对于农民也一样，农民将一定数量的粮食出售，得到铜钱，农民可以将铜钱交给不法商人，实现二次利润，而不法商人也将这些铜钱熔化并铸成铜器，退出了市场。

在铜钱熔化并铸成铜器的过程中，商人实现的利润，如果不计算加工成本，基本就等同于宋朝政府的补贴幅度。如果计算加工成本，这种补贴幅度更高。这些商人实现的利润在历史记载中有精确的描述。

北宋神宗时，大臣张方平说："销熔十钱，得精铜一两，造作器物，获利五倍。"到南宋绍兴二十一年，司封员外郎王葆说："民多销铜钱为器，利率五倍。"绍兴年间又有人讲："民以钱十文将铜一两，铸为器皿，可得百五十文。"相当于同等重量的铜钱与铜器价值比为一比十五，即熔钱铸器的利润已达十五倍。此后其比例似稍有回落，但仍长期保持在一比十以上。如庆元二年（1196 年）八月二十七日臣僚言："毁一钱则有十余钱之获，小人嗜利十倍，何所顾藉。"当铜钱的面值低于铜材本身的价值五至十五倍时，就导致了民间疯狂藏钱，用铜钱铸铜器牟利。

铜钱定价低，相当于宋朝财政补贴了所有持有铜钱的人。这其中还包括外国人，因为他们从中外贸易中收到铜钱，一样可以实现二次利润。在当时，按照宋人的说法，是"一朝所铸，四朝共用"，四朝就是宋、西夏、辽国、金国，都使用宋朝所铸铜钱作为本位币。宋代铜钱也流向了海外，日本曾派商船到宋朝从事贸易，货物全部销售后，却不再进货，只收铜钱，一次就运走了铜钱十万贯。根据小叶田淳《日本货币流通史》统计，在日本 28 个地方出土的中国铜钱多达 55 万多枚，其中 80% 以上是宋代铜钱。1266 年，镰仓幕府更公开承认宋朝铜钱为日本的法定货币，按今天的说法，镰仓幕府愿意接受宋朝货币的殖民化。此外，宋代铜币也是高丽、交趾等国的主要货币，并流向南亚和西亚，成为印度南部地区乃至阿拉伯地区的储备货币。同一个货币体系引发了同样的货币病，当宋朝"钱荒"肆虐时，依赖走私宋朝铜钱流通的日本也出现了"钱荒"。

为何如此多的国家都用宋朝的货币作为本位货币？或者作为储备货币？源于宋朝的铜钱所含的实际价值超过了面值，属于硬通货。在海外，来自大宋的铜钱，如同硬挺时期的美元，在海外各国价值超高，实际购买力远远超过国内。《禁铜钱申省状》记载了宋代铜钱的海外增值现象："每是一贯之数，可以易番货百贯之物，百贯之数，可以易番货千贯之物，以是为常也。"宋朝的铜钱到了海外，居然可以增值十倍以上，这和南宋时期熔化铜钱为器皿可以获得十倍以上的利润是相符的。

宋朝的经济繁荣，也必定带来其他国家和宋朝之间的贸易剧增，这样，那些国家就必须储备宋朝的铜钱，极大地增大了对宋朝铜钱的需求，也就成为亚洲和中东一些国家的储备货币，加速了铜钱的外流。和今天的美元是一样的道理，虽然美联储一家印刷，但全球使用，唯一的不同是印刷美元的成本比铜钱低得多。

货币面值远低于实际价值，给宋朝带来严重的后果。首先是钱荒，影响经济的正常运行；其次是极大消耗了宋朝的财政，赤字不断加大，因为宋朝政府所需要的服务是从市场购买，对铜钱的补贴加大了宋朝的财政压力，财政赤字削弱了宋朝的国防实力。

弱宋的真相

我们嘴中的弱宋，主要源于宋朝对北方少数民族战争中的不断失败（对西夏可说胜负各半），即便订立和平条约，也以磕头上贡为代价。

宋朝的军力很差吗？至少在北宋前期，这个结论一定是有疑问的。

宋朝虽然没有唐朝如此多的名将，但宋朝也不缺乏名将，更可贵的是，宋朝许多文臣武领都是忠义两全。文天祥的"人生自古谁无死？留取丹心照汗青"，岳飞的《满江红》，这些千古诗句激励了后代无数中国人保家卫国的决心，也是诗人誓死捍卫家园的内心写照，宋朝不缺乏舍生取义的臣子。

北宋初期，后周世宗建立的强大禁军被完整地保留了下来。根据沈括《梦溪笔谈·辨证一》记载："凡石者，以九十二斤半为法，乃汉秤三百四十一斤也。今之武卒蹶弩，有及九石者，计其力乃古之二十五石，比魏之武卒，人当二人有余；弓有挽三石者，乃古之三十四钧，比颜高之弓，人当五人有余。此皆近岁教养所成。以至击刺驰射，皆尽夷夏之术；器仗铠胄，极今古之工巧。武备之盛，前世未有其比。"

文中比较完整地记录了宋朝前期禁军的战斗力，训练水平很高，单兵素质也很高，战斗力很强，远远超过了以前的朝代。

李焘（《续资治通鉴长编·卷二十》）中记载："会契丹遣使修贡，赐宴便殿，因出剑士示之。数百人袒裼鼓躁，挥刃而入，跳掷承做，曲尽其妙，契丹使者不敢正视。"《三朝北盟会编·卷二三》）记载："虏人（金人）所射弓不过五斗，本朝战士所射弓多是一石或二石者。"

无论劈刺还是拉弓射箭，契丹军队与禁军相比明显处在下风，所以在后周世宗959年伐辽时，辽国军队望风而降。

宋朝实行募兵制，这是一种职业军人制度（府兵制是兵农合一），这种制度在当时是否先进很难说。军队分为四种，即禁军、厢军、乡兵、藩兵。禁军是中央军，也是宋朝军队的主力。厢军是各州的镇兵，由地方长官控制。乡兵则是按机关抽调的壮丁。藩兵是防守在边境的非汉族军队。

宋朝以前，仍处于冷兵器时代。宋朝是科技大发展的时代，军事科技一样取得飞跃式进步。从宋朝开始，火器开始登上战争的舞台。宋军可以使用霹雳炮、震天雷、引火球、铁火炮、火箭、火球等火器，逐步进入冷兵器和火器并用时代。投石机方面有车行炮、单梢炮、七梢炮与旋风炮等。火器和投石机的使用，使得宋军无论野战还是攻坚的能力都有跨越式的提升。据《宋史·兵志》等史书记载，自开宝三年至咸平五年（970—1002年），兵部令史冯继升、神卫水军队长唐福、冀州团练使石普等人，先后向朝廷进献火箭、火球、火蒺藜等燃烧性火器。《武经总要》中记载着这些火器的制造和使用方法，并列出3种火药配方，这些配方是世界上最早以火药命名并用于军事的配方。这些火器，在北宋时期的战争中经常使用。如靖康元年（1126），宋军在丞相李纲指挥下，使用火箭、霹雳球同其他冷兵器相结合，打退了金军对汴京（今河南省开封）的进攻。

宋军武器的先进性，相对北方游牧民族占有优势。

关键是三方面的原因，制约或削弱了宋军的战斗力：

第一是决心。虽然宋朝不缺乏舍生取义、保家卫国的将帅，但是，期望募兵制下招收的吃粮当兵的大兵，也具备同样的思想境界是比较困难的。特别是北宋后期，长时间的和平，士兵养尊处优，更不能期望他们有这样的决心。和北方士兵相比，差别巨大。

第二是制度。基于赵匡胤的不光彩历史（以禁军统帅之位篡夺后周的盟主之位），北宋年间对军队制度进行了改革，对统兵将帅给以很多限制，兵不知将，将不专兵，动相牵掣，"元戎不知其将校之能否，将校不知三军之勇怯，各不相管辖，以谦让自任"。领兵元帅不知自己手下将校的特长如何，能力如何；而将校不知自己手下士兵的训练程度，也不知道士兵的战斗力。在北宋前期，无论将校还是士兵，都是久经沙场，禁军战力非常强大，隐患还不是十分严重，后期随着战事的减少，经济繁荣，军纪变差，从而使得将校和士兵的战斗力下降，后患充分显示了出来，仗也就没法打了。

第三是财政的原因。从北宋中期开始，宋朝过渡到赤字财政，这在贵金属货币的时代是致命的，因为贵金属是印不出来的，那时也没有发行国债一说，也就意味着必须缩减财政开支。随着宋朝进入赤字时代，宋朝的禁军数量大幅缩减。宋朝前期，《曲洧旧闻》有："艺祖（即太祖）养兵止二十万，京师十余万，诸道十余万。使京师之兵足以制诸道，则无外乱；合诸道之兵足以当京师，则无内变。内外相制，无偏重之患。"说明当时宋军的精锐部队——禁军的数量有二十多万，十万驻守京师（开封），十余万驻守各地。这个数字到太宗和真宗时期有很大的增长，因为这些时期和辽国多次征战，禁军数量增加，京城驻军也相应增长。

蔡襄（1012—1067年）在治平元年（公元1064年）任三司使（称计相，为最高财政长官）时，因其掌管全国钱谷出纳，均衡财政收支，对北宋军队数量和支出了如指掌，当年他写有《论兵十事疏》，其中论《养兵之费》中，对军队的数量有详细的记载。在当时，禁军数量为693339人，厢军数量为488193人。

北宋中后期，财政赤字开始扩大，局势出现了变化。禁军改革后，到元丰末年（1085年），在京禁军数量减少一半，为278指挥，计算人数约11万人，按宋朝祖制，全国禁军的数量大致减少了一半以上。徽宗年间（1100—1126年在位），虽然缺少关于京城禁军人数的官方资料，但野史中有记载。宋朝李心传《建炎以来朝野杂记》中载有："国朝旧制，殿前、侍卫、马步三衙禁旅合十余万人。宣和间，仅存三万而已。京城之破，多死于敌。"宣和年间指的是1119—1125年，说明到宋徽宗后期，虽然制度规定京城禁军的数量应有十余万，但实际数目已经严重不足，仅有3万，当然，如果加上吃空饷的数目，应该不止3万。这是南宋时期的记载，说明北宋京城被攻占是由于京城禁军太少，即便考虑到有夸张的因素，取11万和3万的中数，也不过7万人，防卫力量明显不足。

在募兵制下，宋朝财政的支付能力决定了军队的数量，随着赤字的不断增长，禁军的数量受到制约。而军队的贪污腐败，更直接让北宋军力不堪一击。

宋朝民间有巨大的财富，这是众所周知的事实。而且因为工商业的繁荣，国家岁入很高，低的时期有六七千万贯，高的时期超过一亿贯。为什么大多数时期宋朝财政却是入不敷出的呢？

太宗至真宗时期，宋朝财政基本平衡。到仁宗、英宗时期，入不敷出的情形不断增加，形成宋朝财政由盈余至亏空的转折期。其后，虽然不同时期采取了不断的变法改革（如王安石变法），却都无法改变亏空的窘状。到南宋隆兴时期，需要出卖官爵、度牒、官田甚至实物来弥补亏空。

虽然宋朝的财政数据并不完整，但从有限的年份中依旧可见亏空问题很严重。1005年，盈余244.9万贯；1021年，亏空2775万贯；1048年，盈余1081万贯；1049年，基本平衡；1065年，亏空420万贯。之后，虽然王安石变法（1069—1086年）对财政亏空状况有所缓和，但是到了1086年，亏空依旧继续上升至941万贯[①]。

宋朝财政持续亏空是所有史学家的共识，也一直在探讨原因。

军队数量过于庞大是第一个原因。据蔡襄的记载，在1064年所统计的军费（养兵费用）在北宋财政总收入中所占的比重是60%～70%。

---

① 汪圣铎. 两宋财政史[M]. 北京：中华书局，1995.

这一期间是北宋军队数量最庞大的时期，禁军改革后，军队数量下降，相应的军费在财政收入中的占比也应该是下降的，军费支出在财政总收入的占比应该在50%以下。其次是官吏的沉员过多。宋太祖时期，朝廷的中央官员队伍非常精干，仅为200多人，中央如此，地方也可想而知。到宋徽宗宣和年间，官员数量达到3万余人。而在宋仁宗宝元年间（1038—1040年），官员数量为13000多人，官员俸钱一项为277万贯，官员俸钱之外的供给与俸钱相当，每年合计在官员方面的支出大约五六百万贯。据此推算，到北宋末期，财政在官员方面的支出在1500万贯以内。岁币支出，也就是每年给辽国上供，起始是每年银10万两，绢20万匹，后上升至银20万两，绢30万匹，只占宋朝岁入的几十分之一，不影响财政大局。

如果考虑到北宋的财政收入在6000万贯至1亿贯以上，从以上的数字，看不到宋朝财政出现巨大赤字的来源。那么，宋朝巨额的财政收入去了哪里？又为什么会出现巨大的财政赤字呢？

本质在货币！

我们只需注意两个事实。一个是，宋朝每年铸钱的数量是逐步增长的，太祖时期是7万贯，太宗至道时期为80万贯，真宗景德末年为183万贯，仁宗庆历时为300万贯，到神宗熙宁以后，每年铸铜钱约600万贯，达到高峰。

另一个是，宋朝私藏铜钱盛行，将铜钱熔融制成铜器，最低可获利5倍，高可获利10倍以上，而且宋朝铜钱的购买力在国外高于国内，铜钱大量外流。因此，可知宋朝铸钱严重亏损。亏损的程度是多少呢？即便不考虑熔融制成铜器过程的加工成本，政府每铸一贯铜钱，在北宋时期亏损五贯，南宋时期亏损更大，铸钱越多亏损越多。所以，铸钱量持续加大，意味着这种亏空持续加大，财政也从平衡到赤字，神宗时期，铸钱量达到顶峰，赤字也就达到941万贯。如果以每年铸600万贯铜钱计算，意味着铸钱过程中发生的隐性亏空大约是3000万贯，而1086年的财政收入是8249万贯，隐性亏空占财政收入的36.37%，负担非常沉重。也就是宋朝财政收入非常庞大，尚可支撑着帝国的运行，如果在别的朝代，朝廷早破产了。

宋朝，忘记了吕雉女士的经验教训。在贵金属货币时代，虽然矿山都是国家所有，但铸钱的行业更近似于普通商品行业，不保证是一本万利的买卖，吕雉女士因为铸八铢钱亏掉了裙子，这是小事；而宋朝，亏损幅度更大，亏掉的是江山。

所以，弱宋的真相是：宋朝军民对战争的决心和北方游牧民族有根本性的差异；宋太祖订立的制度制约了军队的战斗力；宋朝所铸铜钱的面值远远低于实际价值，国家投入了巨额补贴，形成了财政赤字，只能被动削减禁军的数量，削弱了国防实力。

选对职业很重要

宋朝是缤纷多彩的时代，既有一位真正对得起"仁"字的帝王，也有一个选错了职业的皇帝。

先请第一位出场，那就是宋仁宗。

宋朝皇帝的名气都不是非常大，按今天的说法是知名度不高，和秦始皇、汉武帝、唐太宗、唐玄宗等人无法相比，甚至比不上刘备、孙权，但大臣的名气非常大，比如岳飞、文天祥、包拯、寇准、司马光、王安石、范仲淹、韩世忠以及杨家将等，几乎家喻户晓，这说明的是什么？

这说明社会文明在进步。

在封建社会，皇帝一言九鼎，自然是唯一的主角。当皇帝的专制地位下降以后，自然就不是唯一的主角了，带来的变化就是权力受到制约。今天我们知道，权力受到制衡是社会的福音。在宋朝，这种变化主要是以宋太祖的家训形式表现出来，最典型的是太祖誓约第二条"不得杀士大夫及上书言事人"，这是空前绝后的政治文明禁令。封建专制体制下，君王具有无上的权力，而宋朝君主的权力受到制约，臣下的权力得到提升，这是宋朝繁荣的最主要因素。

宋朝许多大臣，尤其是文官，如果用今天的话语来说，都是天不怕地不怕的主，最典型的是包拯、司马光、寇准。皇帝如果敢于乱来，非跟你干仗干到天昏地暗不可。如果您是一位长官，手下有一群这样的人，估计日子不好过。可恰恰他们都诞生在宋朝，说明什么？那只能说明，宋朝的体制有他们生存和发挥的空间。

在民间，有一个人的名气是出奇的大，就知名度来说，完全可以和秦皇汉武比肩，那就是包拯。历朝历代，哪位大臣敢抬着铡刀审案？

而且无论是平民百姓、王侯将相、龙子龙孙,只要犯法,都躲不过三口铡刀。

王朝、马汉、张龙、赵虎护着铡刀游街,包拯坐在八抬大轿上威风凛凛,民间在世世代代传颂包拯铁面无私的美名,用"牛"来形容是不够的,那是牛气冲天。但大家忽视了幕后的大英雄,在电影界叫导演。最牛的不是包拯这位演员,而是包拯幕后的那位导演,那就是宋仁宗。如果在别的朝代,包拯这样的大臣,估计最先被铡掉的是自己的脑袋。

宋朝是开明的。宋仁宗,对得起"仁"字。

宋仁宗待人宽厚,对自己非常节俭。

一天,宋仁宗处理政务到深夜,又累又饿,很想吃碗羊肉汤,但他忍着饥饿没有说出来。第二天,皇后知道了,就劝他:"陛下日夜操劳,想吃羊肉汤就吩咐御厨好了,怎能忍饥使陛下龙体受亏哪?"宋仁宗对皇后说:"宫中一时随便索取,会让外边看成惯例,昨夜如果吃了羊肉汤,御厨就会夜夜宰杀,形成定例,一年下来要数百只,日后宰杀无数,不堪计算。为我一碗饮食,创此恶例,且又伤生害物,于心不忍,因此宁愿忍一时之饿①。"

宋仁宗一朝多名臣,晏殊、包拯、欧阳修、范仲淹、韩琦、富弼、苏轼、黄庭坚、沈括、司马光、王安石,等等。后世民间最出名的是包拯,包拯屡屡犯颜直谏,有一次,吐沫星子都飞溅到了宋仁宗脸上,但宋仁宗一面用袖子擦脸,一面还接受了他的建议,明君谏臣共同开创了盛世时代。

一次,宋仁宗退朝,因为头痒,没有脱龙袍就摘下帽冠,呼唤太监梳头。太监梳头时,见宋仁宗怀中有份奏折,问道:"陛下收到的是什么奏折?"宋仁宗说:"是谏官建议减少宫中宫女和侍从。"太监说:"大臣家中尚且都有歌妓舞女,一旦升官,还要增置,陛下侍从并不多,他们却建议削减,岂不太过分了!"宋仁宗没有接口。太监又问:"他们的建议,陛下准备采纳吗?"宋仁宗说:"对,朕准备采纳。"这个太监自恃是皇上宠信的人,于是发牢骚:"如果采纳,请以奴才为削减的第一人。"宋仁宗听了,顿然站起,呼唤主管太监入内,按名册检

---

① 刘继兴. 宋仁宗为何能创造中国史上最繁荣的时代? [EB/OL]. (2014—05—27) [2014—06—08]. http://sn.people.com.cn/n/2014/0527/c356452—21297756.html.

查，将宫人29人及梳头太监削减出宫。事后，皇后问道："梳头太监是陛下多年的亲信，又不是多余的人，为何将他也削减？"宋仁宗说："他劝我拒绝谏官的忠言，我怎能将这种人留在身边①！"

又有一次，包拯要阻止宋仁宗任命张尧佐担任三司使（三司使是主管全国财政的长官），理由是他平庸了些，如果放在今天，似乎也不是什么理由。张尧佐是宋仁宗宠妃的伯父，如果在别的时代，借个胆子估计也没人敢动包拯这样的脑筋。宋仁宗有点为难，转让张尧佐去当节度使（和唐朝不同，宋朝的节度使属于虚职）。包拯还是不愿意，言辞更加激烈，带领7名言官与宋仁宗理论，宋仁宗生气地说："岂欲论张尧佐乎？节度使是粗官，何用争？"7人中排名最末的唐介不客气地回答道："节度使，太祖太宗皆曾为之，恐非粗官。"张尧佐最终没能当成节度使，宋仁宗回到后宫后，对张贵妃说："汝只知要宣徽使，宣徽使，汝岂知包拯为御史乎②？"

宋仁宗一生宽仁，但如果就此认为这位仁兄只会宽仁那就错了，对发现贪赃枉法的官员绝不姑息，必加重罚。定州路都总管夏守恩贪赃枉法，儿子元吉也依仗父亲的权势，公然收受贿赂。宋仁宗得知后，立刻命御史与大名府通判前去审理，查实后将夏守恩免官流放。

宋仁宗，对得起"仁"字，明君贤臣开创了中国历史上值得称道"仁宗盛治"。

当一个人去世时，得到全体百姓悲痛的哭声，得到敌人的哭声，这应该才是最高的赞誉，中国数千年的文明史上，得到这一赞誉的不过区区两三人而已，宋仁宗得到了。

后世无数史学家、政治家都给予宋仁宗非常高的评价，但只有三个评价才是最值得称道的：第一，"为人君，止于仁"。"仁"是对帝王的最高评价。第二，宋朝百姓说，宋仁宗虽百事不会，却会做官家（皇帝）。职业选得好啊！宋仁宗在1063年去世时，大宋朝野上下莫不哭号，举国哀痛。《宋史》记载："京师罢市巷哭，数日不绝，虽乞丐与小儿，皆焚纸钱哭于大内之前。"百姓的哭声就是最高的评价。第三，宋仁宗赵祯驾崩的讣告送到辽国后，"燕境之人无远近皆哭"，时为辽

---

① 游宇明．敬畏法度：宋仁宗的自守之道［J］．学习时报，2015，（3）．
② 刘继兴．宋仁宗为何能创造中国史上最繁荣的时代？［EB/OL］．（2014—05—27）［2014—06—08］．http：//sn.people.com.cn/n/2014/0527/c356452—21297756.html．

国君主的辽道宗耶律洪基也大吃一惊，冲上来抓住宋国使者的手号啕痛哭，说："四十二年不识兵革矣。"又说："我要给他建一个衣冠冢，寄托哀思。"此后，辽国历代皇帝"奉其御容如祖宗"，也就是说，辽国后代的皇帝把宋仁宗作为先祖祭奠。敌方的尊重与怀念超过任何文字的评价。

宋仁宗皇帝赵祯选对了职业（不过这个职业似乎不是任何人都可以随便选的），开创了被后人、百姓、敌方都尊重与怀念的时代。

下面有请第二位出场。

这位兄台前面出过场了，那就是宋徽宗赵佶。宋仁宗是选对了职业的范例，这位兄台是选错了职业的典型。

按说这位赵兄，确实不是一个治国的材料，但如果你说此人是个笨蛋，那也是大错特错。关键问题是这位老兄的"才"对于皇帝这个职业来说，完全是"废才"。这位兄台在历史上很有一笔。

赵兄仪表堂堂，有画像为证，同时还是N栖明星：

第一是画坛领袖，有《池塘秋晚图》等作品传世。在领袖的感召之下，张择端完成了歌颂太平盛世的历史长卷——著名的《清明上河图》。不过，大家一定要记住，歌颂盛世的声音震耳欲聋的时候，一定不是盛世。不可否认，赵兄对中国国画事业做出了突出贡献。

第二是书法，那更不一般，独创的瘦金体书法独步天下，直到今天也没有人能够超越。这种瘦金体书法挺拔秀丽、飘逸犀利，即便是完全不懂书法的人，看过后也会感觉极佳。传世作品有《瘦金体千字文》、《欲借风霜二诗帖》、《夏日诗帖》、《欧阳询张翰帖跋》等。此后800多年来，没有人能够达到他的高度，可称古今第一人。

第三，尊信道教，大建宫观，自称教主道君皇帝。如果在今天，登门算命的估计会踏破门槛，财源滚滚。

第四，全球首创货币纸本位，有"钱引"为证。后代有很多忠诚的信徒，最忠实的是元顺帝妥欢贴睦尔等人，近代的信徒就更是数不胜数。而且赵兄的信徒都不是一般人，绝大多数都是一言九鼎式的人物，即便少部分不是一言九鼎，至少也有七八鼎。

元朝著名丞相脱脱撰写《宋史·徽宗本纪》时，不由掷笔叹曰："宋徽宗诸事皆能，独不能为君耳!"南唐李煜、陈后主叔宝绝不孤独，也给汉元帝找了个伴。

现在很多家长，在孩子还是牙牙学语时，就开始为孩子的教育操心，上学以后更是每周末都去补习，什么书画、外语、跆拳道等五花八门。可是，你们想过孩子的特长在哪里吗？晚上睡觉的时候，最好回忆一下宋朝仁宗与徽宗的故事。

找错了职业的这位赵兄（而且还不能像今天一样随便跳槽），治国方面可以用四个字来形容：一塌糊涂。

既然是 N 栖明星，业务繁忙，就得委任代理人，现代也叫经纪人。治国的业务就委托了"六贼"打理，六贼分别是：蔡京、王黼、童贯、梁师成、朱勔、李彦。按说这样也就算了，混到交班也行。可赵兄是有理想的，那就是开疆扩土、建立不世之功。禁军是宋朝的精锐部队，当时京城的禁军只有不足十万人（这里面有多少是假人，纯粹发挥吃空饷的作用，确实不好估计），而且即便是精锐，长期没经历战争，养尊处优，战斗力可想而知，最多属于街头混混的档次，欺负街头小贩是有富余的，上了战场是没戏的。凭这些部队，这位赵兄还想开疆扩土，结局自然也就很清楚了。

重和元年（1118年）春，赵兄遣使节渡海至金。双方商议两国共同攻辽，北宋负责攻打辽的南京（今北京）和西京（今山西大同市）。灭辽后，燕云之地归宋，此即为海上之盟。

因为方腊起义，延缓了北宋出兵攻辽的时间，一直到公元1122年（宣和四年），赵兄任命童贯为河北、河东路宣抚使挂帅出征。这年四月，童贯率军15万，自京师出发，以陕西名将种师道（即《水浒》中之小种经略相公）为都统制。等到达高阳关（河北高阳）前线，才知河朔驻军平日极少训练，将骄兵疲，战斗力差，征战器械几乎是一无所有（"帅不知将校，将校不知兵"的后果充分显现），童贯自己都知道这次麻烦大了。1122年的5月26日，辽军在今河北雄县两败种师道大军，30日，又在今河北涿县击败辛兴宗的另一路大军，至此宋军全线败北。6月3日，种师道回军雄州，消息为辽军所知，辽军派轻骑追击，在雄州城下，宋军大败亏输，望风而逃。这是第一次宋辽交战，以宋军大败告终。赵兄还不死心，当年7月间，再派童贯出兵，并以当时名将河阳三城节度使刘延庆为都统制。这一次开始比较顺利，辽国的涿州守将郭药师和易州守将投降了大宋，不费一兵一卒得到了两座城池。但是，由于刘延庆拒绝郭药师轻师袭击燕山的建议,且认为自己是大国之师,没人敢偷袭,结果在 10 月 29 日晚间被辽国萧干的 3000 精兵所败,宋军自相践踏,散落的粮草辎重布满了大道,次日天亮后,辽军继续追击,双方在白沟又发生大战,宋军又是一败涂地,残兵逃至雄州,赵兄北伐再次大败结束。

经过这两次战争,金国彻底看清了宋朝的虚实,北宋的灭亡也就注定了。

当时的北宋,财政亏空,吏治腐败,军队长久未经战争,素质低下,根本就不具备战争的条件。而一旦金国窥破虚实,以河南等中原地区的一马平川,辅以游牧民族的精锐骑兵,北宋的崩溃式灭亡并不意外。

励精图治、整军备战、富国强兵不属于这位赵兄,因为他就是一书生!

"男人最怕选错行,女人最怕嫁错郎。"选错职业害人一生,宋朝就给出了两个截然相反的例子。

皇帝这个职业一般人是没权利选择的,如果强行选择,代价很高,成功率很低。宋江非常清楚这条路的艰辛,所以一直想招安当官。当上了皇帝要跳槽也不易,比如这位赵佶兄,既然不能跳槽,最终就只能当俘虏。

澶渊之盟是一场失败的货币战争

澶渊之盟是宋朝最重要的历史事件,甚至决定了宋朝的国运。

宋辽战争的本质,是对燕云十六州的争夺。这需要先说石敬瑭。我们填履历表时,民族一栏随手就来,可对于石敬瑭先生来说,是困难的。石敬瑭的父亲名叫臬捩(niè liè)鸡,据说是汉景帝时丞相石奋的后代,但欧阳修在他写的《新五代史·晋本纪第八》中说,这个姓不知道最初的来历。石敬瑭为了表示自己是真正的汉人,就改了这个名字。

石敬瑭原为后唐大将,任河东节度使,并兼云州(今山西大同地区)等地蕃汉马步军总管。后唐长兴四年(933 年),后唐明宗李嗣源死,李从厚继位,为后唐闵帝,发生内乱,石敬瑭受到凤翔节度使李从珂(后唐末帝)的攻击,石敬瑭见兵临城下,自己又力量不足,向契丹的耶律德光求救，许诺了卖国条件：割让十六州给契丹，每年进贡大批财物，以儿国自称。耶律德光白捡了个儿子（虽然比自己大十岁），还可以得到战略要地，喜出望外，立即领兵来救石敬瑭，大败后唐军队。耶律德光让石敬瑭做了皇帝（公元936年，石敬瑭称帝），国号晋（史称后晋），都城汴京（今开封）。

从此，契丹占据燕云十六州，石敬瑭也成为中国历史上最无耻的人之一。

947年，契丹灭后晋。后晋亡后，河东节度使北平王刘知远在太原称帝，建立后汉，后攻克中原，定都于汴京。951年，郭威灭后汉，建立后周，同时北汉建立。

于951年建立北汉的刘崇（895—954年）先世为沙陀部人（匈奴后裔的一支），定都晋阳（今山西太原南），称太原府，盛时疆域十二州（一作十州），约为今山西省中部和北部。北汉地瘠民贫，国力微弱，迫于后周的强大压力，刘崇结辽为援，奉辽帝为叔皇帝（历史上这样的例子太多，不足为奇，只要保得住自己的宝座，叫叔叫大爷也是稀松平常）。954年，北汉在受到后周柴荣的严重打击后，刘崇去世，其子刘承钧（后改名刘钧，926—968年）继立，奉辽帝为父皇帝。后周、北宋频频向北汉进攻，北汉屡靠辽兵增援才得以幸存，直到979年。

从中原王朝来看，燕云十六州（图3.2）的得失，关系一代江山的安危。这十六州的幽（今北京）、蓟（今天津蓟县）、瀛（今河北河间）、莫（今河北任丘北）、涿（今河北涿州）、檀（今北京密云）、顺（今北京顺义）七州在太行山北支的东南，称为"山前"，其余九州在山的西北，称为"山后"（河北北部和山西北部）。今长城自居庸关以东向西南分出一支，绵亘于太行山脊，到山西朔州以西复与长城相合，这就是内长城。中原失"山后"，犹有内长城的雁门关可守（《杨家将》小说中，说的就是在雁门关征战），失"山前"则河北藩篱尽撤，契丹的骑兵就可沿着幽蓟以南的坦荡平原直冲河朔。所以中原王朝从后周柴荣起，就开始了与辽争夺燕云十六州的战争。

宋朝在太宗灭北汉之后（979年），立即发动了收复燕云十六州的战争，高梁河之战、满城之战、雁门之战、瓦桥关之战虽然总体上有胜有负，但宋朝占有优势。当时的防线已经推进到府州（今陕西府谷）、雁门（今山西代县）、瓦桥关（今河北雄县）、南易水（河北易

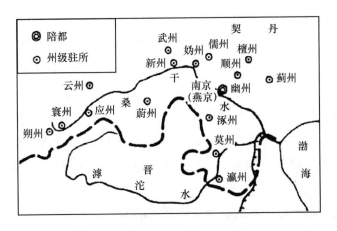

图 3.2　宋朝燕云十六州地图

县，荆轲入秦行刺秦王，燕太子丹饯别于此）、镇州（治真定，今河北正定）一线。

镇州现属石家庄，在石家庄北面，距离幽州已经不远，如果进一步占领幽州、蓟州，就占领了山前最重要的战略要地，辽军在山前就很难立足，宋朝将占据战略主动，可惜太宗的这次征战，未能实现战略目的。

公元 986 年，宋太宗以为辽帝年幼，萧太后摄政，内部不稳，再次分三路出击（宋朝的情报工作需要改进，实际上当时的辽国很稳定）。东路以曹彬为主帅，率主力军 10 万人出雄州（今河北雄县，属保定管辖）；中路以田重进率军出飞狐（今河北涞源）；西路令潘美、杨业等率军出雁门。以东路牵制辽军主力，待中、西路夺取山后诸州后，转兵东向，三路合围幽州。西路军连克寰（今山西朔县东北马邑）、应（今山西应县）、云诸州；中路军克飞狐、灵丘（今属山西）、蔚州（今河北蔚县）等地，西路、中路军实现了战略目的；东路军夺占固安（今属河北），进据涿州（今河北涿州市），这里距离幽州不过数十公里，近在咫尺。很显然，东路军过于冒进了，中路、西路还在山后，距离幽州还比较远。面对宋军大举进攻，辽萧太后确实不愧是卓越的战略家，亲临幽州，采取集中兵力先对付过于冒进的东路宋军主力，再及其他各路的方略。乘曹彬孤军冒进又缺粮草之机，袭扰疲惫，迫其退军，并追至岐沟关（今河北涿州西南），将其击溃。继而遣都统耶律斜轸率军 10 万，对中、西路宋军相继反击，结果，宋军所得之地尽失，退回代州雁门关内。

对这次战争，《燕地旧考志》有比较详细的记载，宋军丧师数万。

从此，战略态势逆转，辽军不断以幽州为据点，利用骑兵的优势，从山前对宋朝发动攻击，宋朝从主动出击转为被动防御。

从此次战争来看，并非宋军实力不济，而是统帅的指挥协调出现了问题，而且曹彬东路军的行动，并不符合总体的战略思路。如果宋军东路主力采取稳步推进，粘住辽军主力，等待中西路军队抵达，则胜负难料。

从此，宋军对辽军的心理优势开始消失。

公元997年农历3月，太宗去世，真宗赵恒即位。趁真宗理政之初，999—1003年，辽军不断利用骑兵发动袭击，主要掠夺现在山东济南以北地区。总体来说，双方有胜有败，辽军有骑兵优势，来去自如，宋朝略显被动。

1004年秋天（景德元年），萧太后与辽圣宗亲征，大举攻宋。当时的战况如下：闰九月，辽军会集固安，进攻顺安军（今河北高阳东）、威虏军、北平寨（今河北完县东北）、保州，均未攻克。后转攻定州，被阻于唐河，遂移师东向瀛州（今河北河间瀛州镇）。十月，辽集中兵力攻瀛州，十余日不克，伤亡惨重。十一月，转兵攻天雄军（今河北大名东北），不克。南下破德清军（今河南清奉西北），威逼澶州（今河南濮阳），袭取通利军（驻扎于今河南浚县东北）。大将萧挞凛在澶州察看战地时，中宋军伏弩身亡。辽失主将，士气大挫，军心厌战。

宋真宗赵恒在寇准的支持下，御驾亲征，在澶州摆开了战场。

有一首歌唱得好："不经历风雨，怎能见彩虹。"人的一生受点锤炼不是坏事。宋太祖、宋太宗都有很坚强的毅力，而宋真宗是温室中长大的，性格较为懦弱，和太祖太宗完全无法比拟，很难在战火中有所作为。

这时的态势非常清楚，辽军被阻在坚城澶州（这里已经是河南），而宋军因宋真宗亲征，辽军前锋著名大将被射杀，士气大振。当时的萧挞凛是南京（今北京）统军使，实际上是山前各州最高的军事统帅，也是这次辽军侵宋的实际统帅。同时，大家可以数数，在辽军的身后，有多少宋军的城池和军队？不下十几处！而且每一处都有重兵，也都有久经沙场的军队。只要真宗从黄河以南不断调兵，宋军与辽军在澶州僵持（不说取胜），同时命令河北中南部（位于辽军身后）各军，不断袭击辽军的粮草，那将成为什么样的结局？辽军将遭受灭顶之灾！整个山前都很可能被宋朝收复，除掉北宋根本的隐患！完成宋太宗未能实现的大业！

可惜，最终订立了"澶渊之盟"。

所以，这时候订立"澶渊之盟"就是彻底失败。在可以取得战略性胜利的情况下，任何盟约都意味着失败，这是第一点。

第二点是，盟约订立后，宋朝每年向辽军补偿一定的银绢（每年银10万两，绢20万匹，后期有所增加），虽然这个数目对宋朝来说并不大，但是会严重增加宋军对辽军的畏惧心理，也会增加宋朝臣民对辽国的畏惧心理，这种影响远大于一点银绢。在任何时代，国家和军队将士的决心都是影响战争胜负的决定性因素。

第三，盟约规定"双方于边境设置榷场，开展互市贸易"（盟约第四条）。也就是说，双方开门做买卖。我们知道，宋朝的铜币面值远远低于实际价值（低于5倍以上），辽国使用宋朝的铜钱作为本位货币，开放贸易，将让更多的铜钱进入辽国（这是战争停止后必然的结局），辽人只要将贸易（辽人一般出售的是牛羊）换回的铜币铸成铜器，再卖给宋朝臣民，然后再采购必需品（这些必需品的价值是卖给宋朝的牛、羊等商品价值的5倍以上），被掏空的是宋朝的财政。辽国人无需思考，宋朝人在按以上的办法做，辽国人自然也这么做。同时，辽国的有钱人必定拼命储藏铜钱，甚至辽国政府都可以储存铜钱用于战备（铜属于战备物资），结果是宋朝的财政能力不断被削弱，直接提升了辽国经济与军事实力。随着时间的延续，宋朝只能被动削减兵力，这一点，禁军改革（禁军数量减少一半）和宋徽宗时期京城禁军数量继续缩减，已经充分证明了这一点。

如果宋朝希望通过货币战争拖垮辽国，有两个手段可以达到目的：

第一是让铜钱升值，使铜钱的内在价值和面值相符。基于宋朝在生活必需品和消费品领域的优势，完全可以用持续的贸易顺差拖垮辽国（或金国）的财政。

第二是减少铜钱铸造的数量，保持钱引或交子的信用。通过钱引或交子流通范围的不断扩张，向辽国收取铸币税，一样可以增强自身的实力，削弱辽国的实力，最终实现货币战争的目的。

所以，现代人把澶渊之盟说成"货币战争"是牵强附会的，宋朝根本就没有通过货币战争拖垮对手财政的意识。如果非要说成是货币战争，那也是一场失败的货币战争，是彻底的失败，也决定了被北国（无论是辽还是金）灭亡的命运！在大一统的集权式政权中，北宋的灭亡是最快的。根源在于北宋财政已经提前崩溃了。这种灭亡的方式有别于其他任何朝代。

南宋则不同。南宋铜钱的铸造数量已经大幅度缩减，纸币流通数量增加，范围扩大，这就决定财政的流出大幅度压缩，相当于加强了自身的财政能力。南方河流众多，不利于骑兵发挥，再加上南宋长时期处于战争之中，军队的数量和质量有一定的保证。虽然南方人体格相对瘦弱，国土面积被压缩，人口更少，但一直和金国抗衡，所以南宋末年面对更加强悍的蒙古军队，也持续抵抗了二十多年。

虽然南宋的财政最终也崩溃了，但那是长期的战争造成的，也就是说，是一种被动式的崩溃。而北宋，在金大举南侵之前，财政已经崩溃，是主动式崩溃。

这就是不同。

怀念宋朝

日本人自称只有他们才能继承宋朝，源于宋朝具有灿烂的文化、繁荣的经济和无数的创新，这种更加进步的文明让日本人充满羡慕，所以，他们梦想继承宋朝的文明。明朝有人说："崖山之后无中国。"但如果问明朝人是不是中国人，他们毫无疑问会大声地回答自己是中国人，他们这样说是一种激励，激励明朝的人们不要忘记祖先所创造的荣耀。

宋朝代表的是一种文明！基于不断的创新，到宋朝，中华民族继春秋战国和隋唐之后再次实现了一次全方位的跃升。想想看，宋朝的经济总量占世界的60%，有无数的科技创新，科技、文化、经济等全方位繁荣，这些繁荣不属于王侯将相，属于千千万万的人民！是他们完成了这些发明创造，是他们的劳动和智慧造就了繁荣。

宋朝人，身上充满了继承中华血脉之后的自豪，这种自豪是宋朝可以取得所有进步的基础。

宋朝意味着一种精神！崖山海战，虽然宋军失败了，但是，元朝得到了什么？得到了对这个民族的畏惧：这个民族心中的道义是不可战胜的！文天祥告诉了元朝统治者这个答案。

崖山海战失败之后，赵昺（南宋末代皇帝）的船在军队中间，四十三岁的陆秀夫见无法突围，便背着八岁的赵昺投海，随行十多万军民亦相继跳海壮烈殉国！这其中数万人是妇女和儿童，但他们绝不是嫔妃和宫女，因为在临安沦陷时，大臣只带出了赵㬎和赵昺，皇上和太后都没法出逃，更别提嫔妃和宫女。相反，他们只是普通的宋朝子民。他们是为皇帝殉葬吗？不是！他们是为这个国家和民族殉葬。《宋史》记载："战后，十余万具尸体浮海。"向世人昭示了一个民族面对外族入侵时宁折不弯、宁死不屈的英雄气概。

文天祥目睹惨状，作诗云："羯来南海上，人死乱如麻。腥浪拍心碎，飙风吹鬓华。"

文天祥被俘后，1278年10月初，辗转万里，被押解到大都。被带到接待投降者的"会同馆"，安置在高贵的房间里，摆有佳肴美酒。第一个来劝降的就是留梦炎，此人与文天祥都是南宋状元，官至丞相，他在临安危急时弃官逃走，降元后，任元朝礼部尚书。文天祥见到留梦炎便厉声斥骂，留梦炎只得窘然退下。接着，南宋亡国之君，9岁的赵㬎又来了，文天祥连声说"圣驾请回"后，便闭口不语了。再往后，元朝专横跋扈的宰相阿合马来了，劈面喝问文天祥："见了宰相为何不跪？"文天祥说："南朝宰相见北朝宰相，凭什么要跪？"阿合马见文天祥威武不屈，便讥讽地说："那你怎么会来到这里呢？"文天祥正言厉色答说："南朝如果早用我做宰相，北人就到不了南方，南人也不会来北方了。"阿合马无言答对，色厉内荏地环顾左右说："这个人生死由我……"文天祥立即打断他的话，高叫："亡国之人，要杀便杀，说什么由不由你！"

元朝统治者又将他投入恶牢，囚禁折磨达三年之久。一日，忽必烈亲自劝降,说:"现在你如能用对待宋朝那样对我,立即任你为宰相。"文天祥虽被卫士用金棍击伤膝骨,仍泰然处之,昂首挺立,答曰:"一死之外,无可为者。"

文天祥坚守的是什么?是道义!是一个民族的道义!十多万跳海的百姓也是一样,他们坚守的都是自己的道义!这种道义,才是中华民族之魂!这是民族气节!

这种民族之魂,是创造中国古代文化和经济繁荣的根本,也是中国未来的前途!

宋朝与气候的抗争

虽然竺可桢先生认为,从公元 1000 年开始,中国的气候开始转冷。但气候的变化并不是线性的过程,在北宋中前期,气温依旧延续了五代十国时期的趋势。这一期间只是气候变化的起始阶段,是气温骤降之前的衍化过程。所以,北宋中前期依旧相对温暖,当然,这种温暖已经逊于隋唐时期。

北宋初年,气温相当温暖。如建隆三年(962 年)六月乙卯,"黄陂县(今属湖北武汉)有象自南来食稼";乾德二年(964 年)春正月辛巳,"有象入南阳,虞人杀之,以齿革来献";开宝九年(976 年)冬十月己酉,"吴越王献驯象",说明北宋初期,长江流域的气温,至少近似于今日云南西双版纳等地的气温。

北宋中前期,有大量关于祈雪的文章。如王禹偁、欧阳修、宋祁、司马光、曾巩、苏辙等人都曾参与祈雪,写过或多次写过"祈雪文";至和元年(1054 年)十一月庚辰,宋仁宗"遣官祈雪",也说明北宋中前期气温偏暖。

还有很多其他偏暖的证据。比如,这一时期开封地区仍能发现一些在今天江淮以南温暖湿润气候条件下才能存活、生长的竹子和梅花等植物花卉。北宋诗人梅尧臣(1002—1060 年)就曾在咏梅类诗中载道:"驿使前时走马回,北人初识越人梅。"

熙宁十年(1077 年),苏颂出使辽国,公历 10 月 22 日自开封启程,至次年正月二十八日(公历 1078 年 2 月 13 日)还朝,沿途作诗

28首，记述了该年年底华北至大兴安岭南端地区异乎寻常的暖冬气候。十一月十六日（公历12月4日）到中京（故址即今内蒙古宁城县西大明城），《中京纪事》诗云①：

> 边关本是苦寒地，况复严冬入异乡。
> 一带土河犹未冻，数朝晴日但凝霜。
> 上心固已推恩信，天意从兹变燠旸。
> 最是使人知幸处，轻裘不觉在殊方。

说明内蒙宁城县在阳历12月初依旧未结冰，气温相对温暖，比现在的气温还高。

任何气候的变化，都有量变到质变的过程，北宋年间气温下降的加速周期应该发生在公元1100年前后的十数年间。

在《宋史·五行志二上》与《文献通考·物异考十一》中，有关当时冬暖的资料在绍圣元年（1094年）至绍兴年间（1131—1162年）的几十年中一条都没有，说明气候已经加速变化，暖冬的迹象已经不复存在。宋徽宗即位（1100年2月）以后，史书中有关气候寒冷的资料突然多了起来，当时因连续霜雪"伤麦"、"损桑"，以致"天寒地冻"或"人多冻死"，甚至出现江河"溪鱼皆冻死"的现象。当时，即使是遥远的南方地区，寒冷的气候也变得日趋异常。宋人彭乘在《墨客挥犀》中记载说，原来相当长时间以来，岭南无雪、闽中无雪，建、剑、汀、邵四州有之。故北人嘲讽云："南人不识雪，向道似杨花。"可是，"徽宗大观庚寅（1110年）季冬（季冬指一个季度最后一个月）二十二日，余时在（福建）长乐，雨雪数寸，遍山皆白，土人莫不相顾惊叹，盖未尝见也；当年，荔枝木皆冻死，遍山连野，弥望尽成枯枿②"。

北宋后期气候转冷以后，有关江南地区气候偏冷的记载也不绝于史。公元1111年第一次记载江苏、浙江之间的太湖全部冻结，冰层坚实到可以走车马，与现在的气温不可同日而语，太湖洞庭山的柑橘全部冻死。此后，这种严寒的冬天似乎愈来愈长，愈至后来，冷冬越来越频繁，寒冷程度也越来越强烈。至靖康年间，这种寒冷的气候非常

---

①② 张全明．论北宋开封地区的气候变迁及其特点［J］．史学月刊，2007，（1）：98－108．

严重。靖康元年（1126年）闰十一月，大雨雪连续20多个日夜不止。

所以，北宋气温的下降过程并不是平滑的过程，而是在公元1100年前急剧下降（应该在1090—1100年这十年中），此后，气温持续下降。这种寒冷的气候，一直持续到1200年前后，持续了大约100年。

1100年前后气温剧烈下降，在物价上也有真实的反映。大约在1096年前后，一斗米的价格浮动在60文左右，然而到了20年后的1116年，在河北沧州，米价每斗就达到了120文，涨幅达到1倍。在大约同一时期，绢的价格从每匹1300文上升到2200文左右，涨幅大约70%。

在战争上的反映，则更为明显。自从澶渊之盟后，宋辽之间数十年的和平，宋徽宗以后，宋辽、宋金、宋元之间的战争不断爆发，虽然有人为的因素，但也是气候推动。

首先是居于最北、最苦寒之地的金向辽征战，辽灭亡之后，金国继续向北宋开战。南宋建立之后，元灭亡了金，再次向南宋发动进攻，生动地演绎了强大的气候推动力。

无论北宋与南宋，面对的是生存面临强大压力的北方游牧民族，战争的意志就已经处于劣势，最终北宋与南宋都输掉了战争，无法逃脱气候所演绎的历史规律。

第四章

超越时代的货币体系

今天，很多国人都崇尚和研究西方贵金属保证金制度的货币，比如金本位制度下的英镑和美元，也有很多人研究现代西方的信用货币，比如美元、欧元等。国人更应该往自己脚下的土地看一看，因为在货币体系的进步上，西方是学生，它们的老师是中国的元朝。

元朝的货币体系奠定了近代和现代货币体系的基本构架，所发明的金融原理至今还在运用。

本章告诉我们元朝货币的奥妙，也就清楚了信用货币的真相。

自从英格兰银行1694年发行纸币以来,不同国家在不同时代都曾经使用保证金制度的货币体系,这种货币体系也是现代信用货币的根基。布雷顿森林体系解体以前,货币主要是通过金银等贵金属保证金来保证货币的价值;而信用货币则使用信用来保证货币的价值,这些信用是通过制度设计以及与物价的联动来实现。宋朝的交子、会子是这种货币体系的起始,但只是作为辅币或贵金属兑换券的形式存在;而元朝,第一次全面使用这种货币体系作为国家唯一的货币,无论欧美保证金制度的货币体系还是现代的信用货币体系,都继承的是元朝的知识遗产。

纸币第一次篡位

宋朝首先发明了纸币,但纸币一直作为辅币存在,社会的价值之根依旧是贵金属,包括铜钱和金银。宋徽宗已经发现纸币的"微妙之处",也就是现在很多人熟悉的经济学原理:信用只是一个符号。在这一点上,对这位"才子",你不服都不行。

宋朝时的纸币,严格来说并不是信用货币,也不是完全的纸本位,更近似于贵金属货币的等价券。因为社会同时流通贵金属货币,起到价值尺度的功能和财富储藏功能,当纸币严重偏离这两项功能时,就会立即遭到社会的抛弃。所以,这时候少数人的贪婪之心并不能得到最大限度的满足,通胀对社会的危害也就比较小,最典型的是北洋政府时期的"京钞风潮",纸币贬值百分之二三十,就立即遭到抛弃,这也是钞票兄不断充当"临时工"的原因之一。

在这样的货币体系中,即便规定纸币完全不可兑换,也不是完全的纸本位,因为纸币可以通过其他标的物(比如粮食)与贵金属货币发生兑换关系。当纸币贬值过于严重时,就会被其他良币所驱逐,导致发行和流通出现阻滞，发行人为了维护自己的发行利益，就必须控制发行节奏，有时甚至需要提振纸币的内在价值。南宋孝宗时期、明朝仁宣时期（明朝民间一直存在贵金属货币流通），均曾经试图提振纸币的信用。

如果社会没有贵金属作为价值标尺，那么少数人的贪婪之心就可以得到最大限度的满足。某些人的"聪明才智"认识到了这一点，这就是纸本位产生的起源。

钞票不断超发，同时又尽量延长"钞票兄"的寿命，延缓贬值的速度，这是钞票发行人的终极梦想。对这一课题的研究也从元朝开始。

斡难河畔

1162年，成吉思汗生于漠北草原。因为在他出生时，其父也速该正好俘虏了一位属于塔塔儿部族的勇士——铁木真兀格，按当时蒙古人信仰，在抓到敌对部落勇士时，如正好有婴儿出生，该勇士的勇气会转移到该婴儿身上，成吉思汗"铁木真"之名遂因此而来。传说成吉思汗出生时，手中正拿着一血块，寓意天降成吉思汗将掌生杀大权，今天我们知道，这一寓意最后兑现了。

铁木真经过不断的征伐，最终统一了蒙古高原。1206年春天，蒙古贵族们在斡难河（今鄂嫩河）源头召开大会，诸王和群臣为铁木真奉上尊号"成吉思汗"。铁木真正式登基成为大蒙古国皇帝（蒙古帝国大汗），这是蒙古帝国的开始。成吉思汗遂颁布了《成吉思汗法典》，这是世界上第一套应用范围最广泛的成文法典，比明朝的《大明律》还要早，建立了一套以贵族民主为基础的蒙古贵族共和政体制度（近似于古罗马帝国的体制）。

从此，成吉思汗开启了征讨欧亚大陆之旅，建立起了横跨欧亚大陆的蒙古帝国。

成吉思汗有两个称呼，一个是大汗，一个是皇帝，这两个称呼有很大的区别。汗国内部的各部族或部落都是高度自治的，甚至可能因为邻居间的矛盾而发生战争；各部族和部落是不用对大汗进贡的，大汗主要是各部族和部落军事的首脑。而皇帝不同，这我们很清楚，皇帝对所有事情都是一言九鼎，包括脑袋的安全问题。

唐太宗对西域各民族是天可汗，对内地是皇帝。成吉思汗对蒙古各部落、突厥各部落和其他中西亚少数民族部落而言，是大汗；而对于一些被占领的其他地区，比如汉地、原属于女真或契丹的地区，是皇帝。这意味着，契丹人、女真人、汉人的地位更低下。所以，元朝的等级制度在蒙古帝国建国初始就开始形成了。

元朝纸币的建立

在中国历史上，有很多北方游牧民族建立的王朝，这些王朝基于历史和文化的原因，鲜有在制度、文化和货币等方面的进步举措，但元朝是例外。北方游牧民族在中原建立政权的过程中，大多伴随着大规模的杀戮，元朝也不例外。但元朝的一些举措，在当时具有相当的先进性，也极大地促进了中国某些方面的进步，特别是军事、宗教和自然科学等方面，比如：先进的军事制度，以《成吉思汗法典》为代表的法律建设，当然还包括货币的"建设"等。

无论北方游牧民族还是中原民族，自古以来就对贵金属货币具有崇拜心理，只对贵金属货币绝对信任，即便到今天依旧如此。在那个时代，能让全社会脱离贵金属货币，全面接受纸币之人，必须具备崇高的声望和几乎无限的权力，成吉思汗具备这一点，这是元朝纸币成为法定货币的第一要素，也只有这样，才能让纸币成为主要的流通货币，让贵金属基本退出流通领域。

也因此，元朝和宋朝不同，因为即便南宋时期，会子依旧无法取代铜钱的主导地位。而元朝自始至终主要流通纸币，虽然可以兑换金银，但纸币在社会生活中已经占据绝对的地位，实际上和现在的货币体系已经没有差别。如今，人们兜里都揣着纸币，去买菜、旅游都用纸币，但如果你愿意，可以到银行或商铺去买金银，没有丝毫的不适感，元朝也是如此。

元朝的这种货币体系起自成吉思汗时期。

1219年成吉思汗攻入花剌子模，1222年占领了整个花剌子模和中亚。这期间，亚欧大陆的各地使用不同的货币。东端的中原文化圈以铜（钱）为主，金银和纸币为辅；从天山山脉到扎格罗斯山脉为止的花剌子模领地以银为主；在埃及和拜占庭则是金银并用，金币是最贵重的；西欧也是金银并用；而成吉思汗之前的漠北游牧民族之间，主要是由羊充当这种角色，处于以物易物的时代。

在史上第一次统一了中原部分地区和中亚的蒙古汗国，最初是采用银作为在全域通用的货币。也就是说，成吉思汗的蒙古汗国创建了银本位制的货币体系。

可是，无论中原地区，还是蒙古高原，都不是主要的银产地。另外，中原产业发达，物产丰富，丝绸、茶叶、瓷器输出很多，蒙古高原和西亚地区需要向中原购买大量的生活必需品。银本位的通用货币制度一建立，中原的丰富商品便一下子被运往了西方和北方，银和铜流入中原，蒙古本部和西亚地区对中原物资的强大需求得以释放，而不断流入中原的银和铜作为资本的形式进一步推动了中原经济的发展，所以，蒙古汗国最初的半个世纪处于经济的成长期。

可是，蒙古汗国的根据地漠北草原生产力贫乏，输出商品很少，以牛羊为主，牛羊的生产属于牧业，牧业和手工业的生产率是根本无法比拟的。所以，在中原和蒙古高原、西亚之间就必定产生贸易顺差（对蒙古高原来说属于逆差）。在不断的战争时期，蒙古军队可以掠夺大量的贵金属，流入蒙古高原，形成资本输入，这是蒙古高原的资本顺差，弥补了蒙古高原的贸易逆差。可是，当战争停止后，这种贵金属的流入就停止了，而且因为中原地区的手工业和商业发达，随着金国被征服，蒙古高原的资本还会流出，投资到中原地区，形成资本项目的逆差。

蒙古高原在此时形成了资本和贸易的双逆差。

这是成吉思汗的战车车轮似乎永不停顿的一个原因。

可是战争不可能永不停顿。到了成吉思汗的晚期，为了弥补这种赤字，开始发行纸币。1227年，博州（今山东聊城）地方长官何实隧以丝为本发行纸币并在本境行用，"民获贸迁之利"（《元史·何实传》）。这似乎是蒙古汗国最早发行纸币的记载。

太宗（窝阔台）八年（1236年），汉人于元上奏发行交钞，太宗遂下诏印造发行，并采纳耶律楚材的意见，鉴于金朝末年钞法的弊端，规定发行额不得超过万锭（相当于50万贯）。当时，除大汗诏命发行的交钞之外，元朝各路也发行自己的交钞，或有以银为本位，或有以丝为本位，在本境流通。宪宗（蒙哥）元年（1251年）发行银钞，这些纸币可用作支付军人的薪水和政府的筹措资金。在纳税上也收取银钞，与政府有关的部分也通过银钞周转，在全域流通。

当军人的薪水、国家的税收和政府运转都使用纸币之后，纸币就成为了流通领域的主要交易媒介，成为了本位货币。

中统元年（1260年）7月，为了革除各路自行印钞带来的弊端，世祖忽必烈下诏统一印造交钞，以丝为本，规定白银50两兑换丝钞1000两（《元代之钞法》），但这种丝钞流通不广。同年10月，即发行中统钞，以银为本，分为10文、20文、30文、50文、100文、200文、300文、500文、一贯文、两贯文。因为当时已经习惯以银为价值尺度，所以，一贯称为一两，100文称为一钱，10文称为一分，而50贯称为一锭。法定的银钞比价为中统钞两贯兑换白银一两。同时，又依托文绫织造发行中统银货，分一两、二两、三两、五两、十两，但中统银货并未流通，中统钞为唯一法定货币。

中统钞不设时间限制，各路通行，烂钞可到官府更换新钞（和今日烂钞可到银行更换一样），收取工本费30文，如果你持有的是小额烂钞，还是算了。

中统钞发行的最初十余年间，属于硬通货，印造数量有严格的限制和管理规范，每年一般在8万锭左右，多不过十万锭，少则两三万锭。所有新印中统钞储藏于总库，只是下发到各钞库兑换金银和烂钞，一切经费不得借支，实际上就是财政和金融分立。国家财政开支限定在财政收入以内，量入为出。这时，各钞库中金银保证金充实，可以随时兑换，如果准备金稍有不足，国家既用白银收钞，民间没有丝毫疑惑。国家科差、赋税和民间交易一律用钞，因钞少难得，出现"视钞重于金银"的情形，因此，钞重物轻，币值坚挺，物价稳定。

这是标准的硬通货，自然会赢得马可·波罗的赞美。

1271年，马可·波罗和父亲、叔叔一起动身，先从威尼斯乘船到黑海南岸登陆，然后从陆路辗转，于1275年抵达元上都（开平，今日位于内蒙古自治区锡林郭勒盟正蓝旗旗政府所在地东北约20公里处，闪电河北岸），随后又抵达大都（今北京）。马可·波罗的聪明非常讨忽必烈喜欢，给他封了官，作为元朝皇帝的使者被派往各地。由此可见，元朝在某些方面是比较开放的王朝，此后，即便来中国进行商贸的欧洲商人再聪明，也难以进入官僚系统。

1292年，马可·波罗和父亲、叔叔受忽必烈委托，从泉州出发经海路护送蒙古公主阔阔真到伊儿汗国成婚。忽必烈答应他们，在完成使命后，可以转路回国，1295年，马可·波罗一家回到欧洲。

马可·波罗一家之所以能够从威尼斯安全旅行到达大都，是因为他们手中攥有在全域通用的纸币，他的父亲和叔叔在1266年就曾经来过元大都进行贸易活动，所以，拥有元朝的纸币。如此长的旅程如果揣着几斤银子作为差旅费，确实很不便。他在日记中写道：纸币流通于大汗所属领域的各个地方，没有人敢冒着生命危险拒绝支付使用，用这些纸币，可以买任何东西，同样可以用这些纸币购买金条。

宋朝产生了代表信用的纸币交子、会子，蒙古汗国却开启了全流通的纸币时代，应该说元朝的纸币更进了一步，因为元朝的纸币已经成为流通领域的唯一本位币。

1271年，忽必烈改国号为大元，元帝国建立，忽必烈是蒙古人的大汗，元是各汗国的宗主国。

虽然后来西方汗国和元朝的联系已经不那么紧密，但西方的四大汗国名义上依旧属于元朝的版图，尊元朝为宗主国。元朝的地域非常广大，横跨欧亚大陆，那时主要的交通工具是马，如果带着金银进行贸易活动，自然相当不便，成本很高。元朝广阔的地域，使得纸币具有不可比拟的优势。

这时的纸币，和马可·波罗日记中说的一样，在大元的版图各处，都可以随时购得黄金。当然，你必须记得年代，马可·波罗于1271年从威尼斯出发，1275年进入元上都，1292年初自海路离开中国，1295年回到威尼斯，如果离开了这些年代，甚至即便是马可·波罗在中国的中后期，继续以为元朝的纸币可以随时兑换黄金，那可要输掉裤衩的。

元朝在全国各路都设有兑换的机构——平准库，用于兑换的金银充足，准许纸币随时兑现，兑换的时候征收两到三分的手续费。马可·波罗到中国的前期，随处兑换金银的说法是可以成立的。但马可·波罗到中国的中后期，此说法是很有问题的。事实上，从1276年开始，因为元廷不断大肆搜刮，增发纸币，引起物价上涨，纸钞开始贬值，元廷开始将各路准备金银运往大都。1281年，纸币贬值为原来的十分之一，1287年物价已经"相去几十余倍"了，这时元廷发行至元通行宝钞（简称至元钞）和中统通行宝钞（简称中统钞）并行。在马可·波罗到中国的中后期，特别是在南方，如果纸币可以随意兑换金银，元廷肯定会立即破产，这是不可能的事情。

纸币终是纸币

"十个桶，三个盖子"，这是我们今天形容地产商的经营方式。实际上，任何行业都有杠杆效应，但是，地产因为有预售制度，加上过往十几年房屋供不应求，所以，地产商的实际杠杆率很高，超过其他行业。

这个原理一样适用于元朝的纸币，也适合后代任何使用保证金制度的纸币。

比如，忽必烈先生兜里有1000克黄金，假设价值是10万元（纸币），相当于每克黄金100元，但是忽必烈完全可以发行超过10万元的纸币，比如发行30万元。因为这30万元进入到社会交换领域之后，并不能同时回到忽必烈家门口要求兑换金子，有很大一部分在市场中流通。这种市场占用的纸币具有相当数量，所以，忽必烈先生无需面对30万元的兑换压力。

忽必烈先生玩的是30个桶、10个盖子的游戏。

在这里就可以看到纸币的死穴：第一，是大部分人同时挤兑；第二，发行量大幅超出30万元，相当于盖子还是10个，但桶的数量增加，负责盖盖子的那位仁兄忙不过来的时候就会形成挤兑。前者大部分是因为突发事件，比如战争等；后者就是王朝堕落的过程，因为随着王朝的持续，各种矛盾不断尖锐，财政需求增长，赤字不断扩大，只能不断增发纸币，桶的数量就越来越多，最终，当盖子忙不过来的时候，这时就需要进行"货币改革"，本质是宣布原来的兑换比例作废（信用破产），换新币，换来换去直到王朝灭亡。

元朝的历史，就是原来的兑换比例持续作废的历史，从中统钞、至元钞、至大钞，到彻底不能兑换的至正钞，也是信用不断破产的历史。

至元十三年（1276年），元军攻破南宋都城临安（今杭州），元朝在江南地区用中统钞取代南宋铜钱和会子（包括关子，这是南宋末期发行的一种纸币），按约定中统钞一贯兑换会子50贯，废除铜钱。按说，流通区域扩大，自然需要增加中统钞的发行数量，这是必然的事情，只要信守原来的发行机制，财政量入为出，中统钞不会贬值。此时，一位元朝财政史上的重要人物出场，就是权臣阿合马（就是劝文天祥投降碰了一鼻子灰那位）。阿合马是回族，元朝开国皇帝元世祖时期的理财能手。从窝阔台大汗时期开始，大蒙古国的经济主要就是依靠色目人来经营，阿合马就是其中的一个代表人物。阿合马是忽必烈时的近臣之一，出生于费纳喀忒（今乌兹别克境内，所以，在今天也算外籍人士，在元朝却不是），世祖中统2年（1261年）阿合马出任上都同知，3年领中书左右部，兼都转运使。至元元年（1264年），升至中书平章政事（近似副丞相，而元朝的中书令就是丞相，一般由太子担任），主政十多年。

阿合马在宋朝灭亡之后，为了邀功，将各路平准库用于准备金的金银，陆续运往大都，破坏了银钞之间"母子"关系的钞法，使得民间无法兑换，中统钞成为无本虚钞，失去纸币的信用；同时，破坏财政量入为出的规则，"一切支度，虽千万锭，一于新印料钞内支发"，财政支出开始没有控制（破坏了财政、金融分立的原则），只要缺钱，就找钱袋子（印钞机），财政支出大大超过收入。至元十一年（1274年），印数开始增加，十三年（1276年），猛增至141万余锭，其后每年大多在100万锭上下，二十三年（1286年）又增1倍，达218万余锭。

至元十八年（1281年），谏臣王恽上书曰："如今用一贯才当往日一百（文）。"物价腾贵十倍，中统钞已经贬值为原来的1/10，钞的信用大失，以致"诸人交易文契不以钞为则，止写诸物，不书价值"。因为钞的信用丧失的过于严重，失去价值尺度功能，民间交易的合同开始不用钞为价值尺度，只写出交易标的。如果再进一步，商品交易过程中就会进入以物易物的形式，意味着商品市场产生新的交易模式，将中统钞驱逐出交易市场（良币驱逐劣币）。

至元二十三年（1286年），江南名士叶李被征召至大都。叶名士开始献计献策，建议改行至元钞法。叶名士的招数不过是历史上的惯用招数，就是一贯至元钞抵中统钞五贯（和王莽等人发行虚钱是一样的道理，以一当十、当百用），这样，钞的制作费用不变，可获利五倍。看来，叶名士至多算个精明的商人，距离名士相去甚远。

商人的思维最适合元朝统治者的胃口，他们对于广大中原和江南地区的管理思维，恰恰就是做生意的思维，榨的油水越多越好，于是接受了叶名士的建议。叶名士是否有真才实学暂且不论，投其所好的功夫绝对一流。

至元二十四年（1287年），尚书省奏准印造发行至元通行宝钞（见图4.1），面额分二贯、一贯、500文、300文、200文、100文、50文、30文、20文、10文、5文共11等。至元钞发行后，即销毁中统钞版，从至元二十五年起停止印造中统钞。

至元钞一贯抵中统钞五贯，相当于中统钞在法律意义上贬值五倍。原来中统钞两贯兑换一两白银，现在是十贯兑换一两白银，贬值了80%，实际上对应粮食价格，贬值远不止这一幅度。这代表中统钞信用破产，也是元朝纸币信用第一次破产。

此时，规定中统钞和至元钞同时流通，元朝政府原打算用税收将中统钞尽数回收，但因过往发行量过大，收不胜收，所以，只回收了一部分，无论官府还是民间仍以中统钞为准计算物价。

至元二十四至二十六年（1287—1289年），至元钞发行数量是100万锭、92万锭、178万锭，发行数量很大，但主要还是用于回收中统钞的需要。至元二十八年（1291年），各地平准库的金银不再运往大都。至元三十一年（1294年），各地平准库有白银94万余两，黄金数量未知，基本支撑了至元钞兑换，至元钞币值相对稳定。

在至元钞起始的六七年内，基本可以维持兑换。从至元二十七年起，印数降为50万锭；至元三十年降为26万锭；三十一年降为19万锭。

至元三十一年，成宗即位，将各路平准库金银93万余两中大部分运往大都，只余19万两用于兑换，平准库的平准机能再次大幅削弱。这背后的原因依旧是财政入不敷出，至元二十九年10月，丞相完泽

图 4.1 至元通行宝钞

奏:"一岁天下所入,凡二百九十八万八千三百五锭,……自春至今,凡出三百六十三万八千五百四十三锭,出数已逾入数六十六万两百三十八锭①。"说明至元二十九年(1292年)的财政亏空已经达到66万锭,财政赤字出现了,印钞已成必然。

既然加大印钞数量已经无法避免,意味着兑换就无法继续保持,所以,元朝在印钞的同时,干脆把平准库的金银运回大都。至元钞在大德三年(1299年)的印数放大至93万余锭,大德六年再次增加至200万锭,平准库的金银与钞的兑换基本停止了。1287年至1303年左右,至元钞与银相比,贬值了50%,形成新一轮通胀。

大德十一年(1307年),武宗即位。武宗海山原在漠北边疆站岗放哨,通过政变登上帝位,为了收拢人心,对群臣和宗室需要大加赏赐(任何一位名不正言不顺登基的皇帝都得这么干),财政亏空急剧扩大,只能再次改变钞法,按现在的时髦术语来说,就是货币改革。

这次的货币改革和至元钞如出一辙,货币继续贬值,改行至大银

---

① 白龙飞. 元朝赤字财政下的货币政策问题研究 [J]. 思想战线,2011,(6):149-150.

钞（简称至大钞），至大钞一两，兑换至元钞五贯，白银一两，黄金一钱。命各路立平准行用库，买卖金银。中统钞在百日内兑换，不准金银私下买卖。只准至大银钞和至元钞流通。原来至元钞两贯兑换白银一两，现今五贯兑换白银一两，相当于至元钞贬值 60%。中统钞随之贬值，相当于 25 贯兑换白银一两。至大二年（1309 年），又准许铜钱流通。

至大钞的出现，中统钞和至元钞再次贬值，相当于元朝第二次正式宣布纸币信用破产。

这时，中统钞、至元钞使用已久，发行量甚大，再叠加至大钞，钞票不断增加，武宗更是随意印钞，到至大二年，就已经印刷 1000 万锭，财政赤字加剧，只能不断加税并加印钞票。好在武宗短命，没有惹出更大的乱子。

1311 年，仁宗登基，随即宣布废除铜钱和武宗施行的至大银钞，专行中统钞和至元钞。总体来说，延祐（1314－1320 年）到至顺（1330－1333 年）年间，至元钞和中统钞的印数受到控制，加上前期印制的中统钞和至元钞很多已经腐烂，相当于货币收缩，这期间的货币币值相对稳定。

这时，在宋徽宗之后，又一位"天才"横空出世。中国有谚语：青出于蓝而胜于蓝。这位"天才"的"才气"甚至超过宋徽宗赵佶，这就是 1333 年即位的元惠宗妥懽帖睦尔。这是当时的叫法，估计大家不是太熟悉，因为朱元璋先生给起了个更响亮的名字，那就是元顺帝，是顺从、很乖地让出中原的意思。

你可以讽刺元顺帝是亡国之君，但不能否认人类的聪明才智。从元世祖忽必烈后期开始，元朝就在不断折腾，平准库的金银越来越少，而纸币的印刷越来越多。

保证金是有数的，可是财政支出是没数的，"桶"与"盖子"的比例严重失调，这种盖盖子的劳动很辛苦，劳动强度越来越高，纯属"蓝领"工种。元顺帝不想这么辛苦，聪明人总是有办法的。

元顺帝即位时，吏治已经非常腐败，至正四年（1344 年）的黄河决口造成中下游方圆千里严重受灾，连年水旱，流民四起，国家收入不断下降，而朝廷开支不断增长，只能不断加大印钞力度，在水旱灾害和钞票增长的不断推动下，通胀不断上行，而通胀的不断增长进一步加大了元朝的财政赤字。

只能再次开启货币改革举措，同时必须让钞票发行的数量和保证金彻底脱钩，元顺帝"流芳千古"的发明开始了。这一发明甚至比元朝历代皇帝的"贡献"都大，因为在后来的历史中不断被效仿，而且元顺帝的粉丝都绝对属于重量级人物。

钞票以金银为母，这就成了拴住钞票发行的"笼头"，如果不断印刷，钞票就不断贬值，最终被抛弃。妥懽帖睦尔将矛盾论学得非常好，发明了以纸为母的货币，让金银成为子，使纸币的印刷再也没有了"笼头"，也就无需总要担心金银被挤兑。这位妥懽帖睦尔"先生"希望将自己从盖盖子这个"蓝领"职业中彻底解脱出来。

这位"先生"的思想如果在今天，非常具有"先进性"，皇帝是用来享受的，属于钻石领，怎么能从事繁重的蓝领劳动呢？

所以，元顺帝开始印刷以纸为母的至正钞，这种钞票既没有准备金，在当时的社会也没有贵金属货币作为价值尺度来对比，这是真正、彻底的纸本位！

也在同时，元朝官方宣布纸币信用彻底破产。

更大规模的通胀汹涌而来，可能到死，妥懽帖睦尔还没想清楚原因何在。其实很简单，你说以纸为母，让金银为子，印钞自然也就不受限制，那么，别人手中的金银为何要去兑换你手中的纸呢？唯一的可能是你的这张纸代表着比面值更多的金银、更高的价值，才会让老百姓心甘情愿兑换，否则，老百姓的眼睛是雪亮的。

这种以纸为母的至正钞于元顺帝至正 11 年（公元 1351 年）印制发行。官方规定，这种新钞一贯相当于铜钱 1000 枚，是以前的至元钞的二倍。如果说中国过去两千多年的历史中，对世界货币体系的贡献，第一是秦始皇的主、辅币货币制度，这种制度一直使用了两千多年，到今天依旧在使用；其次应该是宋朝发明纸币，特别是保证金制度的纸币——交子，对世界的未来产生了深远的影响；第三就得轮到元顺帝的至正钞。因为至正钞的体系非常近似于现代千元大钞和元、角、分硬币的关系，元、角、分的硬币无论用任何金属制造都是有恒定价值的，而千元大钞的价值是不定的，可以兑换多少金银就不管了。元顺帝在当时基于社会文明进步的程度有限，可以不作解释。但现代人是文明人，必须给一个"合理"的解释，千元大钞兑换多少金银让"市场先生"决定！发行多少千元大钞是发钞行大人们的权力范围，如果兑换的金银少了，对不起，别怪我，您去责怪"市场先生"。

我只管印钞票，如果它不值钱，那您去责怪市场，这是现代人的"文明"。

至正钞出笼，通胀如脱缰野马，再也无法遮拦。元末米价比中统初年上涨六七万倍。民间交易，纸币用车载，差不多一车纸币也就买一车卫生纸。纸币基本失去流通功能，百姓多进入实物交易的经济状态，酒肆商铺也多自制代用货币，一下子就回到"两把斧子换一头羊"的原始社会阶段。有首民谣充分反映了恶性通胀下百姓的愤怒："堂堂大元，奸佞专权。开河变钞祸根源，惹红巾万千。官法滥，刑法重，黎民怨。人吃人，钞买钞，何曾见？贼做官，官做贼，混贤愚。哀哉可怜！"

奸佞专权、钞买钞（钞与纸同价）、贼做官、官做贼，任何一个朝代的灭亡景象，莫不如此。

公正地说，这场超级通胀和钞票的乱发有直接的关系，但是，也和元朝末年的自然灾害密切相关。元朝末年自然灾害加剧导致农作物减产，也是通胀的主要推动因素之一。

恶性通胀的到来，将千万人逼上梁山，元顺帝只能把办公地点从北京搬回漠北，请来的搬家公司的老板就是那位姓朱的先生。

所以，钞票兄大可不必因为自己的身世而自卑，您有很悠久的历史，血缘最亲近的祖先就是妥懽帖睦尔"先生"发明的至正钞。

元顺帝的信徒

欧美国家使用纸币的起始时期，完全继承了元朝纸币的发行机制，以贵金属作为保证金，但它们很快便发展为用法律规定每个货币单位所含有的贵金属数量，并一直保持到1971年布雷顿森林体系解体。

1971年后，实行牙买加体系，纸币发行基本脱离了贵金属。

元顺帝有无数的信徒，遍布全球。元顺帝发行至正钞，一贯相当于铜钱1000枚，这种货币结构被完整地继承了下来。

现代很多国家的不同时期，都曾经使用过小额硬币，这种硬币有银质、镍质和铝质，比如美国等国家，到今天还有大量的硬币作为辅币流通，而这些国家的主币使用的都是纸币。

这种货币结构被人类社会喜爱的原因在于：第一，随着经济规模的膨胀，信用需求不断上升，只有纸张的成本足够低，可以时刻满足信用需求的增长；第二，人类社会的各个政权都认识到，货币超发是解决特定时期社会矛盾的主要方式，比如战争来临，财政开支急剧扩大，只有使用纸币作为主币，才能有效应对这些困难局面；更有一些国家，将这一手段用于发展经济的灵丹妙药，时不时就"打一针"刺激刺激，如果没有这一灵丹妙药，可就抓瞎了；第三，使用硬币作为辅币，可以起到价值标尺的作用，当通货膨胀猛烈上升的时候，货币急剧贬值，但硬币的价值依旧是恒定的，人们会选择辅币作为交易媒介，也可以稳定部分零售市场的运转。但辅币的价值标尺作用，因为所处地位的关系，是非常脆弱的。

元顺帝是现代货币体系的"鼻祖"。

元朝托拉斯

元朝经济的核心是什么？毫无疑问是斡脱制度，这是一种投资制度。700多年前的元朝，就具备了今天的金融水平，认识到了纸币的本质，不得不让人惊叹。

从历史来说，纸币是无法保值的，因为货币的自然信用属性难敌人类的贪婪之心。可是，人类更希望既可以不断加大纸币的发行数量，同时，又可以延缓纸币的贬值速度，这一历史性的课题，元朝即开始研究，并取得卓越的研究成果，这一研究成果今天还在沿用。那就是让增发的纸币进入投资领域，可惜，那时没有专利保护政策。

托拉斯，是资本主义垄断组织的一种形式，生产同类商品或在生产上有密切联系的垄断资本企业，为了获取高额利润而从生产到销售全面合作组成的垄断联合。

元朝就是一个托拉斯（可惜，这样的优质蓝筹股没上市），这个公司的唯一目的是通过垄断实现最大的利益，经营的核心机构就是斡脱制度，其他所有机构，包括皇上和政府机构，都是为这个托拉斯服务的。

元朝托拉斯从成吉思汗时期开始营业，一直持续到灭亡。

元朝托拉斯的核心——斡脱制度

斡脱这个词语出现于蒙古帝国与中亚、西亚的交往过程中，在蒙古语中是合伙的意思，在突厥语中是同伙的意思，特指突厥和回族商帮及其成员。到了元代，引申为特种的官商。

从成吉思汗时期开始，蒙古贵族就委托中亚商人经营商业，和今天的委托理财差不多。蒙古大汗及王室贵族将掠夺的珠宝、银子交给回族商帮，令其放高利贷。此种高利贷形式还称为"羊羔儿息"。大汗和诸王、公主、后妃等都各自设置自己的斡脱获取厚利。经营的商品大部分是奢侈品，比如珠宝、皮毛等。在蒙古国初期，高利贷的年息一般是百分之百，次年息转本，也就是利滚利，这种方式是非常可怕的，大家都清楚。

蒙古汗廷曾经规定，斡脱被偷盗或抢劫，一年之内不能破案，由当地居民代偿，如不及时赔偿，就作为债务，逼迫当地居民纳"羊羔儿息"。斡脱钱债使许多民户甚至一些地方官吏破产，陷入典卖妻女还不足以偿债的境地。

所以，这种委托理财有几个特点：第一，固定收益，年率100%，而且是利滚利；第二，如果斡脱钱被盗或被抢劫，也无需担心会受到损失，蒙古大汗用权力负责兜底，强行将这笔损失加于当地居民身上负责偿还，所以，斡脱钱的风险度是零；第三，经营过程中可以借助蒙古大汗的权力，实现垄断利益。

元朝建立以后，皇室、妃主、诸王的斡脱不断发展。政府为持有圣旨、令旨的官商专立户籍，称为斡脱户，大概相当于基金公司或理财经理。通过斡脱户的经营，实现财富从社会底层向贵族阶层的转移，元朝皇室积累了大量的财富。元朝政府中设有专门机构保护和强化这种斡脱体系。元世祖时，曾设诸路斡脱总管府（至元四年，1267年）、斡脱所（至元九年）、斡脱总管府（至元二十年）等机构，掌管斡脱事务。斡脱贸易还发展到海外。在地方，元政府也先后设有斡脱局、斡脱府等官衙。

斡脱商人向元廷和诸王不断贡献奇珍异宝和大批钱物，从而得到特殊庇护。元廷为斡脱商人提供了种种特权。这些官商手持圣旨、令旨，可以使用驿站的马，地方官需免费给予伙食招待等。他们可以携带兵器，或者有官军护卫。所经营的货物可以减免课税。行船鸣锣击鼓，可不依河道开闸时间，强行通过。斡脱户常常不当差役，与僧、道、也里可温、答失蛮等享受同等或类似的优待。

这种待遇可比明朝的状元及第还要牛！

现在的理财经理是比较体面的职业，如果对比元朝的斡脱户，不知有何感想，应该是恨不能早生八百年。

至此，元朝托拉斯的架构就清楚了：大汗、诸王、嫔妃、王子、公主都是各自斡脱机构的董事局主席；斡脱户属于经理层；经营方式是垄断；政府机构包括元朝的军队都是经营工具。

蒙古人的发明

人们可能会觉得，蒙古是少数民族，在成吉思汗时代的蒙古高原还处于以物易物的时代，是很落后的，这种观点是错误的。蒙古有当时最先进的军事制度，否则难以想象20万左右的蒙古军队即可以横扫欧亚大陆（西征花剌子模时，举国之力，征调了全国16至60岁的男丁，才20万大军）；蒙古有当时先进的社会制度，代表就是《成吉思汗法典》，建立的是近似于古罗马帝国的体制，是一种贵族议事制度，已经比中国封建社会的皇权独大制度先进了很多。蒙古人的金融细胞一样发达。

超发货币是近代社会最显著的特征，而且人们已经不以为耻，反以为荣。但现代人知道，如果货币超发直接进入消费流通领域，立即就会带动通货膨胀，货币贬值，引发社会动荡。所以，必须给超发的货币找个池子（很耳熟吧），让货币心甘情愿地进入池子，用这个池子来吸纳超发的货币。可惜，这不是现代人的发明，知识产权在蒙古人手中。

成吉思汗时期，蒙古掠夺了大量的财富（这些财富以金银为代表），但蒙古高原本部的商品经济是比较落后的，很容易造成通货膨胀，而斡脱制度的建立可以容纳大量的贵金属，相当于对通胀有抑制作用。蒙古人或者无意或者有意,但达到了这样的事实。

当进入纸币时期以后,斡脱制度的地位实际上被忽必烈提高了,不仅明确合法化而且受到元朝政府的保护,这有非常深刻的内涵。

虽然元朝实行的是保证金制度的纸币,但这种对货币内在价值的保证是脆弱的。其实忽必烈也是清楚的,否则就不会从 1276 年开始,不断地将各地的金银运往大都,因为蒙古人清楚,纸币的不断超发是必然的,与贵金属的兑换关系是无法保持的。

所以,需要强化斡脱制度这个投资工具,将大量的超发纸币吸收进入这个投资渠道,防止纸币的剧烈贬值,这或许才是忽必烈不断强化斡脱制度的初衷所在,同时,将利益留给了斡脱股东会。虽然至元二十年(1283 年)后,由于某些朝臣一再陈述斡脱扰民害政,曾经暂时废止斡脱机构,但不久便恢复,而且扩大了经营范围和权限,是否包括房地产,就没法知道了。

斡脱制度起到两个明显的作用:第一,保证了贵族的利益;第二,斡脱制度表面看起来是金融制度,但本质上是投资制度,延缓纸币的贬值速度。所以,元朝托拉斯实行的是和斡脱制度相匹配的经营模式。斡脱制度是元朝经济的最顶端,和斡脱制度相配合的就是垄断的官商经济和投资型经济。

垄断与建设

元朝托拉斯的股东们,要求的年回报率是 100%(初期),而且是利滚利,如果你在今天开个小卖部,是无法实现如此高回报率的,这就要求特定的经营模式,这种经营模式只能是垄断,也只有垄断才能实现如此高的收益率,进而可以支付如此高的财务费用。

元朝经济的典型特征是商业非常繁荣,而且重要的商业领域都是垄断的。

蒙古经过长期的战争,掠夺了大量的财富,同时通过斡脱制度,使全社会的财富进一步集中到蒙古贵族和色目人手中,所以,无论大都还是蒙古高原,具有很强的消费能力。

但是,无论大都还是蒙古高原,既不是农业主产地也不是手工业的发达地区。五代十国以后,随着气候的转冷和北方不断的战争,无论农业还是手工业，最繁荣的地区都在江南，特别是江浙地区。商品的主产地在南方，而消费能力集中在大都和蒙古高原，需要商业来完成这种交换的过程，这是元朝商业繁荣的第一个根源。

元朝是四大汗国的宗主国。在那个时代，中国是世界上商品经济发达的国家，很多商品通过海路和陆上丝绸之路运往四大汗国甚至欧洲；同时，欧洲和中亚、中东也有很多商品通过贸易方式进入中国，比如香料、玉石等。这是元朝商业繁荣的第二个根源。因此，元朝的商业繁荣是客观因素产生的。

基于斡脱制度的要求，元朝的商业需要垄断经营。

金、银、铜、铁、盐由政府直接经营，对外贸易也由政府垄断经营；茶、铅、锡由政府卖给商人经营；酒、醋、农具、竹木等，由商人、手工业主经营，政府抽份。贵族、官吏依靠手中的特权，也从事经商活动。色目人中的商人资金雄厚（斡脱户大部分是色目人），善于经营，出现了许多大商贾。色目人是元朝时中国西部民族的统称，包括粟特人、吐蕃人、回族人等31种。商业繁荣带动了一些地区的繁荣，涌现出一些繁荣的城市。

马可·波罗当时有这样一段精彩记叙："汗八里（即北京）城内外人口繁多，有若干城门，还有不少附郭。居住在这些附郭中的有不少来自世界各地的外国人，他们或是来进贡方物的，或是来售货给宫中的。所以，城内外都有华屋巨室，有的是贵族居住的，有的是供商人居住的，每个国家都有自己的专门住宅"。

政府直接控制对外贸易，至元十四年（公元1277年），在泉州、上海、温州、杭州、广州设立市舶司，外国商船返航，由市舶司发给公验、公凭。出口的物资有生丝、花绢、缎绢、金锦、麻布、棉布、花瓶、漆盘、陶瓷器、金、银、铁器、漆器、药材；进口的商品有珍宝、象牙、犀、钻石、木材，等等。

因为商业的需要，带动运输业的繁荣。元朝形成了很完善的交通体系，分水路和旱路，因为江浙地区商品经济发达，运往北京和蒙古高原的物资大部分从江浙地区起运，所以带动了沿途城市的繁荣。当时，繁荣的城市包括杭州（临安）、南京（建康）、苏州（平江）、扬州、沙市、汉阳、温州、成都等。因为商业的繁荣带动海外贸易和海运业的兴旺，广州、泉州等地也是非常繁荣的城市。

因为商业的需求，在陆路、水路、港口、船舶等方面形成大量的投资（"要致富，先修路"也是有传统的），这些基础设施的建设带动了元朝投资型经济的发展。

元朝有广阔的地域，全国各地设有驿站1500多处，其中包括少数水站。在驿站服役的叫站户。与驿站相辅而行的有急递铺，每10里、15里或20里设一急递铺，其任务主要是传送朝廷、郡县的文书。驿道北至吉利吉思（今俄罗斯叶尼塞河上游地区），东北至奴儿干（今俄罗斯境内黑龙江下游东岸特林），西南至乌思藏（指前藏）、大理（今云南大理），西通钦察（南起巴尔喀什湖、里海、黑海，北到北极圈附近的广大地区）、伊利汗国（包括阿富汗等地），所谓"星罗棋布，脉络相通"。仅仅这些驿站、急递铺和道路的修建，工程规模就是海量的，当然那时候不可能修建高铁和高速公路，按今天的含义应该属于乡间道路。

为了商业繁荣的需要，开凿了元代大运河。元朝灭亡宋朝以后，仍利用隋唐运河旧道转运漕粮，其路线大致为：由长江辗转入淮，逆黄河上达中滦旱站（今河南封丘西南），陆运90公里至淇门（今河南浚县西南），再入御河（今卫河），水运至大都。

至元十三年（1276年）开始修凿济州河，至元十七年（1280年），疏通了通州运河。

漕路由淮河入泗水（今中运河），经过济州河北抵安山，出大清河（今黄河下游），再经东阿、利津入海，然后由海运入直沽（今天津大沽口）转到大都。

至元二十六年（1289年），元廷开凿会通河以疏通运道，至此，南北航运已全线沟通。

至元二十八年（1291年），元廷按照郭守敬设计的方案开凿了通惠河。

元廷陆续修凿完成的京杭大运河全长1500多公里（图4.2），北起大都，南达杭州，沟通了海河、黄河、淮河、长江和钱塘江五大流域。

垄断的商业繁荣和庞大的投资建设，和元朝的斡脱制度是相伴而生的。

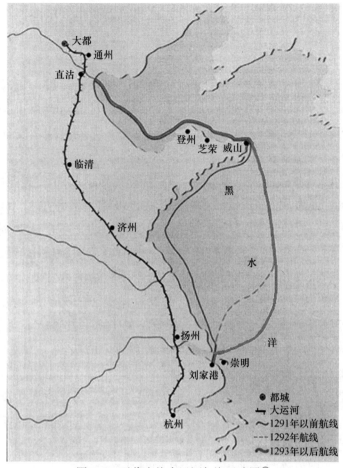

图 4.2 元代京杭大运河与海运略图①

隐形赋税

税收有两种形态，第一种自然是表观的，比如你开公司，需要交增值税或营业税，盈利以后需要交企业所得税；员工领取了工资以后，也要缴所得税。所有可以计算的都属于表观赋税的范畴。第二种是隐形赋税。货币超发直接进入商品流通领域，没有对应的商品就形成隐形赋税。这点很简单，因为新印的钞票在稀释原有钞票的含金量，元朝不断变化钞法，先是至元钞，再是至大钞，最后是至正钞，面值逐

---

① 杭侃. 辽夏金元——草原帝国的荣耀[M]. 香港：上海辞书出版社 & 商务印书馆，2001.

步增大，都是在稀释货币的含金量。这和津巴布韦货币面值不断加大是一样的道理。只要超发钞票进入市场，无论是以什么样的方式进入，都是征收隐形赋税。

但增发钞票进入市场还是有点诀窍的，如果直接进入流通消费领域，无疑就会立即带动通胀，通胀不断高涨，对统治者意味着什么是很清楚的，因此，蒙古人实现了金融创新——那就是让增发钞票进入投资领域，斡脱制度实现了这一功能。

超发货币直接进入投资领域，确实不容易引起通胀的快速恶化，并且有两方面作用：第一，这些投资项目吸纳了大量的货币，比如：斡脱户无论是投资于商业经营权、基础设施修建，还是建立企业，都吸纳了货币，就避免了这些货币直接流入消费流通领域；第二，投资加大之后，就放大了部分商品的供给，商品供给的增加就会压制商品的价格，进一步抑制通胀。比如：你投资建设一间火柴厂，市场中火柴的供应量就会增加，这会压制火柴价格的上涨。其他行业比如煤炭、有色金属、钢铁、房地产等都是同样的道理，既吸纳了增发的钞票，又可以压制这些商品价格的上涨。

这是所有货币发行者追求的理想状态，从元朝开始就在孜孜不倦地追求，对"理想"的追求已经成为历史课题，正所谓长江后浪推前浪，前赴后继。

可是，理想终归是理想，现实依旧是残酷的。

这里有一个误区，投资并不能同步放大所有商品的供给。比如农产品，产量并不能因为投资的扩大而同步放大，更主要是受到耕地面积、气候、优良品种的影响，这就造成供给的增长低于投资的增长，甚至投资的增长对产量的影响微乎其微。也就是说，即便你的收入增速和超发货币的增速一致，但相对农产品的购买力，一样是下降的。再有，有些商品的产量是和投资密切相关的，几乎产量的增长与投资的增长保持线性关系，可以压制商品的价格。可惜，这些商品都有过剩的时候，过剩出现时，投资回报率就会很低，这时，这些行业就不再具备吸纳货币的能力；商品价格也不能长期低于成本线经营，最终会在成本线上达成一定的平衡，这些商品对通胀的抑制作用也就消失。

在全面过剩来临之前，虽然收入的增长幅度跑不过农产品价格的增长幅度，但通胀还相对温和。当全面过剩来临之后，如果维持原来的货币政策不变，就会形成通胀加速的拐点。

所以，即便超发的货币进入投资领域，结果一样是货币贬值，而货币贬值，是最典型的征收隐形赋税的方式。

当然，如果超发货币进入房地产，隐形赋税就更高了，因为土地出让金、房屋建筑交易过程中的税种不计其数，这些都是隐性赋税。

元朝的隐形赋税主要体现在两个方面：第一是斡脱的利润，股东们要求高收益而且利滚利，这些利润必定出自社会，和现代社会的银行业垄断是一样的含义；第二是加印钞票（当然这种超发和财政赤字相伴相随），稀释原有货币的含金量。这两把利器加上等级制度，贫富差距急剧恶化，天灾来临之时，很多人只能铤而走险，最终将元朝送上断头台。

寻　根

有效与无效的市场

南宋的会子和元朝的钞，外表看起来没什么不同，会子是以铜为准备金的货币，元朝是以丝或金银为准备金的货币，但会子和元朝的钞对市场造成的影响截然不同。

1168 年，一缗会子合铜钱 770 文；1189 年，一缗会子值 700 余文铜钱；至 1195 年，会子每缗跌至 620 文；1210 年，会子一缗值 400 余文；1236 年，每缗值 300 文；1253—1258 年，会子每缗兑铜钱 192 文；咸淳三年与四年（1267—1268 年）为 75 文。

相当于 100 年的时间内，会子相对铜钱贬值了 90.3%。

1240 年，大米涨到每斗米 3 贯 400 文，是 1162 年的 11 倍，这期间经过了 78 年的时间，会子相对大米贬值了 90.9%。当然，南宋末期，纸币相对米价贬值得更加严重。

这样的通胀，史学家们认为是会子造成的金融危机。

客观地说，忽必烈初期，对于货币是谨慎的，否则就没有马可·波罗的美誉。中统元年（1260）发行中统钞，严格遵守银本位，有十足准备银，且兑现有保证，因此通胀控制较好。但 1274 年后，开始滥发宝钞，且禁用铜钱，还将平准库中的金银集于大都，引起各地物价飞涨。1281年，相对大米，中统钞已经贬值90%，这时中统钞的发行不过21年的时间，和南宋会子在78年间相对大米的贬值幅度相当，到1287年，中统钞相对大米已经贬值几十倍了，贬值速度远远超过南宋的会子。1287年发行至元钞，5倍于中统钞，1309年发行至大钞，又是至元钞的2.5倍。到元末的顺帝至正十一年（1351）又发行至正钞来收拾残局，无任何金银准备，是彻底的纸本位。通胀至此如脱缰野马，再也无法遮拦。元末米价比中统初年上涨六七万倍，这中间也不过经历了大约100年的时间。

由此可见，元朝纸币造成的通胀比南宋会子严重得多。

近代则更加严重，从1937年到1949年5月共12年间，上海批发物价指数一共上涨了2464万亿倍，这是由南京国民政府时期的法币创造的。

这说明了一个非常深刻的话题：**当一个社会存在价值尺度或不存在价值尺度时，通货膨胀的程度是有很大差别的。**

南宋时期，铜钱、金银和纸币是同时流通的，虽然会子流通范围很广，流通的数量也很大，但南宋的商品市场有价值标尺，那就是铜钱和金银，会子仅仅起到辅币的作用，更确切地说等同于铜钱兑换卷。当贵金属货币和纸币同时流通时，如果纸币贬值过快，就不会被市场所接受。孝宗时期，孝宗曾拿出自己的私钱，在市场中买入会子并公开销毁。虽然后来孝宗宣布会子为不可兑换的纸币，但依旧无法改变铜钱和金银在市场中价值标尺的作用。政府可以用行政权力割断会子与贵金属的兑换关系，但是，市场中有铜钱购物的价格，也有会子购物的价格，会子依旧通过"物"为中介产生与铜钱的兑换关系。如果会子贬值过快，就会被拒收。比如，卖米的店家可以不收取纸币，即便政府强制，店家也可以用种种手段实现同样的目的。当纸币不被市场所接受之后，在市场交易过程中所占的份额就会下降并最终被驱逐，纸币发行者就会出现发行困难，或者快速贬值，都会约束发行者的发行行为。如果纸币发行者继续滥发纸币，市场会回归以铜钱和金银作为媒介的交易模式，这是良币驱逐劣币的法则，也就是反格雷欣法则。

有价值尺度的市场是有效的市场，自身可以鉴别纸币的价值，并且有另外的选择权（铜钱和金银）作为价值标尺，这就约束了纸币的发行行为，最终，使得通胀受到限制。

可是，无论元朝的钞还是南京国民政府的法币时期，市场流通的基本是单一的纸币，纸币占有的几乎是100％的市场交易份额（政府通过行政手段禁止其他货币流通），市场也就没有其他的价值标尺。菜市场的小商小贩，你如果不收取纸币，用什么做交易呢？在纸币没有变成废纸之前，只能接受纸币。所以，交易市场不断地被动接纳纸币，随着纸币的不断贬值，交易市场容纳的纸币数量也越来越大。这种行为直接助长了纸币发行者的超发行为。

无价值尺度的市场不能发挥自动约束机制的作用，无法通过市场对纸币内在价值的辨别来选择使用权（根本就没有别的选择），无法约束发行者的发行行为，也就是说，这时的市场是无效的市场。

所以，无论纸币以什么面目出现，在流通单一纸币的情况下，通胀的速度和水平永远是严重的，远超过金属货币时期，也超过金属货币和纸币并行的时期。在纸币时代，金融危机是如影相随的，因为只有金融危机，才能大规模消灭纸币（流动性）。期望货币发行者自觉控制货币发行过程中的"道德风险"，是不靠谱的。

因此，对任何一种纸币，货币发行机制就非常关键。如果发行机制具备财政、金融分立的功能，发钞行具有独立性，那么，所发行的货币就更加具有货币的群体普遍接受性，信用也更有保证；而货币发行权如果集中在少数人手中，比如津巴布韦，事实是穆大叔一张嘴说了算，这种纸币时刻面临灭顶之灾。

纸币时代伴随的是不断出现的金融危机。忽必烈初期，严控纸币发行，财政量入为出，中统钞具有信用保证。后来，随着财政不断产生赤字，纸币不断超发，通胀高涨。至元钞、至大钞和至正钞的出现，不同程度地削弱了纸币信用，伴随的都是通货膨胀，本质上就是金融危机。当纸币内在的信用被榨干之后，一代纸币也就结束了使命，一代王朝只能走向灭亡，因为这种纸币的信用就是朝廷的信用。

新生事物孕育生机

今天，有两个新生事物值得警惕，第一是以比特币为代表的数字货币；第二是虚拟银行卡。

在现代货币体系中，货币已经告别等价交换的原则，完全是信用的符号。有一种观点认为比特币作为一种严格限量的货币将这种特征发挥到了极致。在现代货币体系中，市场缺乏严肃的价值标尺，因为从长期的趋势来看，任何一种信用货币都在不断地贬值。2012年以来，比特币在越来越多的地方可以用于日常生活的支付，加上网络银行卡的开发，未来就很容易慢慢扩大使用范围。也有一种观点认为，比特币可以视为一种具有完全信用的货币（只要数量能受到严格限制的货币，均属于具有完全的信用），随着其使用范围的扩大，未来有可能会成为市场的价值标尺。当这个价值标尺出现在交易市场以后，纸币的发行就受到制约，所以许多国家的央行如临大敌。

而虚拟银行卡蕴含更深的含义，因为虚拟银行卡流通之后，卡中就不仅仅可以储存纸币，还可以储存比特币，甚至未来可以储存金银，进而使得金银和比特币在商品和服务市场中流通，不断扩大交易范围，一样可以在市场中引入价值标尺。当市场中出现价值标尺之后，央行不断超发纸币的行为就会受到约束，这是许多国家的央行无法接受的。

所以，虚拟银行卡和比特币注定受到打击。

未来，某些国家的央行如果继续进行不断的货币超发行为，凯恩斯主义继续大行其道，虚拟银行卡之类的创新产品，很有可能成为刺穿纸币泡沫的利剑，即便这些国家的央行持续的打击也改变不了这一趋势。

任何有意义的新生事物的产生都会受到保守势力的打击，但最终，新生事物会战胜保守势力，唯一的变数是：时间！

脆弱的元朝

蒙古军队在成吉思汗时期，几乎是战无不胜的；到灭亡南宋时期，蒙古军队依旧是强大的；在大一统的元朝中后期，则是非常脆弱的。

在元朝末年的混乱中，真正的战事是南方的各路农民起义军之间互相攻杀，目的自然是为了自己登上天下盟主的宝座。同时北方的元朝内部也不消停，内乱不止。元朝最出色的统兵大将博罗帖木尔和察罕帖木尔之间进行不断的内战，后来双双死亡，元朝的军事力量一落千丈，混战的目的自然也是争权夺利。

朱元璋统一了南方时，举目一望，只有一个对手了，那就是元朝。而那时的元朝却没有"举目一望"，因为它依旧在低头内战，库库帖木尔（就是金庸小说中赵敏的哥哥王保保的原型）和张良弼、李思齐正打的不可开交。

朱元璋很强大，徐达、常遇春也确实是名将，但元朝更加虚弱，终不能指望一个内乱不休的朝廷具有太强的战斗力，结果只能是一触即溃。

到中原仅仅几十年，别的不知学会了多少，但蒙古人首先学会了窝里斗。当年，成吉思汗对手下说："我们蒙古人只要团结起来，定能让全世界做蒙古人的牧场。"果然，蒙古人团结在他的旗下，无敌于天下一百年。但自从开始窝里斗以后，元朝就自己打垮了自己。

元朝把全国划分为四等人：一是蒙古人；二是色目人，包括钦察、唐兀、阿速、图八、康里、畏兀儿、回族、乃蛮、乞失迷儿等 31 种；三是汉人，包括契丹、女真和原来金朝统治下的汉人；四是南人，指长江以南的汉人和西南各少数民族。各等人士的政治待遇和赋税水平有明显的不同。

元朝对汉人和南人很不信任，直到元仁宗延祐二年（1315 年），方才正式实行科举取士，这时距离元朝建立已经四十余年了。元朝的科举考试，每三年举行一次，分为乡试（行省考试）、会试（礼部考试）、御试（殿试）三级。

考试时，蒙古人、色目人与汉人、南人分开考。在考试内容上，蒙古人、色目人的题目比较容易，汉人、南人的题目比较难。蒙古人以右为上。发榜时，蒙古人、色目人列为一榜，称"右榜"，汉人、南人另列一榜，称为"左榜"。估计，在当时这也是没办法的事情，以蒙古人和色目人的文化水平和读书的劲头，如果要和南方特别是江浙一带的学子一起考试，弃权是最明智的选择。

但这些无处不在的种族歧视和等级制度，包括政治上的歧视、赋税上的歧视，等等，直接激化了民族矛盾。当时，蒙古人和色目人各约 100 万人，汉人约 1000 万人，南人约 6000 万人。民族矛盾激化以后，元朝的灭亡就是必由之路。

等级制度是落后的，元朝是脆弱的。

天 威 难 测

北宋时期到元朝末期，是气候变化比较频繁的时期。

北宋末期的寒冷气候，直接造成北宋末年的通货膨胀、货币贬值，财政更加困难。到蔡京执政后，开启货币改革，崇宁二年（1103年）开始发行当十钱和加锡钱，前者是同样重量的铜，增大面值；后者是在铸钱过程中掺入锡、铅，很显然属于弄虚作假的行为。这以后，开始发行没有保证金的钱引。这些货币的贬值行为，进一步推动通胀水平，加速了北宋的灭亡。北宋末期的寒冷气候一直延续整个12世纪。到13世纪初期开始，杭州的冬天又开始回暖。公元1200年、1213年、1216年和1220年，杭州没有冰和雪[①]。当时，北京的杏花是在清明开放，气温略低于20世纪70年代。

公元1221年，丘处机从北京出发去中亚见成吉思汗，曾路过新疆赛里木湖。他称之为"天池"。他说，湖的四周有山环抱，山上盖雪，影映湖中[②]。但是，20世纪70年代起，那些山峰上已无雪了。那些山峰高约3500米，说明当时雪域线在3500米以下。

20世纪70年代，天山这部分的雪域线位于3700～4200米，说明13世纪初期的雪域线大约比20世纪70年代低200米以上。这说明当时的气温比20世纪70年代低，但低的幅度有限，比今天的气温低得更多一些。

13世纪初、中期的相对温暖气候是短暂的，不久，冬季又严寒了。这一时期的气候转冷伴随的是南宋与元朝之间的战争，因为蒙古高原更容易受到寒冷气候的打击，带来南宋的灭亡。

元朝所处的气候周期，比南宋后期更恶劣。公元1309年，无锡一带运河结冰。公元1329年和1353年，太湖结冰数尺，橘树再次冻死[③]。在此期间，欧洲爆发了严重的黑死病，对欧洲社会形成严重的打击。

在元朝的中后期，气候继续转冷，自然灾害多发，蒙古高原草原退化，出现严重的蝗灾，大量蒙古人涌入中原，加重了对中原地区的掠夺，使中原地区的生存环境更加恶化，形成了烽烟四起的局面。

原本就脆弱的元朝，加上自然灾害，让元朝托拉斯倒闭了。朱元璋成为收拾残局的那个人，将顺从的妥懽帖睦尔赶回了漠北，即便有贤相脱脱也无济于事。

[①②③] 竺可桢. 中国近五千年来气候变迁的初步研究[J]. 考古学报，1972，(1)：15-38.

第五章

诚实与贪婪的战争（二）

明朝是强悍的朝代，虽然缺银少铜，但一样可以创造仁宣之治的繁荣。通过建立制度、文化和经济效率的优势进行竞争，明朝让欧洲人在遥远的美洲所开采的白银乖乖地经欧亚流入国内，建立了银本位货币制度并逼迫大英帝国只能无奈地选择金本位。

明朝虽然面临的是人类历史上2000多年来最寒冷的周期，却创造了让中国人自豪的经济繁荣——万历中兴。中国的民族资本主义萌芽由此产生。

清朝的闭关锁国是白银惹的祸，本章告诉读者答案。

清朝一样孕育着生机，现代金融和现代经济终于来到了中国。

北洋政府时期第一次诞生了具有现代意义的发钞行。

朱元璋的梦想

朱元璋经过不懈努力,剪灭了陈友谅、张士诚、方国珍,然后就是给元朝搬家。1368年,朱元璋将元朝的办公桌搬回漠北。同时,搬家公司改制,建立了明朝,朱元璋登上了盟主之位。

如果说赵匡胤的不幸在于宋朝气温不断下降,那么,朱元璋就更不乐观,他可能并不知道,他的子孙要面对的是中国五千年历史上最严寒的小冰期,而且明朝后期面临的是小冰期中最寒冷的阶段。

虽然同样出身底层,但刘邦的命更苦,因为他当皇帝时连四匹颜色相同的马都凑不齐。朱元璋虽然"出身"一栏填的是放牛或和尚,但登基的时候却不是穷人,登基之前就有了"印钞机"。

元朝末年,群雄并起,既然开门做生意,就要拉开架势,铸钱是重要的内容。因为他们也知道,元朝的纸币不得人心,所以,都有自己的货币发行,而且大都非常精美。

祖上务农出身的韩林儿在亳州称帝(1355年),国号大宋,史称韩宋,铸有龙凤通宝。

盐贩子张士诚据高邮,那是中国最富裕的地方,就是现在的苏南、上海和浙江等地区,号大周。既然是大地主,铸钱自然是需要的,而且不能随便将就,至正十三(1353年)年改元天佑,不顾众人反对,毁铜佛铸天佑通宝。最后,被朱元璋所俘,自缢而死。

布贩子徐寿辉铸天启、天定等钱币,虽然都是天字打头,可惜,老天爷并没关照徐寿辉,很快就被陈友谅干掉。

鱼贩子陈友谅杀徐寿辉后,称汉帝,改元大义,铸大义通宝。陈友谅还真是个人物,杀了自己的顶头上司徐寿辉,但敢于称自己"大义",真是不知廉耻。

无论务农的农民还是盐贩子、布贩子、鱼贩子,都是苦命人在寻求"致富之路"。

朱元璋在建国前称吴王时（公元1364—1367年），于应天府（今南京）就开始铸大中通宝。所以，建国起始，朱元璋就是大富豪。洪武元年（1368）又铸行洪武通宝（图5.1）。这一时期明朝以铜钱为主要的流通货币。不管怎么说，这时的朱元璋依旧是一个老实农民的本色，因为铸造的货币货真价实，童叟无欺。

洪武通宝

大明通行宝钞

图5.1　明朝大明通行宝钞与洪武通宝

（图片来源：中国网）

人们经常会说，人是会变的，即便朱元璋这样出身穷苦的人也不例外，或许是受到元朝顺帝的启发，洪武八年（1375年），朱元璋开始发行大明通行宝钞（图5.1），大明通行宝钞一贯值铜钱一千文，也就是一两银子。发行伊始，朱元璋就规定这种纸币就是不可兑换的，因为他压根就不设保证金，和宋徽宗、元顺帝一样，玩的是无本的买卖。

如果所有的大明通行宝钞持有者都找朱元璋兑换，估计大明公司需要立即申请破产保护。但还是建议别去，因为银子诚可贵，脑袋价更高，朱元璋的手段还是非常辛辣的。

用贵金属铸币是需要贵金属的，老老实实铸钱，赚不了多少钱，甚至还可能亏本，估计有身边的学究们向朱元璋提醒过吕雉女士铸钱的故事。现在朱元璋用纸印钞，这是一本万利的买卖，朱元璋最终实现了自己的梦想，从此以后再也不用为钱发愁了。

大明通行宝钞在开始流通的一段时期，币值还算相对稳定。有两个原因：首先，纸币的发行是逐步进行的，流通范围逐渐扩大，随着明朝在建立过程中，疆域不断扩展，进一步延伸了纸币的流通地域，这保证了纸币的币值稳定；其次，老朱是穷苦出身，估计也没多少生活品质的要求，开源节流做的很好。朱元璋的节俭，在历代皇帝中也堪称登峰造极。当了皇帝后，每天早饭，"只用蔬菜，外加一道豆腐"。他所用的床，并无金龙在上，"与中人之家卧榻无异"。他命工人给他造车子、轿子时，按规定应该用金子的地方，都用铜代替。朱元璋还在宫中命人开了一片荒来种菜吃。洪武三年（1370）正月的一天，朱元璋拿出一块被单给大臣们传示。大家一看，都是用小片丝绸拼接缝成的百纳单。朱元璋说："此制衣服所遗，用缉为被，犹胜遗弃也。"朱元璋如此节俭，宫中皇后、嫔妃一众人等也一定节俭，朝中王公贵戚和文武大臣也会节俭。节约的同时，朱元璋努力恢复生产，增加收入，贯彻增收节支的措施。这是大明通行宝钞币值稳定的第二个原因。

朱元璋在1398年6月24日（洪武三十一年）去世，在此以前，大明通行宝钞已经开始贬值。纸本位货币是不可能长期保值的。在朱元璋去世之后，贬值更快，终归像朱元璋这样勤俭持家的皇帝是少见的。

此时距元朝不过几十年，人们对元顺帝时期发行的至正钞尚记忆犹新，人民群众的眼睛也是雪亮的，这种纸钞是靠不住的。但朱元璋更有办法，为了推行纸钞，在大明通行宝钞发行之日，即开始严禁以金银和实物进行交易。至洪武二十七年（1394），连自己发行的铜钱也一并收缴禁用，所有政府的运作和税收一律使用宝钞。

朱元璋心中一定在说，市场中没有其他货币，你们总得用大明通行宝钞交易了吧。

朱元璋使用武力一统天下，也试图使用纸币一统江湖！

经济规律是无法违背的，虽然朱元璋用纸币在法律的含义上一统了江湖，但阻挡不住纸币的贬值。到1449年，一贯钞仅值铜钱一文，贬值了99.9％。与此同时，白银却在民间交易中，不顾国家的各种限制，不断地流通，形成了双货币的事实。

这期间，也是明朝吏治最清明的时期，说实话，不清明也不行，朱元璋对待贪官污吏的辛辣手段，敢于尝试的人不多。可参见"空印案"和"郭桓案"，即便朱元璋去世之后，估计余威尚在。

大明公司是用大明通行宝钞和实物（粮食）按一定的比例给公务员发工资的，估计公务员们领到大明通行宝钞薪水之后，第一件事就是跑步换成银子，而且不能跑错了地方，因为官方不承揽这项兑换业务，只能到街头小贩那里。而街头小贩们收到大明通行宝钞之后，用于交付大明公司的税收。

梦想终归是梦想，没有任何保证金的大明通行宝钞终归抵不了真金白银。

另眼看仁宣

1375 年到 1394 年，铜钱与大明通行宝钞都属于明朝的本位货币。但大明通行宝钞贬值，到 1390 年，大明通行宝钞相对铜钱已经贬值了 3/4 即 75%；到 1395 年，贬值了 90%。20 年的时间，大明通行宝钞贬值到了原值的 1/10，一贯只等于铜钱 100 文。大明通行宝钞的流通与发行就出现了阻滞。

现代人很熟悉格雷欣法则，即劣币驱逐良币法则，在实行金银复本位制条件下，金银有一定的兑换比率，当金银的市场比价（市场价格）与法定比价（官方定价）不一致时，市场比价比法定比价高的金属货币（良币）将逐渐减少，而市场比价比法定比价低的金属货币（劣币）将逐渐增加，形成良币退藏、劣币充斥的现象。例如，金银币比价为 1:15，当黄金升值时，金币就会被收藏，银币流通量和流通速度就会增长；反之亦然。

当市场中流通两种货币时，其中一种独自贬值（属于劣币），导致两者之间的法定比价被破坏时，这种劣币就会不被市场接受，体现出良币驱逐劣币的法则，即反格雷欣法则。

我不知道朱元璋算几年级毕业（属于自学成才），但很显然他真正读懂了格雷欣法则，虽然那时格雷欣爵士尚未出生。

在宝钞发行的初始时期，因为贬值不明显，可以和铜钱并行（具有劣币驱逐良币的效应）；但是，当宝钞贬值严重的时候，实际价值不断远离面值（也就是不断贬值，脱离了法定价值），流通就出现阻滞（要么不被接受，要么加大贬值幅度），显现出良币驱逐劣币的效应，朱元璋的算盘就打不响了。

所以，朱元璋开始动用自己的权力，1394 年，收缴铜钱，禁止铜钱流通，防止宝钞被彻底驱逐。

朱元璋的金融学学得很好，铜钱被收缴以后，所有商品市场的交易份额都属于宝钞所有，宝钞的币制就可以稳定甚至升值。当市场中没有其他货币的时候，只能被动接受宝钞。朱元璋先生以为算盘仍可以打得很响，但他应该是忘记了，铜钱可以收缴，大米不能收缴，如果宝钞继续滥发下去，大米也可以驱逐宝钞，这是经济规律。

朱元璋等不到大米驱逐宝钞的日子了，1398年6月24日，驾崩于应天皇宫。

同年，建文帝朱允炆即位。本来，老皇帝仙去，小皇帝登基也是正常的事，但问题就在于驻守边境的叔叔们实力太强大，每天喊打喊杀，建文帝食不甘味、睡不安寝，开启削藩。而朱棣更不平衡，辛辛苦苦给老爹守边疆也就算了，现在给侄子守边疆，功劳卓著不但没有奖赏，没有皇位，还可能掉脑袋。

只有一个结果，重启战火。

持续三年的靖难之役之后，朱棣登上了盟主之位。

战争带来巨大的消耗，从来就是货币信用的坟墓，宝钞只能加速贬值。到1407年，宝钞贬值到了原值的3/250，一贯等于铜钱12文。

1405年7月，郑和第一次率队下西洋。在下西洋之初，明政府大量使用宝钞作为交换货币，但伴随着宝钞贬值，外国使团不再收取宝钞作为官方交换物。这也证明，宝钞在永乐年间贬值得非常明显，达到了拒收的地步。明政府不得不在1408年开铸永乐通宝，且做工精良。同年，明政府以强硬的姿态再次申明严禁金银交易，"犯者准奸恶论"。

这时，明朝政策分明，在对外贸易（官方垄断对外贸易）中准许使用铜钱，而对内则严加禁止。所以，晚清慈禧女士的那句名言"宁与洋人，不与家奴"也算传统。

宝钞购买力持续下降，铜钱持续外流，国内经济生活中信用缺位，商品市场上已经没有了明朝政府承认的信用载体。

明仁宗于1424年即位，继续跟着他的爷爷学习金融学。

虽然明仁宗在位时间仅有一年，却对明朝的历史做出了巨大的贡献。他看到了阻滞明朝经济的根本问题——信用短缺！

信用短缺带来严重的恶果。当市场没有信用的时候，无论你从事的是什么产业，都不愿意进行交易，比如说农民，你愿意将多余的粮食出售吗？（需要纳税的时候除外，这是没办法的事情。）肯定不愿意，因为换回的宝钞就像每天都在撒气的皮球，时刻都在贬值，即便你睡觉做梦，它贬值的脚步也绝不停顿。同样，其他行业也面临一样的困境。所以，这样的情形下不可能有商品经济的繁荣。

因此，明仁宗即位之初就开始整顿宝钞不断贬值的积弊，采取的措施就是通货紧缩。其原理来自他的爷爷朱元璋先生，既然爷爷可以收缴铜钱，通过减少市场中流通的货币数量来提振宝钞的币值，那自然就可以销毁部分烂钞，也一样可以提升宝钞的币值。所以，明仁宗时期，在一些道路、关津处，设立关卡，对来往商人征收纸钞，以强令纸钞流通和增加日益困乏的国家财政收入，允许有钞之家用钞购盐（在那时，盐是政府控制的物资），将旧钞根据情况折收，烂钞全部焚毁。折收旧钞和销毁烂钞是典型的货币紧缩措施，而准许用钞购盐则提升了宝钞的信用度。

明宣宗于1425年登基之后，跟着他的曾祖父和父亲读同一本金融学，而且还能活学活用。宣德三年（1428年），停止印造新钞，已造的收库，不准发放，旧钞选择好的用于赏赐，烂钞一律销毁。从新钞发行和旧钞回收两方面入手，减少宝钞的流通量，尽力保持宝钞的信用。

既然宝钞贬值，那就给市场找个价值标尺，所以明宣宗进一步活学活用，放松布帛的交易之禁，布帛成为货币。虽然依旧严禁金银作为交易媒介，但明朝的商品市场终于告别了没有信用的时代。

虽然这一系列措施并没能维持宝钞的地位，民间不愿用宝钞进行交易，大部分转向实物，实物在民间交易中占据大约75%的份额，其中以绢布类最多，宝钞所占交易份额大约为22.5%，但市场中的信用不再缺位，宝钞的信用得到相对稳定，实物也具备了完整的信用功能[①]。信用的建立让明朝的经济实现了恢复和发展，这就是仁宣之治的繁荣。

这也验证了一个原理，一个长期贬值的纸币，持有人的信心不断丧失，即便短期提振也无法挽救其灭亡的进程，最终的结局就是被市

---

① 万明. 明代白银货币化的初步考察 [J]. 中国经济史研究，2003，(2)：39—51.

场（良币）驱逐，宣宗时期，市场交易份额主要被布帛所占据，就是必然的结果。

信用是社会的基石，也是经济发展的基石。

白银本位的建立

一个勇敢的人

明朝从开国到仁宣时期形成了两个货币循环，第一是官方的大明通行宝钞系统；第二就是民间的贵金属货币流通系统，虽然从朱元璋、朱棣到朱瞻基，都在禁止贵金属流通，但民间一直无法禁绝。

1432年，明廷公认的是100贯宝钞相当于一两白银，相对白银，宝钞已贬值到原值的1/100。1448年，监察御史蔡愈济上奏，虽然朝廷以宝钞作为合法货币，但是北京市场仍以铜钱交易，而且每贯钞仅折铜钱二文。到1449年，一贯钞仅值铜钱一文，钞与钱相比，宝钞贬值到了原值的1/1000。1488年，明廷公认钞1贯折银0.003两，也只相当于原来价值的1/333。纸钞实际上已经完全丧失了信用。

随着明英宗继位，正统元年，赋税开始征银，表明明朝以纸钞为唯一法定货币的一切努力失败。到天顺年间又正式开放了钱禁，承认铜钱进入流通。正统元年（1436）至嘉靖（1521—1567年在位）后期为银（白银）、钱（铜钱）、钞（大明通行宝钞）三币兼用时期。

朱祁镇在大家眼里是一个很窝囊的皇帝，宠信太监王振，当过也先的俘虏，好容易回到北京，又被自己的弟弟关在南宫，吃了7年的牢狱饭。但是，从另外一个方面来看，又是一个有勇气的人，主要表现在以下两方面：

朱元璋和他儿子朱老四，都很神武，也很残忍，那就是陪葬制度，皇帝死后让嫔妃陪葬，一直到仁、宣两位皇帝依旧如此。这一制度无疑是非常野蛮的。正是从朱祁镇开始，废除了这一陪葬制度，这是文明的进步。

同时，这位朱祁镇先生在正统年间（1436—1449年）开放银禁，在天顺年间（1457—1464年）又开放钱禁，解决了一直困扰明朝经济的信用短缺问题。过去，无论白银还是铜钱，虽然在民间悄悄使用，但都是非法的，而大明通行宝钞不断贬值，市场上没有官方法律认可的信用媒介，虽然明宣宗开放了布帛交易，但更近似于以物易物的形态。从开放银禁和钱禁以后，明朝的经济才走向正轨，市场真正有了信用媒介。

朱祁镇的错误被历史牢记了，而所做的贡献，被历史忽略了。

明朝的贵金属困局

到这时，很多人都会有疑问，朱元璋、朱棣、朱高炽、朱瞻基都是有谋略、有胆识的皇帝，为何一定要绑在纸币上，难道就不能像宋朝一样，使用白银或铜钱作为本位货币？

朱元璋虽然是自学成才，但金融学的水平未必比我们低，当时之所以以纸币为本位货币，主要原因是明朝在当时处于比较尴尬的境地。白银和铜的产量严重不足。

因为宋朝的铜钱太牛了，是很多国家的硬通货，宋朝和元朝之后，大量流通到周边国家，造成铜的严重流失，经过长期的开采以后，到明朝，铜已经出现短缺。明朝"坑冶之利，比前代不及十之一二，间或有之，随取随竭"。铜矿生产既然有限，明朝初期，明廷只得"令私铸钱作废铜送官，偿以钱。是时有司责民出铜，民毁器皿输官，颇以为苦"。由于铜的缺乏，明代铜价昂贵，从而铸钱成本特别高，故铸钱数量甚小。根据洪武二十六年（1393）的则例，当时除南京外，全国各地的炉座，一年共可铸钱约 19 万贯[1]。这和北宋中后期每年约铸钱 600 万贯的数字比较起来，约只为后者的 3.17%。不仅如此，即便 19 万贯左右的铸钱量，也无法年年保证，时常停铸。钱的铸造数量已经远远不能满足当时的市场需求。

在永乐时期，就一直禁止铜钱在国内流通，一直到 1465 年，明朝才解除了用铜钱交易之禁，因为官方长期禁止铜钱在国内流通，加上铜钱在海外贸易中不断流失，铜钱价格相对白银偏高，虽然铜钱解禁的政策让铜钱有了后发制人之势，但好景不长，因为铜银的价格差，

---

[1] 全汉昇. 宋明间白银购买力的变化及其原因[J]. 新亚学报，1967，(8.1)：157—186.

民间对铜钱的猖獗私铸，将铜钱置于尴尬之地。私铸铜钱的利润可达100%~200%，这足以让人们以身试法。香港中文大学历史系张瑞威在其《劣币与良币：论明宪宗一朝的货币政策》中讲过这样一个故事，当时，顺天府大兴县民何通上书，指出铜钱的贬值最令小民受苦："看得先年每银一两（注：相当于10钱），准使铜钱八百文，以此钱贵米贱，军民安业。近年以来，不料外处伪造铜钱与贩来京，在卫货买行使，每银一钱，准使一百三十文……近于十二月以来，街市选拣，铜钱阻滞不行，米价愈加增贵。"

从每两白银值800文到值1300文铜钱，铜钱币值大跌，不仅老百姓深受影响，明政府也为库房中由折税赋缴纳上来的大量积存的铜钱发愁。成化十一年，政府甚至将这些铜钱折发给未领到俸米的官员。

铜钱币值的剧烈波动，加上铜的产量严重不足，虽解禁，却难以充当法定货币的功能。

白银价格稳定，看起来白银登基的条件已经具备，但还有一个严重的问题：中国是一个白银匮乏的国家。

因为铜钱的不断流失，白银需求放大，造成白银价格持续上升。根据全汉昇先生的研究，以米价为基准，明代白银购买力是宋代的两倍；以黄金为基准，北宋中叶以前，金银比价低至1∶6.3，北宋末期，金银比价达到1∶14.5，南宋时期，金银比价大约在1∶12~1∶13，元朝的金银比价一般在1∶10。1600年以前，明朝的金银比价大约在1∶4~1∶8，大部分时间在1∶6上下小幅波动。所以，从宋朝到明朝，白银价格相对黄金有很大幅度的上升。

白银价格的上升反映了白银匮乏的局面，明代的白银产量很低，而且逐渐萎缩。

明朝矿业开采属于私营，政府按一定的比例抽份（课税）。由表5.1可知，太宗朝至宣宗朝是明朝银课收入最多的时期，年均银课收入在20万两以上；英宗朝以后，银课收入显著减少；孝宗朝至武宗朝，呈现直线下降趋势，年均银课收入仅仅分别为5万多两和3万多两。这说明明朝银矿开采的白银数量严重不足，不能满足当时对白银日益增长的巨大需求。

表 5.1　明朝白银矿产课税情况[①]

朝代	银课收入（两）
太祖朝	75070
太宗朝	4934898
仁宗朝	212864
宣宗朝	2308058
英宗朝	930833
宪宗朝	1424020
孝宗朝	983312
武宗朝	526720
总计	11395775

虽然处境艰难，但明朝的前四位皇帝在货币管理上都是极不称职的，这时的明朝应该采取的是多元货币体系，以金银铜为主币，以帛或者纸币为辅币。从朱瞻基开放实物交易开始，明朝的货币体系才逐渐走向正轨。

明英宗朱祁镇在天顺年间开放钱禁以后，原则上银、钱、钞都是国家准许使用的货币。但实际上，宝钞依白银、铜钱定价，这时国家的主币已经转换成白银和铜钱，宝钞处于辅币的地位。宝钞已贬值到近似无法使用的地步，只是因为国家仍然大量用来赏赐和购买，并且坚持实行在纸钞时期规定的各种耗钞政策（比如在关卡征收纸钞），才得以保留货币地位。在货币流通中真正起作用的是近于一种白银、铜钱平行本位制（白银、铜钱均为平等的法定货币），但此时私铸铜钱日益增多，造成铜钱币值的混乱与波动，市场份额逐步下降，而白银的使用呈现稳定发展的趋势。

农民用银交税逐步普遍，官吏的工资中，银子的比例也在增加。成化二十一年（1485 年），工匠需缴纳银子才能代替徭役，这就是班匠输银制度。

---

① 陈昆. 宝钞崩坏、白银需求与海外白银流入——对明代白银货币化的考察［EB/OL］.（2012－08－21）［2014－06－08］. http：//economy.guoxue.com/? p＝7221.

据有些专家的研究，这一时期的交易中，银子占据了70%左右的份额，白银的货币化正在逐渐形成。

到嘉靖时期，随着铜钱的盗铸和官方的滥铸，币值不断波动，在市场信用媒介中的作用不断下降，至嘉靖四十三年（1564年）终于停止了大规模铸钱。国家征税几乎全部用白银，政府的支付行为中，白银和铜钱兼有。

这一时期，明朝的金银比价依旧在1∶6上下波动，说明明朝的白银数量依旧不足，如果立即使用白银本位制，很可能造成通货紧缩。

白银流入——贸易顺差

中国自古就不是白银丰富的国家，建立白银本位制，注定离不开白银流入，只有白银丰富以后，才是正式确立银本位的时机。最终有两种方式实现了白银流入，第一种是贸易顺差，第二种是资本套利。

现在，我们把眼界放得开阔一些。中国至少从宋朝以来，一直是世界经济最发达的国家，商品优势决定了中国有能力形成持续的贸易顺差，使世界的白银持续流入中国。有三点原因加速了这种白银流入的进程：第一是对外贸易的加速发展，特别是明穆宗开放海禁之后；第二是美洲白银大开发；第三是中国—欧洲和中国—马尼拉—美洲航线的开辟。

1492年至1502年，哥伦布四次横渡大西洋的航行，打开了欧洲向美洲新大陆移民的通道，1545年开始美洲白银大开发，标志是秘鲁的波托西银矿（今属玻利维亚）和墨西哥萨卡特卡斯银矿相继被发现和开采，致使白银大量流入欧洲，进一步推动了欧洲的价格革命，形成美洲和欧洲的通货膨胀，中国商品的规模优势和国际竞争力进一步提升，形成白银持续的流入。

中国自明代中期以来开始逐渐成为世界经济的中心，这依赖于中国强大的商品制造能力和生产出来的丰富商品。中国商品拥有通过千百年历史积累、发展起来的精湛工艺，质量优良。当时，基于宋代出现很多科技发明，到明朝，许多日用品生产技术为中国所专有，占据了有利的市场垄断地位。就纺织品生产而言，中国是麻类纤维原产地，千余年间积累了丰富的生产技术，对麻缕"半浸半晒"、硫磺熏蒸等漂白技术均居当时世界领先水平。中国生丝制作的产品经得起海风吹拂而不变色，欧洲丝绸产品的款式、织法、图案设计、印染工艺无不受到中国的影响和启迪，更有甚者，英国直到1690年以后才织出质量较好的亚麻布。

明代中期，中国商品如生丝、丝织品、瓷器、茶叶、棉布、砂糖、粮食、药材等，在国际市场上享有很高的声誉，具有很强的竞争力。1629年（崇祯二年），荷兰人讷茨在给其国王的一份报告书中说："中国是一个物产丰富的国家，它能够把某些商品大量供应全世界。"特别是中国丝货，外国商人更是赞叹不绝，"从中国运来的各种丝货，以白色最受欢迎，其白如雪，欧洲没有一种产品能比得上中国的丝货"。根据史料，16世纪至18世纪，中国向全世界出口的商品约有236种之多，其中手工业品有137种，占总数的一半以上。其中生丝、丝织品出口最多，其次是瓷器和茶叶等①。

除了质量优异之外，明代中国商品的价格优势也很突出。一方面由于中国劳动力资源丰富，劳动力成本低廉；另一方面，由于宋朝和明朝之间中国经济发展迅猛，特别是宋朝，致使白银需求增长一直快于供给增长，白银的价格不断上升，明代白银购买力相当于宋朝的两倍。简单来说，就是明朝的中前期，白银很贵，对应的就是商品价格很便宜。而恰在此时，由于美洲白银大开发，白银产量上涨，这些白银大量进入欧洲，进一步推动了欧洲的物价，欧美持续了约一个世纪之久的通货膨胀。西班牙、葡萄牙的物价从16世纪30年代到17世纪普遍上涨3倍左右，英国、法国、德国物价从16世纪中期到17世纪上涨两倍以上，大大削弱了欧洲各国商品的市场竞争力。相对于欧洲各国，中国商品以白银表示的相对价格极为低廉，在国际市场上具有极大的价格优势。比如铜、铁制品，在菲律宾市场上，中国铁钉价格为西班牙产品的1/4；再比如生丝，1621年荷兰东印度公司以每磅4盾的价格采购一批台湾生丝，运到欧洲市场后售价为每磅16.8盾，毛利

---

① 陈昆．明代中后期世界白银为何大量流入中国［EB/OL］．（2010—10—09）［2014—06—08］．http：//economy.guoxue.com/?p=7414．

率达 320%[①]。

国际贸易离不开海运航线的开辟，恰好在明朝中后期，中国—美洲和中国—欧洲的海运航线开通了，为明朝商品驰骋世界创造了必要条件。

1565年（明嘉靖四十四年），西班牙海军舰队自墨西哥出征菲律宾；1571年建立马尼拉殖民首府；1585年设都护府，归新西班牙总督区（今墨西哥、中美洲、加勒比地区）管辖。1565年，圣巴勃罗号帆船从菲律宾返航美洲，墨西哥与菲律宾之间的往返航线从此开通。1574年（万历二年），两艘马尼拉大商帆满载中国丝绸、棉布、瓷器等货物驶向墨西哥阿卡普尔科，著名的马尼拉大商帆贸易正式投入运营。从此，开通了中国—马尼拉—美洲贸易航线。当时商船的排水量一般为1500～2000吨，据中国学者罗荣渠统计，马尼拉年均进港中国商船数目为：16世纪80年代，24.5艘；16世纪90年代，23.5艘；17世纪最初10年，年均26.6艘；17世纪10年代，年均36艘；17世纪20年代，年均13.7艘；17世纪30年代，年均28.7艘；17世纪40年代，年均15.3艘。

中欧航线，始于明武宗正德十二年（1517年），葡王曼努埃尔一世遣使臣托梅·佩雷斯抵达广州，尚在马尼拉开埠之先。葡萄牙人起初主要用印度洋、东南亚地区货物交换中国货物，中国市场上欧洲货物需求微乎其微，输入葡萄牙本土消费的中国货物数量也不甚多。随着中国货物在欧洲销路日广，葡萄牙人逐渐改用现金采购中国货物。1582年（万历十年）后基本全部以白银结算，中国海关向葡萄牙商船征税也均以白银计值。后来，荷兰、英国等国商人亦跻身对华直接贸易，里斯本—好望角—果阿—马六甲—澳门贸易航线的西端从里斯本扩散到了多处欧洲港口，但东端一直集中在澳门。

对华贸易的兴盛，使太平洋贸易量一度超越大西洋贸易量，从贸易投资方向可见一斑。1618—1621年间，美洲投入对欧贸易资金为150万比索，而对东方贸易资金为165万比索。

[①] 陈昆. 明代中后期世界白银为何大量流入中国［EB/OL］.（2010－10－09）［2014－06－08］. http://economy.guoxue.com/? p=7414.

质优价廉的中国商品，通过中国—马尼拉—美洲航线和中欧航线，源源不断地流入美洲和欧洲，在与欧洲、美洲各地商品的较量中势如破竹。输入马尼拉的中国货物有生丝、丝织品、天鹅绒、绫绢、绸缎、棉布、麻织品、珠宝、工艺品、钢铁锡铅制品、硝石、火药等，其中纺织品为大宗商品，由于美洲市场需求很大，中国丝织品和棉织品很快跃居马尼拉大商帆输往美洲货物榜首，并一直保持到大商帆贸易的终结。直至18世纪末，中国丝绸等商品仍占墨西哥进口总值的63%①。

中国纺织品涌入菲律宾，当地土著"不复种棉织布……忘记了纺纱织布的传统工艺技术"。在拉丁美洲，中国商品使得西班牙商品销量到17世纪初下降了一半以上。在当时欧美人笔下，墨西哥"土著居民逐渐停止纺织"，"西班牙所有的丝织工场全部毁灭了"，"中国的麻织品为印第安人和黑人所渴求，一旦中国产品短缺，尽管欧洲产品充斥市场，他们也绝不问津"，"中国丝织品以它低廉的售价、独具特色的技艺和装饰上的魅力，对欧洲市场构成一种挑战"，等等，诸如此类的记载比比皆是。法国一些丝织品厂商为扩大销路，甚至不得不给自己的产品印上"中国制造"字样②（也属于假冒伪劣）。由于西欧各国商品难以与价廉物美的中国货竞争，西班牙人、葡萄牙人和后来跻身对华贸易的荷兰人、英国人都不得不支付巨额白银购买中国商品。

中国商品的质量优势和价格优势，为中国带来了持续的贸易顺差，弗兰克在他的著作《白银资本——重视经济全球化中的东方》中认为，有四个地区长期保持着商品贸易逆差，它们是美洲、日本、非洲和欧洲。美洲和日本靠出口白银来弥补它们的贸易逆差，而非洲则靠出口黄金和奴隶弥补贸易逆差。因此，这三个地区都能够生产世界经济中的其他地方所需要的"商品"。与此形成对照的是，欧洲几乎不能生产任何可供出口的商品来弥补其长期贸易赤字。于是，欧洲只能靠"经营"其他三个贸易逆差地区的出口来过日子，为了平衡中国似乎永久

---

① 陈昆. 明代中后期世界白银为何大量流入中国 [EB/OL]. (2010-10-09) [2014-06-08]. http://economy.guoxue.com/? p=7414.

② 张铠. 晚明中国市场与世界市场 [J]. 中国史研究, 1988, (3): 3-15.

保持着的顺差，世界白银通过贸易渠道源源不断地流向明朝①。

这个时期，日本的银产量也急剧增加。16世纪中，随着东西方航路的开辟，西班牙、葡萄牙等殖民主义者先后来到亚洲。葡萄牙首先占领印度西岸的果亚，之后占据了中国的澳门，然后便大规模展开果亚—澳门—日本长崎之间的三点贸易。葡萄牙人由澳门运走的商品基本是中国内地的手工业品，其中以生丝为最多，自果亚运往澳门的则以从欧洲转来的美洲白银为主。曾于16世纪末访问印度的一位英国旅游家说，每年有约20万葡元的白银因此运往澳门，以购买广州的中国货物。澳门与日本的贸易亦以购买中国商品换取日本白银为主。据有关学者估计，在16世纪最后25年内，自长崎运往澳门的银子，每年为五六十万两，到了17世纪前30年，每年为100余万两，更多时达到二三百万两。这些银子大部分流入中国。西班牙人在16世纪占领菲律宾，一方面距本国太远，需用大量中国商品，同时转运物美价廉的中国商品到美洲又有巨利可图，遂大力展开对华贸易。在16世纪末叶，每年由菲律宾输入中国的美洲白银已超过100万西班牙元，至17世纪前期更增至200余万西班牙元。

明朝产品的质优价廉、美洲航线和欧洲航线的开辟、美洲白银大开发和日本的白银加速开发，明朝实现持续的贸易顺差，白银源源不断地流入中国。

这是明朝白银积累的第一个渠道。

白银流入——资本套利

明朝白银积累的另外一个渠道是中国和欧洲、日本之间存在的白银套利行为。

在明朝正在向银本位制度迈进之时，欧洲正在执行金银复本位制度，也就是金银同时作为货币流通。以英国为例，最初的货币单位是"磅"，和中国秦汉时期的秦半两、汉半两一样，都属于重量单位。1磅指的是1磅白银，1磅 = 453.59237克。可以看到这个数量单位太大了，还需要更小的单位。旧英制下的换算关系是：1磅白银 = 20先令 = 240

---

① 陈昆．明代中后期世界白银为何大量流入中国 [EB/OL]．(2010−10−09) [2014−06−08]．http://economy.guoxue.com/? p=7414．

便士。先令（shilling）是一种金币，起源非常早，可以追溯到罗马帝国时代的苏勒德斯币，便士（pence）是小额银币。1694 年，英格兰银行开始发行纸币——英镑，于是，作为重量单位的"英磅"逐渐演变成了世人所熟知的货币单位"英镑"。

中国因为宋、明经济持续发展的原因和白银作为本位货币的起步阶段，加上自产不足，白银的价格持续偏高。通过不同时期和不同地区的金银比价，可以看出白银价格的差别，如表 5.2 和表 5.3 所列。

表 5.2 明朝中前期的金银比价表 ①

年代	金银比价	年代	金银比价
1375 年	1∶4	1385 年	1∶5
1395 年	1∶5	1397 年	1∶5
1407 年	1∶5	1413 年	1∶7.5
1426 年	1∶4	1481 年	1∶7

表 5.3 1534—1635 年间中外金银比价表 ②

年代	中国	日本	印度	英国	西班牙
1534	1∶6.36	—	—	1∶11.50	1∶12
1568	1∶6.00	—	—	1∶11.50	1∶12.12
1571	—	1∶7.37	—	1∶11.50	1∶12.12
1572	1∶8.00	—	—	1∶11.50	1∶12.12
1575	—	1∶10.34	—	1∶11.50	1∶12.12
1580	1∶5.50	—	—	1∶11.70	1∶12.12
1588	—	1∶9.15	—	1∶11.70	1∶12.12
1589	—	1∶11.06	—	1∶11.70	1∶12.12
1592	1∶5.50～1∶7.00	1∶10.00	1∶9.00	1∶11.80	1∶12.12
1596	1∶7.50	—	—	1∶11.90	1∶12.12
1604	1∶6.60～1∶7.00	1∶10.99	—	1∶11.90	1∶12.12
1609	—	1∶12.19	—	1∶12.00	1∶13.13
1615	—	1∶11.38	—	1∶12.00	1∶13.13
1620	1∶8.00	1∶13.05	—	1∶12.50	1∶13.13
1622	1∶8.00	1∶14.00	—	1∶12.50	1∶13.13
1635	1∶10	—	—	1∶13.00	1∶13.13

---

① 全汉昇．宋明间白银购买力的变化及其原因 [J]．新亚学报，1967，(8.1)：157-186．
② 陈昆．明代中后期世界白银为何大量流入中国 [EB/OL]．(2010-10-09) [2014-06-08]．http://economy.guoxue.com/? p=7414．

从表 5.2 可以明显地看到，相对黄金来说，中国的白银价格在明朝的中前期一直很高。从表 5.3 可以看到，明朝白银价格一直高于欧洲与日本，存在套利空间。商人只要将欧洲和日本的白银（银元）运到中国，然后在中国换成黄金运回去，就可以实现暴利。

欧洲和日本的白银，通过套利的方式持续流入中国，反映了经济内在的本质。白银在当时属于国际资本，哪一国经济效率更高，商品的国际竞争力更强，资本就会流入。明朝白银更贵，表明明朝具有更高的经济效率和商品国际竞争力，用今天的话来说，就是资本投资回报率更高，这是中外白银存在套利空间的内在含义。

这是数据给出的论据。

在传教士的记载中，证据更加明显。葡萄牙耶稣会士曾德昭，1613 年到达中国南京，1636 年返回欧洲，在旅途中完成的《大中国志》中写道："中国大部分最好的商品都由此处（指广州）运往各地，因为它是中国最开放和最自由的交易地点。且不说 6 个邻国的商人和异邦人运走的各种货物，仅葡萄牙运往印度、日本和马尼拉的货物，每年约有 5300 箱各类丝绸，每箱装有 100 匹真丝和各色绸缎，还有 250 块金子，及每块重 12 盎司的 2200 块金锭①……"

这里的记载直接说明外国商船在运走中国商品的同时，还将白银（银币）运到中国换成黄金运回日本和欧洲实现套利。

1567 年，明穆宗开放海禁之后，这种白银的贸易流入和套利流入开始加速，中国的白银开始丰富，中国确立银本位制度的条件具备了。

明穆宗所做的另一件事情是中止大明通行宝钞的发行，朱元璋的梦想彻底破碎了。

隆庆元年（1567 年），明穆宗朱载垕颁令："凡买卖货物，值银一钱以上者，银钱兼使；一钱以下只许用钱。"铜钱在与白银的较量中落入了辅币的地位，这条诏令使得一直以来困扰明朝经济的信用问题彻底解决。1581 年，张居正实施《一条鞭法》，要求税收用白银缴纳，这标志着银本位确立，白银在中国登基。

中国银本位的建立，是基于海运发展之后，中国商品在国际上不

---

① 曾德昭. 何高济译. 大中国志 [M]. 北京：商务印书馆，2012.

断攻城掠地的结果。因此，没有经济的繁荣和商品的国际竞争优势，就没有银本位。350多年后，中国经济衰落，商品的国际竞争力下降，银本位被摧毁。

隆万中兴

《道德经》中说："重为轻根，静为躁君。是以圣人终日行不离辎重，虽有荣观，燕处超然。奈何万乘之主而以身轻天下？轻则失根，躁则失君。"

本人理解的意思是：厚重是轻率的根本，静定是躁动的主宰。因此，君子终日行走，不离开载装行李的车辆，虽然有美食胜景吸引着他，却能安然处之。为什么大国的君主还要以轻率躁动治天下呢？轻率就会失去根本，急躁就会丧失主导。

对于一个国家来说，最厚重的根本是民。明穆宗解决"南倭北虏"的着眼点是安定民众的生活，国家自然太平；万历时期的张居正改革，最重要的一点是"固邦本"，而这里的"固邦本"说的就是让人民富余，有安定的生活。

民是国家的根本，有安居乐业的民众就有国家的长治久安。同时，经济不断发展才能保证稳定的边防和健康的财政。

具有充分信用的货币，代表的是执政者对臣民的信用，是实现国家稳定的最基本要素；具有充分信用的货币，还是实现经济繁荣的基础（通货膨胀永远都是摧毁经济和国家财政的第一杀手）。因此，货币的信用是一个国家强与弱、稳定与衰落的外在表现。缺银少铜，无论白银或铜均无法独自承担主要通货职责，而大明通行宝钞不断贬值，这就是明朝面临的难题。当一个国家体制先进、信用牢固时，人民的聪明才智可以创造历史，即便这时面临中国历史上最险恶的气候形势——明清小冰期的最寒冷阶段，也一样可以创造繁荣。

隆万时期，是明朝文化、经济最繁荣的时代，这点到今天已经毫无疑问。隆庆时期到万历中期以前，是边防最稳定的时代，海疆无忧，西北边防稳如泰山，甚至超过明朝前期的太祖和太宗时期。百姓富裕，财政充实。可开创这一时代的两父子，并不像朱元璋和朱老四那样神威神武，也不像嘉靖皇帝那么聪明。据说嘉靖皇帝批阅奏章的速度非常之快，如果在今天，智商指数估计会超过120。可就是这两位看似不起眼甚至有些柔弱的皇帝，却开启了明朝的顶峰时刻，这有着深刻的内在原因：第一是体制的威力，第二是遵循了自然的法则。

国家的竞争力就是这个国家体制的竞争力。宋朝以太祖誓约的方式，实现了皇权、相权和督察权力的相互制约，这是宋朝名臣层出不穷的原因，也是文化、经济繁荣的基础。而明朝，权力的互相制约开始呈现制度化的趋势，最典型的是朱元璋和巡城御史周观政的故事，在制度面前，谁也不能越红线，包括朱元璋自己。这套督察权对皇权、相权的制约制度贯穿明朝始终，保证了明朝的良性运转。隆万时期，有意或无意中放大了督察权和相权，特别是明穆宗，放手让臣子们发挥，使得相权和督察权力在隆万时期达到顶峰，对权力的制约更加均衡。

同时，顺应社会的需求和百姓的生存需要，遵循"道法自然"的原则，特别是在处理"南倭北虏"这一明帝国最大困局的问题上体现得最为明显。

南倭北虏

1552年，16岁的朱载垕就藩裕王。在裕王邸独立生活的13年中，使朱载垕较多地接触到社会生活各方面，了解到明王朝的各种矛盾和危机，特别是严嵩专政、朝纲颓废、官吏腐败、"南倭北虏"之患、民不聊生之苦。本来他这辈子也就是个王爷了，可是他的两位长兄先后早死，他成为储君，最终即位为皇帝。

命中注定，皇位就是他的！

1566年即位后，首先，倚靠徐阶、高拱、陈以勤、张居正等大臣的鼎力相助，一改老爹时期的做法，实行革弊施新的政策。其次是平反冤狱，宣布"自正德十六年（1521年）以后，至嘉靖四十五年（1566年）十二月以前，'谏言得罪诸臣'存者召用，没者恤录"。意思是说，凡是过去40多年间因为给朝廷和皇帝提意见而受到迫害的大臣，活着的继续上岗，死去的发放抚恤金。其中就有海瑞光荣获释出狱，恢复官职。再次，老爹祈求"长生不老"而雇佣的一切人员全部驱逐（人都死了，把戏穿帮了），所有设施和仪式一律废止，因此而加派的赋税和采买行为一律停止。革新的措施包括"正士习，纠官邪，安民生，足国用"。意思就是整治吏治，安定民生，充实国库。最后，严格官吏考核，对廉政的官员给予奖励与提拔，对不称职的该抓的抓、该赶走的赶走。从这些行为来看，他怎么都不像一个文弱的皇帝，倒像一个雷厉风行、重振朝纲的主。

明穆宗一上台，器重贤臣，宵小自然就是末日。老爹嘉靖时期信任的方士王今、刘文斌等一律逮捕，下狱论死。重用的是那些敢于犯颜直谏的忠臣，例如海瑞，明穆宗不但没有追究海瑞不尊敬明世宗的大不敬之罪，反而释放了他，官复原职。

海瑞或许不是一个政治家，但是一面旗帜，代表的是廉洁、奉公、为民。

明穆宗即位时，面临最大的问题是"南倭北虏"，可以说，这个问题不解决，大明公司只能不断下滑，最终破产。南倭即是倭寇，在嘉靖时期，胡宗宪、谭纶、戚继光（图5.2）等人不断猛打，耗了国家无数的银子，依然无法根除倭患；北虏指的是北方边患。嘉靖二十九年（1550），蒙古土默特部俺答汗兵临京郊，明廷震恐，京师几乎沦陷，明朝君臣手足无措，武将怯战不前，文臣乞降贿敌，任由其劫掠9日，满载离去，史称"庚戌之变"，从此后，俺答汗不断进犯边境20多年。

图 5.2　戚继光雕像

明穆宗的一纸诏书，解决了南北两大问题。

隆庆元年（1567年），福建巡抚涂泽民上书明穆宗，"请开市舶，易私贩为公贩"（私贩指走私商，公贩指合法商人），明穆宗宣布废除海禁，调整海外贸易政策，允许民间私人远贩东西二洋，史称"隆庆开关"。

我们知道，整个明朝，倭寇都是东南沿海的大患，虽然1555—1566年十余年间，胡宗宪等人不断征伐，也将倭寇打得落花流水，边患减轻，但并不能完全消除，因为这些人，本就是流寇，采取你进我退的策略，一直为害东南。

可是，明穆宗开放海禁之后，倭寇之患彻底消失，这是什么原因呢？这需要先了解倭寇之患产生的原因。

倭寇一般指13世纪至16世纪期间，以日本为基地，活跃于朝鲜半岛及中国大陆沿岸的海上入侵者，曾经被归于海盗之类，但实际上其抢掠对象并不是船只，而是陆上城市。在倭寇最强盛之时，他们的活动范围曾远至东亚沿海各地、甚至是内陆地区。倭寇的组成并非仅限于日本海盗，只是由于这些海盗最初都来自日本（当时称为倭国），所以被统称为"倭寇"。到后期，由于日本国内政治形势转变，加上官府的管制，日本人出海抢掠的事件已经减少。取而代之的是来自其他地区的海商与海盗，他们依从过去倭寇抢掠的方式继续为祸于东海，也被归于倭寇之列。

《明史·日本传》记载："大抵真倭十之三。"朝鲜正史《世宗实录》（二十八年十月壬戌）亦记载："然其间倭人不过一二，而本国民假著倭服成党作乱。"可见前期倭寇主要来自日本，后期倭寇中真正来自日本的只占十分之二三，其余主要来自其他地区的海商与海盗。换句话说，后期的倭寇，是以一群沿海走私犯为主。

洪武三十年所颁的《大明律》对海外经商限制得很严格，它规定凡私自携带铁货、铜钱、缎匹、丝绵等违禁物下海，及与外国人交易者一律处斩，而且禁止私人制造具有二桅以上的出海大船。洪武之后，海外贸易也是政府控制，最典型的是郑和下西洋，而民间海外贸易是非法的，这种情形一直持续到隆庆登基。

这种海禁直接断了沿海居民的活路。随着元朝末年战争的结束，中国东南沿海地区的人口增加迅速，而土地没增加，人地矛盾突出。从宋朝以来，当地居民一直将出海贸易视为衣食之源，海商、水手、造船、修理、搬运加上种种服务，可以说大海养活了起码百万计的沿海居民。在福建，有句话叫做："海者，闽人之田也。"明朝海禁无情地把当地居民的"田"给剥夺了，饭碗跟着也砸了。在广东潮州，福建泉州、漳州地区一向是通商出海的发舶口，"潮漳以番舶为利"，不许贸易等于断了他们的生计。对茫然失所的沿海居民来说，眼前摆着两条路：要么忍饥挨饿，要么铤而走险进行海上走私。毫无疑问，他们会选择后者。而且从事走私的绝不仅仅是海上的走私贩，还包括陆地上无数的支持者，缘于他们都需要生存下去。所以倭寇在东南沿海地区拥有令人难以置信的支持。作战时，屡屡发生看似荒唐的一幕：倭寇天时地利无所不占，如鱼得水。而代表正义之师的官军，反而不受欢迎，举步维艰。参加过抗倭战争的明人万表记录道："杭州城歇客的店家，明知是海贼，但贪图其厚利，任其堆货，且为打点护送。铜钱用以铸火铳，用铅制子弹，用硝造火药，用铁制刀枪……大船护送，关津不查不问，明送资贼……近地人民或送鲜货，或馈酒米，或献子女，络绎不绝；边卫之官，有献红被玉带者……（与）五峰（即汪直）素有交情，相逢则拜伏叩头，甘心为其臣仆，为其送货，一呼即往，自以为荣，矜上挟下，顺逆不分，良恶莫辨。"

所以，也难怪谢杰发出这样的惊呼："海滨人人皆贼，有诛之不可胜诛者，是则闽浙及广之所同也"。曾任南京刑部尚书的王世贞则对潮州、漳州、惠州地区的"民寇一家"断言为："自节帅而有司，一身之外皆寇也！"意思是说，除了总督、巡抚等高级官员外，其他的人全是寇。这真是一幅令人绝望的场景[①]。

若民为患，永无穷尽。排除前期的日本倭寇之外，后期主要为沿海走私犯，大部分走私犯是明朝自己制造的！将自己的臣民逼上了走私的职业道路。

明穆宗开放海禁，按史书的说法是："倭寇之患渐平。"当开放海禁之后，渔民们捕鱼的捕鱼，贸易的贸易，顺应了百姓的生存需求，谁愿意再做海盗？即便有个把人还想从事原来的"事业"，没有当地民众的支持，自然也就成不了气候，海疆平静。

---

① 王浩. 海禁之祸：明朝倭寇大多数是中国人假扮 [EB/OL]. (2011-02-21) [2014-06-08]. http://news.qq.com/a/20110221/000863_3.htm.

明穆宗除了轻描淡写之间化解东南倭患，海外贸易取得快速发展，白银加速流入之外，同时也给北方边境的安宁创造了条件。为了对付倭患，明朝大批精兵猛将集中在东南沿海，东南沿海安宁之后，谭纶、王崇古、戚继光等被调到北方蒙古一线，加强了北方边境的军事防御，加上李成梁镇守辽东，国家边防开始稳定。

南部海疆的绝望和北部边疆的紧张，被明穆宗一纸诏书轻轻松松地同时化解，仅国防省下的银子都无法计数。

但是，如果说仅仅依靠武力就能让蒙古的俺答汗之流安分守己也是困难的，也并没有完全理解明穆宗时期政策的含义。

明穆宗与明神宗时期（隆庆与万历时期）的气候，已经逐步进入了明清小冰期的最寒冷时期，北方草原退化，人民难以生存。俺答汗不断南侵的起源是希望与明朝互市称臣，也就是我给你上贡当孙子，你答应跟我开门做买卖。嘉靖先生不同意，将北方游牧民族逼上了绝路。既然买卖（交换）做不成，那就只能抢了。不解决北方游牧民族的生存危机，这种战争将不断持续，没有尽头。隆庆五年，明穆宗封蒙古地区的统治者为"顺义王"，并开设蒙汉间的互市，据《万历大明会典·卷一〇七》"朝贡"条的记载，隆庆与万历时期互市场所有11处，从经济上化解了战争爆发的源头。

明穆宗时期，通过一系列内外政策的调整，使得国家稳定了下来。徐阶、高拱、张居正、戚继光、俞大猷、李成梁、谭纶、王崇古、海瑞、李贽，等等，群星闪耀，明朝再次走向兴盛。

隆庆与万历时期，化解倭患的办法是顺应了沿海居民的生存需求，化解北方不断爆发战争的方法依旧是顺从各民族的生存需求，这是国家稳定的根基。

民族资本主义萌芽

1572年5月26日，明穆宗朱载垕逝世。10岁的皇三子朱翊钧登基，缤纷多彩的万历时代开始了。

这是一个继往开来的时代。

经过明穆宗时期的努力，明朝彻底实现了安定。当时有一个故事，公元1573年（万历元年），北蛮小王子与董狐狸谋划进犯，向明朝廷索要赏赐遭到拒绝，于是二人在喜峰口烧杀抢掠，戚继光得知后率兵前往平乱，差点活捉董狐狸。同年夏，董狐狸侵犯桃林，被戚继光击退。而后，董狐狸的侄子董长昂侵犯界岭，又被击败。董狐狸多次侵扰边境，本来想抢点东西，不但没有占到便宜，反而损失惨重，于是献关求赏，朝廷答应其按年给予赏赐。公元1574年（万历二年），董长昂又入侵边境，但无法从关口攻入，于是又逼着他的叔父董长秃寇犯边境。戚继光领兵将其击败并活捉董长秃。董狐狸与董长昂率领宗族三百人来到戚继光关前请罪，董狐狸穿素服大哭，请求赦免董长秃。戚继光与部下商议后决定接受其投降，董狐狸于是将劫掠的百姓放回，并发誓永不再反叛。自此董狐狸与董长昂再也不敢侵犯蓟门。《明史·戚继光传》的原话是："终继光在镇，二寇不敢犯蓟门。"戚继光驻守过的今位于天津蓟县的黄崖关古长城如图5.3所示。

图5.3 戚继光驻守过的今位于天津蓟县的黄崖关古长城

打怕了，真的打怕了，看见戚字的军旗，就得跑，路过都要绕着走。

对内来说，海外贸易的不断发展，白银不断流入，再也不存在一直困扰明朝经济的信用短缺问题，经济走上正轨。所以，张居正沿着明穆宗时期的政策继续前行，开启了张居正变法改革。

改革的内容可用十八个字来概括：省议论，振纲纪，重诏令，核名实，固邦本，饬武备。

所谓省议论，简单地说，就是实干兴邦，空谈误国。他主张"欲为一事，须慎之于初，务求停当，及计虑已审，即断而行之"。意思就是：考虑好了再干，干就要干到底。所以，张居正改革之初，将很多只会夸夸其谈的官员赶出了朝廷，精简了机构，提高了效率。

所谓振纲纪，就是"法必明，令必行"。奖惩赏罚要公道，而绝不能徇私，政教号令一定要由朝廷来决断，而不受那些空谈影响。凡是按法律应该惩罚的，虽是权贵也不能宽恕；凡是受了冤枉的，虽是卑贱平民也必须纠正。

所谓重诏令，就是朝廷的精神一定要坚决执行，决不能打折扣，这是《考成法》的重要内容。

所谓核名实，就是专门讲用人标准，十分详尽。吏部严格考核之法，务求名实相符。实际上就是着力选拔人才，能者上，庸者下。光有名气不行，必须是实干家。

所谓固邦本是什么呢？就是老百姓能否过上富裕的生活，百姓富裕则国家安定，邦本稳固。张居正在这里还特意说到：帝王之治，欲攘外者必先安内（大家眼熟吧）。《尚书》曰："民为邦本，本固邦宁。"就算是古代大治的时代，也有外患和盗贼，但百姓却能安乐，丰衣足食，为什么呢？因为邦本深厚坚固，所以无虞。如果老百姓愁苦思乱，民不聊生，外患内盗就会乘机而起（太对了，明朝表面上亡于满清，本质上却是亡于内患）。安居乐业的老百姓一般喜好仁义，过不好日子的老百姓就容易为非作歹（危民易于为非），这是必然的。去年因为是元年（万历元年），国家减税一半，结果国用不足，边防开支又大，国库空虚，不得已派了四个御史分道去催税款，这虽然是权宜之计，但老百姓就受不了这种搜刮了。臣近日听取了外官的议论，都说这事情办不了啊，原因是御史作为钦差出去了，目睹老百姓穷苦，又没有别的渠道清理欠税，只好将各地官库的储存全部调到京城来，以致各省库藏空虚，一遇到水旱灾害，眼看老百姓饿死而没办法救济。这么搞，国库没等充实，国家元气已经消耗得差不多了。张居正又说：臣窃以为，矫枉者必过其正。在当今民穷财尽之时，若不痛加节省，恐怕这局面就不可挽救了。我叩头恳请皇上念惜民穷，多给百姓一点实惠，凡是不急的工程，没有益处的征收摊派，一切都应停免。

民穷的时候，国家必乱，财政收入也必减；民富的时候，国家财政收入自然水涨船高，国家机器必定强大，这是千古不变的真理。

所谓饬武备自然就是整顿边防。张居正说：古人言，天下虽安，忘战必危，今承平日久，武备废弛，文吏牵制弁员，不逊奴隶。夫平日既不能养其精锐之气,临敌何以责其折冲之勇?嗣后将帅忠勇可任者,宜假以事权,俾得展布,庶几临敌号令严整,士卒用命……夫兵不患少而患弱。今军位虽缺,而粮俱存。若能按籍征求,清查冒占,随宜募补,从实训练,何患无兵……捐无用不急之费,以抚养战斗之士,何患无财……悬重赏以劝有功,宽文法以伸将权,则忠勇之夫孰不思奋,又何患无将!

只有两个字可以形容:精辟!

明朝一贯执行以文制武的边防模式,可是打仗不是游戏,那些在边防的总兵(相当于元帅)一直受到文官的压制,在将校和士兵的眼中没有威信,是无法打胜仗的。所以,张居正改革之前,即全力保全谭纶和戚继光两位不世出之将才,在给朋友的信中说到:"数年间大忤时宰意(当时的宰相是高拱),几欲杀之,仆委屈保全,始脱水火。"意思很明显,如果当时不是全力委屈保全,谭纶、戚继光两位名将,早就因为违背高拱的意志脑袋搬家了。

当张居正当上首辅之后,立即撤掉大批在边防的文职官员和庸才,比如宣大总督文官陈其学等。将谭纶、戚继光、王崇古放到帝国最关键的边防重镇,并授予专权。张居正还专门评价王崇古说:"公所谓非常之人也。"

只能说,张居正才是真正的政治家。虽然明朝有很多名相,比如李善长、三杨、于谦、徐阶等人,但从政治家的角度,从大局观的角度,从富国强兵的角度,张居正是大明朝的第一宰相。

张居正开始进行全面的改革,《一条鞭法》是当时经济领域改革和财税改革的重要内容,也是均平赋役、纾解民困的重要措施,除此以外,还具有更深刻的内涵。

《一条鞭法》是简称,全称是《均徭一条鞭法》。中国此前的税收是很繁杂的,包括田赋、力役和杂税。田赋很清楚,就是按亩征收的税;力役接近于人头税;杂税就更多了,也是贪官们发财的门道。《一条鞭法》的"赋税合一,按亩征银",把所有的税赋合编为一条,统一按田亩核算征收,原来按丁户征役的办法一并改为摊入田亩。

《一条鞭法》明文规定税以银征收,从此白银的流通便有了法律的根据,促进了白银流通,银本位正式确立。为换取缴纳税金所需的银,更多的农产品、手工业产品进入市场，促进了自然经济的瓦解和商品经济的发展。同时，出售商品的收入是白银，无需睡觉的时候还担心贬值。这些直接促成了中国民族资本主义的起步与商品经济繁荣。

没有张居正的《一条鞭法》，就没有万历时期的民族资本主义萌芽。

在这一时期，中国社会生活的各个方面都发生了翻天覆地的变化，中国告别了小农经济的发展模式，进入了民族资本主义时期。社会生活的各个方面都以白银计价，快速推动了产业资本和私人资本的形成。以前，徭役是政府收取税赋的手段之一，那么，无论你是开商店的店主、开工厂的老板，政府需要时都要去服徭役，商店与工厂都只能关门停业，因为老板都服役去了。如果你是工厂普通雇工也就算了，老板再雇一个，如果你是技术人员，特别是关键技术人员，当被皇帝抓差役之后，老板的工厂也只能跟着关门了。所以，在传统的税收体系之下，不可能诞生民族资本主义，只能是小农经济。《一条鞭法》的改革彻底打破了这一体系，政府的税收一律以银计价，政府需要的服务，也主要以白银计价从社会雇用，彻底解放了生产力。无论你是商店的店主还是工厂的老板，生意繁忙没法服役，没关系，交钱就行了，这是商业和工业繁荣的基础。还比如，相对于此前徭役法中"工匠们"的"轮班制"，张居正的《一条鞭法》要求政府必须用银"雇人充役"。手工业得以从传统的农业体系中，逐步分离出来，形成了产业工人（政府雇用和私人企业雇用），随之而来形成的就是市民阶层，推动了国内商品经济的繁荣和城镇的繁荣。南方的富商大贾，大量发展生丝和丝绸产业，大量雇佣产业工人，在中国商品不断在世界上攻城掠地的同时，催生了中国民族资本主义的快速产生与发展。

《一条鞭法》改革，用货币作为纽带催生了社会全方位的裂变，我们今天之所以有这么多行业分类，有市民阶层、产业工人、农民等，都是这一裂变的结果。《一条鞭法》改革，值得用最美丽的词汇来赞美。

生产发展，物质丰富，商品的流通扩大到所有的城镇，城镇人口增长，日趋繁华。大量人口脱离了土地参与商业活动，各种经济分工不断出现，商业、手工业、进出口行业、服务娱乐业、文化产业等加速出现。中国的影响，遍布于全世界。

这时，中国的富足，按现代的 GDP 来衡量，在《剑桥中国史》中，认为这一时期中国的经济总量占到全世界的 60%。全世界生产的白银有大约一半流入了中国，这是和中国的经济总量基本对应的。

一个国家的繁荣标志是什么？GDP 的数字和流通的货币量如果还不能完全代表，那最根本的标志是文化的繁荣。春秋战国的繁荣是以文化作为最根本的标志，唐宋的繁荣也有文化的繁荣作为标志，而万历时期的繁荣一样具有文化的鲜明特色。

万历年间文化事业得到了飞跃式发展。随着市民阶层的崛起，百姓的言论自由空前高涨，只要是人民大众喜欢的、有市场前景的就可以出版，根本就不需要有关部门的审核。各种文化思想如雨后春笋般涌现，市民文化蓬勃兴起。

在思想方面，出现了思想家、文学家李贽，他对男尊女卑、社会腐败、假道学等都大加批判，可见当时古人的思想深度以及对社会现象的审视程度相当之高。

李时珍的著名著作《本草纲目》也出版于万历年间，由于它的科学性、系统性，流传至今，为现代医学所认可采用，可见当时中医药学原理、实践之发达。

著名科学家宋应星编撰的《天工开物》详细叙述了当时作物和手工业原料的种类、产地、生产工艺、生产设备等，是我国第一部农业和手工业方面的大百科全书。此书传到日本后，被称为"中国的狄德罗"。

明代著名戏曲家、文学家汤显祖（1550－1616）创作了著名的《牡丹亭》，通过杜丽娘和柳梦梅生死离合的爱情故事，歌颂了追求自由幸福的爱情观和强烈的要求个性解放的精神，汤显祖被称为当代东方的"莎士比亚"。

《三国演义》《水浒传》《西游记》在此期间大规模印刷并流行。冯梦龙的"三言"（即《喻世明言》《警世通言》《醒世恒言》三部小说）、凌濛初编著的《初刻拍案惊奇》和《二刻拍案惊奇》也在明朝后期出版。

这是一个生机勃勃的时代。

万历不是谜

万历的是是非非

神宗朱翊钧（以下简称万历）的人生可分为四个阶段：1572年登基以前属于少年儿童阶段，忽略不计；登基之后的前10年属于第一个阶段，这时的万历属于名义皇帝，主要的工作不是处理政务，而是读书，皇帝的职责完全由张居正代理，万历沾不上边；张居正1582年去世之后进入第二阶段，万历开始亲政，之后的7年到10年，可划归劳模的范畴（每天工作10小时），属于杰出青年，继续推进改革措施，并纠正了一些改革中的弊端，包括安抚流民、减少徭税等举措；大约1589年前后进入第三阶段，"请假、旷工"的事情经常发生，小事不管，大事不放；大约从17世纪最初的时期开始（1602年前后），开启第四阶段，以罢工为唯一职业，无论小事大事，一概不理，大明公司董事长成为名誉称号。

万历执政的时期，发生了很多可以青史留名的事情，这些事情都让万历的知名度不断提升。"争国本"、"梃击案"等案件的是是非非，即便时间已经过去了数百年，人们谈起来依旧津津乐道。再加上万历十七年（1589年）十二月，大理寺左评事雒于仁的《酒色财气疏》，万历大红大紫。

在万历亲政的前期，虽然发生了1586年礼部主事卢洪春的上书和1589年雒于仁的上书，都是提醒万历注意作风和养生等方面的生活问题，但对于大明朝来说，这些属于插曲。在此期间，大明公司依旧行进在健康的轨道上。

在中日之间的历史上，多次发生战争。元朝曾经两次远征日本，都以失败而告终；清朝和日本的甲午海战，更是屈辱性的战败。万历在中日朝鲜战争中，虽然中间一波三折，但最终为中国挽回了很多颜面，功不可没。

更难能可贵的是，明军当时是以劣势的兵力取得了胜利。于1592—1593年发生的第一次中日朝鲜战争，日军总数是16万人，明军总数是5万人；1597—1598年进行的第二次中日朝鲜战争，日军总数是14万人，明军总数是 7.5 万人。两次中日朝鲜战争的伤亡对比是日军伤亡约 4.4 万人，明军伤亡约 1.9 万人。

在中日战争史上，万历给中国人挣了脸。

从万历执政后的励精图治和三大征（在西北边疆、西南边疆和朝鲜展开的三次大规模军事行动）看来，不可能是一个完全昏庸的皇帝。实际上，万历对于每一次军事行动，似乎都有充分的认识。而且，在战争过程中对于前线将领充分信任，对于指挥失误的将领坚决撤换（比如第二次朝鲜战争中的杨镐），都显示了万历的胆略。

所以，在 1600 年之前，你可以批评万历经常请假和旷工，但不能说他不理事，因为一个不理事之人，加上当时已经没有张居正这样主持朝政的柱石之臣，是无法实现经济持续繁荣的，更无法主持这样大规模的战争。

可是，后来的万历确实彻底罢工了，有事实可以佐证：

万历三十年（1602 年），南、北两京共缺尚书 3 名、侍郎 10 名；各地缺巡抚 3 名，布政使、按察使等官 66 名、知府 25 名。按正常的编制，南、北二京六部应当有尚书 12 名，侍郎 24 名，这时总共缺了三分之一。

地方的行政管理，有时必须由一个县的知县兼任邻县的知县，如果本府其他县的知县都空缺，或许需要恭喜这位知县大人，可以自动升任知府（可惜依旧得拿知县的工资）。

万历彻底罢工了！通过清算张居正的事件，可以证明这是一个权力欲望极强的青年，而且初期的励精图治也绝不是杜撰。可是，六部和地方大面积缺员，很多地方官都没了，皇帝的旨意也就没人理了，万历显然是表明：我不干了。

万历三十年（1602 年），万历曾因为病情加剧，召首辅沈一贯入阁嘱托后事。此后，万历的身体状况确实是每况愈下。在三大征结束之后，万历对于大臣们奏章的批复，似乎更不感兴趣了，连大臣们的奏章也不批复，直接"留中"不发。

鸦片在唐朝还是一种药品，到了明朝，它就变成了春药和奢侈品。那时，鸦片是通过藩属国的贡品渠道来到中国的，国内四川等地也有种植。据说，那时的鸦片很贵，与黄金等价。不知道万历是因为沉迷于长生不老，常年呆在宫中试验和服食丹药的原因（他的丹药中含有鸦片），还是因为身体虚弱，治疗过程中用到鸦片，总之，毒品伤害了他。在上世纪的1958年，当北京十三陵的定陵墓被挖掘后，科学家对这位皇帝的尸体进行了化验，发现他的骨头中含有大量吗啡的成分，所以，无论是通过何种方式，万历接触了毒品是比较确定的事情。

糟糕的身体伤害了万历，使他由一位励志青年，成为不问世事的君主，既伤害了自己，更伤害了明朝。

但是，励精图治也好，杰出青年也罢，连带糟糕的身体对他的伤害，都不是最重要的。

明朝亡于1583

希望励精图治的万历，本意是好的。但是，史学家却认为万历时期是明朝灭亡的开始，黄仁宇先生在《万历十五年》中，更将1587年（万历十五年）这一四海升平的年头作为明朝灭亡的起点。如果万历泉下有知，一定很痛苦。

可是，本人认为万历应该更痛苦，明朝灭亡的起点还要提前，从清算张居正那一天就是起点。万历可能不服气，虽然后来经常请假、旷工，但亲政伊始可是任劳任怨，难道没有功劳还没有苦劳？

是的！无论功劳也好，苦劳也罢，都不值一提。明朝在明清小冰期可以坚强地生存下来，并在中后期最寒冷的阶段再次实现繁荣，有内在的人文内涵，这些内涵在太祖时期建立，并流传下来。而清算张居正，导致万历破坏了这一明朝历史中所蕴含的内在动力，与这一内在动力相比，任何个人的聪明才干和任劳任怨都不值一提。

万历十一年（1583年）三月，万历下诏取消张居正"上柱国、太师"的封号，接着又下诏剥夺"文忠"的谥号。这还不够，一年以后，万历十二年四月，万历下诏查抄张居正的家产，将他的儿子发配充军。在明朝，按法律规定，抄家的罪状有三条："一谋反，二叛逆，三奸党。"张居正究竟属于哪一条呢？按照万历当时公布的罪状，"诬蔑亲藩"、"钳制言官"、"专权乱政"、"谋国不忠"，即使这些罪状都成立，也罪不至抄家，何况，"文忠"可是万历亲自赐予的。

张居正有很多缺点，比如专断，比如经济上的一些问题。但是，张居正是明朝伟大的政治家,这点毫无疑问。对于一位开创了一段历史新篇章的人,如果没有强硬甚至专断的性格是很难实现的,在推行改革的十八个字中,"省议论、振纲纪、重诏令、核名实、固邦本、饬武备",任何一项都是以人为中心,必须修理掉大批滥竽充数的人,提拔人才,这就需要触动权贵和官吏们的根本利益,没有强硬的性格根本做不到。这些措施是明朝走上兴盛之路的根本。

亲政伊始,万历很苦恼,被张居正巨大的阴影所笼罩,采取一些措施拿回本属于自己的权力无可厚非,可恰恰不能采取清算张居正的形式,因为张居正奠定的是明朝可以继续前进的基础,明朝的根基是保证"张居正"这样的文臣武将不断涌现并登上历史舞台。

纵观明朝的历史,最大的特点和宋朝近似,那就是每一个时期都会涌现出大批的名臣,帝国危机的时候就有猛人出现,挽狂澜于即倒,最典型的是于谦,为了国家的利益和帝国的前途,舍生忘死。这缘于两点:

第一是明太祖时期就建立的一系列制度诸如《大明律》《大诰》等。虽然朱元璋杀了很多人,但基本属于两类:谋反和贪污。这是两条"高压线",触及必死。相反,对于那些坚持原则的文臣和谏臣,却是相当宽容。换句话说,只要不触及"高压线",不会有性命之忧。这一惯例在仁、宣以后更形成一条无形的规则。明孝宗更对大臣给以最大限度的优待。这就形成了民间才俊之士竞相为国家效力的局面。

第二是明朝极具特色的官吏选拔制度、教育制度和价值观。

明朝的大学士需要一定品级以上的官员集体推举,然后皇帝同意才行,也就是说,进入内阁需要有群众基础。但是,皇帝有一项特权,那就是可以下"中旨"直接任命某人为大学士,如果在今天,被指定之人一定是欢呼雀跃。可是在明朝,被指定之人认为是可耻的,皇帝愿意给(大学士职位),官员们却不愿意要,明朝的官员很有一把硬骨头。这深刻反映了明朝官场的价值观,升官谁都想,但必须有群众基础,否则宁可不要。

如果老子是一品,就给子孙弄个五六品官当当,是不可想象的,为当时官场和社会的价值观所不容。在明朝,作弊和攀附关系进入官场,自己都认为是可耻的行为。如果有一位当大学士的老爹,那么你参加科举可要掂量掂量，很可能需要付出更大的代价、更多的艰辛才能金榜题名。万历 16 年（1588 年），大学士王锡爵的儿子王衡参加顺天府乡试获得第一名"解元"，申时行的女婿李鸿也中了举人。舆论都说主考官黄洪宪是拍马屁，有作弊之嫌，礼部郎中高桂、刑部主事饶伸联名弹劾李鸿等，并涉及王衡，怀疑有舞弊行为。王锡爵是个非常正直的人，看了弹劾奏章十分愤怒，上书申辩。饶伸也是不轻易屈服之人，展开论战。万历皇帝同意重新在午门外考核所劾举人，结果王衡仍然取得第一名，人人都叹服，而所劾举人无一人黜落，可见明朝科举制度之公正。王锡爵因此事而不允许王衡参加礼部会试，直到他退休后，万历二十九年（1601 年）会试，王衡才以一甲第二名进士及第（榜眼），这既证实了王衡的才学，同时也表明王锡爵的正直无私。所以，在明朝，如果老子是一品，儿子的晋升比其他人更难、更坎坷。

而无论皇帝还是大学士，都不能因此事惩罚饶伸等人，因为维护科考的公正与公平被认为是每个人的职责，这是一种价值观。

在明朝，因为监察体系的普及和权力的放大，任何一位官员，从踏上仕途伊始，就被言官时刻用放大镜不停地分辨、观察，无能之人早早就会被言官系统修理掉了。所以，进入帝国中枢的都是有真才实学之人。即便贪官严嵩也是如此，贪也要贪出水平，否则，以嘉靖先生的精明，严嵩不可能"潜伏"那么久。

明朝的教育制度极具特色，这是明朝可以在非常严酷的气候条件下稳定发展的主要原因之一。国子监是最高学府，监生毕业后需要到各部去实习，对教师和学生，都有完善的考核体系。

明代的地方官学有府学、州学、县学，按军队编制设立的都司儒学、行都司儒学、卫儒学，以及在谷物财货集散地设置的都转运司儒学，在土著民族聚居地区设立的宣慰司儒学和安抚司儒学等。

明代地方官学中还有专门学校，包括武学、医学和阴阳学。

明代于洪武八年（公元 1375 年）"诏天下立社学"，于是全国各地纷纷设立社学。社学设在城镇和乡村地区，以民间子弟为教育对象，属于社会基层的地方官学。招收的学生大致为 8 岁以上、15 岁以下的少年儿童，带有某种强制性。如《明史·杨继宗传》载，明宪宗成化初年，杨继宗任嘉兴知府，大兴社学，曾规定"民间子弟八岁不就学者，罚其父兄"，显然这是强制性的，比今天的制度还要严厉得多。

到这里，我们看到了什么？在明朝的每寸土地上，每个乡镇甚至每个乡村，都有大明的官办学校，大明的孩子们都要上学，具有相当的强制性，每一个中国人都为之自豪，因为教育和孩子，永远是国家的未来，民族的前途。

大明朝的每一寸土地上，都充斥着孩子们朗朗的读书声。

今天，即便农村的孩子，如果到了适龄年龄，依旧不上学，村长、镇长或许不会理你，但乡亲和邻居都会给你带来无形的压力，是父兄的失职，无地自容。这一优良的传统本人不知道具体起自何时，但本人认为应该就从明朝而来，从此，一直在影响着这个民族。

明朝是中国气候最恶劣的时期，可是，却创造出让世界瞩目的经济成就，在这里可以找到所有的答案，因为明朝对教育的重视程度，历史上无出其右。

明朝的价值观、官员的选拔体系、教育体系决定了刚正之士和才华之士可以不断涌现，并不断进入国家的决策阶层，这是明朝不断涌现名臣的关键所在。

可是，万历清算张居正，极大地动摇了明朝这一人文根基。东林党人更主要是为了党争的利益，他们或许是理想主义者，但算不上真正的政治家。更多的是申时行、沈一贯这样的官僚，是明朝缺少刚正之士了吗？肯定不是。

因为在明朝，只要不涉及谋逆，不杀文臣、谏官已成惯例，而死后清算更是绝无仅有。也因此，才有刚正之臣敢于为了国家的利益不惜顶撞皇帝（比如海瑞），也才有于谦、张居正这样的柱石之臣，为了国家的利益可以挺身而出。但是，万历破坏了这条规则。

张居正在万历年幼之时，肩负起治理明帝国的重任，而且锐意改革，有利于大明王朝的长治久安。也就是说，有利于你朱家的天下。历史上所有的改革，都必须得罪权贵和既得利益者，比如商鞅变法。而张居正的改革是一场非常全面的改革，涉及到官吏选拔管理制度、财税制度、法律重建等，自然得罪很多权贵，有人欲除之而后快并不断向皇帝打小报告，是再正常不过的事情。

所以，万历应该做的是给张居正树碑立传。这样，刚正、才干之臣都会踊跃为国家效力，为明朝的长治久安贡献力量。

相反，万历采取的是清算行动，虽然收拢了权力，但失去了天下士子之心。从这一天开始，绝大多数大臣都将逐渐变种成为官僚。

张居正是政治家，申时行和沈一贯是官僚，相信大家对政治家和官僚这两个职业的差别还是很清楚的。政治家以国家大局为重，为了国家的利益可以义无反顾；官僚的特色是混日子，以明哲保身为前提。

这才是万历真正的悲剧！从此，朝廷少刚正之士，充斥的是得过且过的官僚，即便万历自己力争做杰出青年，一样难阻明朝自顶峰滑落，因为一个人的力量是渺小的，这是悲剧之源。

在申时行时期，就立即出现了明显的变化，奏折开启了一种新的形式——"留中"，也就是不处理，下面上来的奏折如石沉大海，无论是请求赈灾、请求任免官员、揭发贪污腐败、甚至边防出现危情的奏疏都可以"留中"。当然，这是万历才有的权力，但和申时行官僚密切相关，在处理《酒色财气疏》事件中，申时行"劝神宗不要把此疏（即酒色财气疏）下发内阁，就留在宫中，由他出面，让雒于仁回家了事"。这开启了一个恶劣的先例，说明官僚思维开始充斥朝廷。如果是张居正这样的首辅，任何奏疏"留中"都是不行的，即便皇帝钻被窝了，还要拎出来，政事没处理完就想睡觉，门也没有。

这是明朝灭亡之路的起点，起早贪黑不需要了，刚正之臣没有了，所有人都开始当官僚混日子。几十年后，崇祯皇帝下的最后一道圣旨说："朕自登基十七年，逆贼直逼京师，虽朕薄德匪躬，上干天怒，致逆贼直逼京师，然皆诸臣误朕也。朕死，无面目见祖宗于地下，自去冠冕，以发覆面。任贼分裂朕尸，勿伤百姓一人（《明史·卷二十四·本纪第二十四》）。"

崇祯这道圣旨中"然皆诸臣误朕也"这句话，真正应该送给他爷爷万历和申时行等官僚。

明朝人是幸运的

朱元璋的两面

朱元璋的两面不仅表现在自己身上，也体现在后代的子孙身上。

朱元璋先生留给历史的是残酷的一面，主要是在一系列案件中杀了很多人，明初四大案杀人如麻，有时形容杀人过多用"杀人杀到手软"来形容，可这位朱皇帝手不软，甚至连眼都不眨。

这些被杀的都是什么人？基本都是官吏。或许小时候的经历告诉他，这些家伙都是不可信的，如果没有贪污纳贿、克扣救灾粮款的官吏，朱元璋先生或许就不会失去父母等亲人，甚至都不会走上从军之路。

虽然没有从军，就不会登上九五之尊，但丧失父母亲人的仇恨深深埋在心底。

朱元璋和他的子孙们又是宽容的。

1375年，明朝发行大明通行宝钞，规定金银禁止流通，并只能向官府兑换。从这时开始，直到正统年间才正式解除银禁，在这60多年间，任何人使用白银交易都是非法的。

但是，在银禁时期，白银一直都在民间流通。根据中国社会科学院万明先生的考察，洪武年间在徽州进行的49例土地买卖中，使用白银进行交易的是6例，占12%；发生于1393年的蓝玉案件中，证人顾安保所述证词，7件事例有5件涉及白银；建文时期，在徽州民间所发生的22件契约中，有11件使用白银，占50%。1398年，杭州诸郡不论货物贵贱，一概以金银定价；在永乐至仁宣年间，使用白银进行交易的现象一直存在，比如，宣德七年（1432年），朝廷下诏湖广、广西、浙江"商税鱼课"凡愿纳银者，都以钞征收，每银一两，纳钞100贯，这直接说明朝廷非常清楚白银在民间流通的事实，也说明这时官方认可宝钞相对白银已贬值到原值的1/100[①]。

无论汉武帝还是王莽进行货币改革的过程中，都出现十几万甚至数十万人因违犯政府禁令而被关或被杀的情形，可是，明朝却鲜有因违犯银禁法令而发生的案件，更没有大规模的案件。

小民生活不易，睁一只眼闭一只眼吧，朱元璋先生和他的子孙展现了宽仁的一面。

---

① 万明. 明代白银货币化的初步考察[J]. 中国经济史研究，2003，(2)：39—51.

真实的明朝经济

明朝在万历时期达到经济的顶峰,而那一时期的白银税收仅仅是400～500万两白银,与宋朝和清朝税收收入的白银数量差距巨大,就因此认为明朝经济非常低下,这种观点是错误的。

明朝的税收中,有些税收项目是征银,还有很大一部分征收的是实物(主要是粮食)和役。也就是说,明朝和宋朝、清朝的赋税体系有差别,仅用国家的白银收入来比较是没有意义的。另外,明朝的军队实行的是屯田制度,介乎于唐朝的府兵制和宋朝的募兵制之间,军屯的收入抵充了大量的军费开支,如果将军屯收归国家,然后国家再支付军费,财政收入的数字放大,军费的数字也会放大。

为什么明朝使用如此不完善的赋税制度?归根结底还是因为明朝在大部分时期缺铜少银,也就是缺少硬通货,这必定让一些赋税以实物或劳动力的形式表现出来。

从前文我们知道,明朝的铜钱铸造量远远小于宋朝,说明铜矿的开采规模小于宋朝,但是,并不等于明朝开采业的规模小于宋朝。对于任何一个国家、任何一个朝代,铁的产量都是衡量工商业的主要标志,这是因为炼铁行业的上下游是采矿、运输、能源、加工、机械制造等行业。可以说,在封建社会时代,炼铁和纺织基本可以代表一个时期经济的发展水平。

唐朝、宋朝、元朝、明朝一些时期的铁产量如下:唐元和初年,每年的铁产量是207万斤;北宋治平年间,铁产量是824万1千斤;南宋初年是216万2144斤(不包括北方的金国);元朝中统四年(1263年)584万4000斤;明朝永乐初年,铁产量是1957万5026斤①。

对于以上的数字,是有一些争议的,一种意见说是实际的铁产量,一种意见说是铁课量。如果是实际产量,明朝是继续发展的,炼铁量高于以前的朝代;如果这些数字是铁课量,那么,明朝增长的幅度更高,因为明朝的税负比较低,同样的征税额之下,对应的产量就更大。因为以上数字是政府收入的记载,所以,这些数字代表铁课量是更加

---

① 黄启臣. 明代钢铁生产的发展 [J]. 学术论坛, 1979, (2): 64—72.

合理的（明朝冶炼行业是民营，政府抽份）。以上述数字结合明朝前期冶炼行业的税率（十五税一），再考虑明制和现代的差别（一公斤为1.673明斤），明朝永乐时期的铁产量约为162550吨，这个产量比宋朝最高的时期还要高。18世纪初整个欧洲（包括俄国的欧洲部分）的总产量是14.5万吨至18万吨，明代永乐初年的铁产量已经相当于18世纪初整个欧洲的全部产量。

明代纺织业生产技术不断提高，缫丝的缫车比元代更精良和完善，已研制成功"一人执，二人专打丝头，二人主缫"大缫车。《天工开物》记载的花机由两人共同操作，提花小厮坐在花楼上提花，织工在门楼下织丝，两人配合可织出各种花纹的丝织品。

到弘治年间，福建织工林洪又创造出一种新型的织机，叫作改机，把五层经丝改为四层经丝，从而织成比过去更细薄耐用的新品种。

此外，棉纺织工具如搅车、纺车、织机也均有改进。元代搅车二人掉轴，用工多效率低。明代各种新搅车，"句容式，一人可当四人；太仓式，两人可当八人"。有的地方还使用水转大纺车。由于明朝政府的鼓励和生产工具的改进，城市棉纺业得到普遍发展，江南一带成为全国棉纺中心。

所以，明朝已经逐渐告别纯手工的纺织模式，逐步向半机械化过渡，生产效率得到很大的提高。明代丝绢的价格是下降的，而明代从洪武时期到16世纪末期，白银相对黄金的价格是非常缓慢的下跌趋势（白银对应丝绢价格应该上涨），丝绢价格的下降，说明产量增长非常迅速，这是明朝纺织业告别纯粹手工操作、逐渐进入半机械化操作的真实反映。

在古代，炼铁和纺织，是商品经济的主要行业，基本标志了一个国家的经济发展水平。以上事实直接说明明朝经济达到了很高的高度。

小冰期下的明朝人

中国历史上，曾经多次出现寒冷周期，比如商末周初时期、西汉末年、东汉后期、南北朝时期，任何一个寒冷周期都是自然灾害集中爆发的时期，地震、蝗灾、旱灾、水灾频繁，为百姓带来深重的灾难，社会剧烈动荡，一些看似强大的王朝被摧毁。

可是，明朝却在极其恶劣的气候条件下，创造了举世瞩目的繁荣，不仅是中国的奇迹，更是世界的奇迹。

虽然气候最终也成为明朝灭亡的主要原因，但明朝依旧是值得自豪的。因为明朝所处的周期是5000多年来最冷的周期。明朝用经济的繁荣抵抗气候对人类生存的压力，而不像有些民族只会用野蛮的屠杀来调整土地生产能力与人口的矛盾。

15世、17世、19世纪，亚欧大陆发生了三次明显的冰进，冰川学界称之为"小冰期"，这三次冰进对应的是三次太阳黑子极小期：史伯勒极小期，1450年至1550年；蒙德极小期，1645年至1715年；道尔顿极小期，1790年至1820年。

其中出现在17世纪的蒙德极小期是2000多年来太阳黑子最少的一个时段，三次太阳黑子极小期形成明清小冰期。太阳黑子少意味着太阳磁场弱，它与地磁场的耦合作用亦将变弱，致使冰川前进，气温下降。小冰期是地球史上有名的灾害群发期（所谓"明清灾频期"），地震和旱魔在中国大地上接连逞凶。

在明朝小冰期，整个中国的年平均气温比现在要低很多，夏天大旱与大涝相继出现，冬天则奇寒无比，不光河北，连上海、江苏、福建、广东等地都狂降暴雪。明末清初《阅世编》《庸闲斋笔记》，以及《明史·五行志》《清史稿·灾异志》等文献中都有这些记载。

明朝所遭遇的明清小冰期的冬天非常寒冷，尤其是末期的1580—1644年是最为寒冷的，这是人类进入文明时期以来最寒冷的时期。而崇祯即位的1628年正好是最寒冷的一段时期之中段，整个气温回暖是在明朝灭亡以后的1650年左右。

1449年，也先围困北京，被于谦击败，后转向攻击居庸关。居庸关既没有坚固的城墙（砖木结构），也没有足够的兵力可以抵抗也先5万精锐铁骑，最终也先败退了，源于居庸关守将和士兵不断往城墙上倒水，将城墙冻成一个巨大的冰墙，也先只能败退，当时是1449年的10月。今天的北京，10月是什么情形？是看香山红叶的时节，可见当时的气温比现在寒冷得多。

1476年（成化十二年）正月十三日，忽阴晦大风，郊坛灯烛俱灭，正在南郊郊坛举行祭祀的仪仗人员及乐官被冻死。

韩国学者朴根必、李镐澈在我国《古今农业》上发表了题为"《丙子日记》（1636—1640）时代的气候与农业"的论文，指出17世纪的东亚通常被称为近代前夜的危机时代，即所谓的寒冷期（小冰期），这是灾害性的气象危机。我国中央气象局科学研究院编著出版的《中国近五百年旱涝分布图》以及相关论文集刊，也证实1470年至1644年为我国旱灾严重（且旱涝互生）的历史时段，其中全国性大范围有旱象的年份为18年。

从1600年前后开始，粮食产量开始下降，北方的酷寒使降雨区域普遍南移，这导致了明朝全国各地几乎连年遭灾。先秦晋，后河洛，继之齐、鲁、吴越、荆楚、三辅，并不断出现全国性的大旱灾。

可就在这样千年不遇的寒冷周期，大灾不断，明朝人民创造了什么样的繁荣？

永乐时期的神机营无疑是世界上最早的一支完全使用火器的部队，这是科技的进步，永乐大帝创造了永乐盛世；然后就是仁宣之治，在这期间，政治清明，法纪严明，仓廪充实，百姓安居，蔚然有治平之象，形成了明代早期国泰民安的升平景观。

明代中期，有弘治中兴，期间"更新庶政，言路大开"，明孝宗先是将明宪宗时期留下的一批奸佞冗官尽数罢去，逮捕治罪，并选贤举能，将能臣委以重任。明孝宗勤于政事，每日两次视朝，用刑宽松，力行节俭，不大兴土木，减免税赋。明孝宗的励精图治，使得弘治时期成为明朝中期以来形势最好的时期，明史也称明孝宗"恭俭有制，勤政爱民"。在其治理下，弘治一朝政治清明，百姓富裕，明孝宗被誉为"中兴令主"。

后期有明穆宗与神宗时期的改革与中兴，达到国家的鼎盛时期。在明朝中后期，由于有很多外国人来到中国，留下了非常翔实的历史记载。其中包括1548年来到中国的葡萄牙人加列奥特，他写下了《中国见闻录》；嘉靖年间来到中国的葡萄牙人克鲁兹，他写下《中国情况记》；万历七年来到中国的马丁·德·拉达，写下出使中国记录。这些外国人都对中国当时的情形有详细的记载，这一期间中国的繁荣富饶是不容置疑的。

利玛窦（1552—1610），意大利的耶稣会传教士，学者。明朝万历年间来到中国居住，1610年5月11日，因病卒于北京。万历皇帝特别允许了一个外国人在中国领土安葬。其原名为玛提欧·利奇，利玛窦是他的中文名字，号西泰，又号清泰、西江，在中国颇受士大夫的敬重，被尊称为"泰西儒士"。他在《利玛窦中国札记》中记载了当时中国的繁荣。

他说："中国物质生产极大丰富，无所不有，糖比欧洲白，布比欧洲精美……人们衣饰华美，风度翩翩，百姓精神愉快，彬彬有礼，谈吐文雅。"

《利玛窦中国札记·第二章·关于中华帝国的名称、位置和版图》中说到："我也毫不怀疑，这就是被称为丝绸之国的国度，因为在远东，除了中国外没有任何地方那么富产丝绸，以至不仅那个国度的居民无论贫富都穿丝着绸，而且还大量出口到世界最遥远的地方。葡萄牙人最乐于装船的大宗商品莫过于中国丝绸了，……住在菲律宾的西班牙人也把中国丝绸装上他们的商船，出口到新西班牙（注：应该是指西班牙美洲殖民地）和世界的其他地方。"

《利玛窦中国札记·第六章·中国的政府机构》中说到："我自己亲眼看到，即使皇上也不敢更改这次公开调查的审查官们所做的决定……我说看到，是因为所涉及的被判决人名单，刊为单行本发行全国……虽然我们已经说过中国的政府形式是君主制，但从前面所述应该已经很明显，而且下面还要说得更清楚，它在一定程度上是贵族政体……如果没有与大臣磋商或考虑他们的意见，皇帝本人对国家大事就不能做出最后的决定……所有的文件都必须有大臣审阅呈交皇帝。"（这体现了明朝独具特色的制度——"封还"，对于皇帝下达的旨意，如果内阁认为是错误的，可以退回去，拒不执行。）

"我已做过彻底的调查研究，可以肯定下述情况是确凿无疑的。除非根据某个大臣提出的要求，否则皇帝无权封任何人的官或增大其权力。当然皇帝可以对和他家族有关的人进行赏赐，这种情况是经常发生的，但这笔赏赐不能列为公家赠款，皇帝所做的赠礼也不能从公款中提取。"这直接证明，明朝的体制已经接近君主立宪制，虽然不是完善的；明朝的内藏库（属于皇上的钱库）和户部（户部管理国家的财政）是截然分开的，皇帝无权动用国家财政用于个人支出，直到万历时期依旧严格执行明太祖制定的制度。

"他们（指明朝都察院所属的十三道监察御史）在某些方面相当于我们要称之为公众良心的保卫者的人……即使是最高的官员，即使涉及皇上本人或皇族，他们也直言无忌……他们如此恪尽职守，真使外国人惊奇，并且是模仿的好榜样。无论皇上还是大臣都逃不过他们的勇敢和直率，甚至有时他们触怒了皇上，到了皇上对他们震怒的地步，他们也不停止进谏和批评，直到对他们猛烈加以抨击的恶行采取某种补救的措施为止。"

"事实上，当冤情特别严重的时候，他们控诉的就一定很尖锐刺骨，即使涉及皇上和朝廷也刚直不阿……所有这些呈送给皇上的书面文件和对他们的答复，都要复制很多份，这样在朝廷发生的事情就迅速传递到全国每个角落。这种文件编辑成书，如果内容被认为值得留给后代，就载入本朝的编年史。几年前，当今皇上想册立他的次子而不是长子为储君，因为这个幼子受到他和皇后（注：应是郑贵妃）的宠爱，这一更易违反了国法，皇上收到了大量指责他的陈情书……最后皇上在巨大的舆论压力下，在大臣们以集体辞职为威胁的条件下，不得不表示在立储这件事情上改变了主意①。"从这段话中，我们明显看到，利玛窦的记载是客观的，因为那就是万历时期重要的"争国本"事件。

从对明朝商品和人们衣着的描述，表明明朝的商品经济非常繁荣，百姓生活安定富足。

明朝不同于历史上的任何朝代，介乎于君主立宪制度和封建集权制度之间，保持了皇权、文官集团权力和都察院权力（十三道监察御史）的相互制衡，而明朝的都察权力，可以毫不客气地说，是中国历史上最强大的。可怜的万历兄，为了对付言官，专门写信请教已经退休在家的王锡爵，这是历史的进步。这一监察权力可以有效地监督、检查皇帝和文官集团对政策的制定和执行过程，可以随时监察国家政策执行过程中出现的任何偏差，并对那些贪腐官员和不称职的官员随时惩治。这样的政治制度是明朝在寒冷的气候周期下，可以不断实现

---

① 利玛窦，金尼阁. 利玛窦中国札记 [M]. 何高济，王遵仲，李申，等译. 北京：中华书局，2010.

繁荣的基础,没有政治的清明,就没有经济的繁荣,这是千古不变的真理。

明朝灭亡的真相

财政枯竭

1600年开始,灾荒不断加重,农产品产量开始下降,到明朝末期,白银开始贬值,出现通货膨胀,如表5.4所列。

表5.4 明朝末期金银比价变化

年代	1592	1596	1604	1620	1622	1635	1637—1640
金银比价	1∶5.50～1∶7.00	1∶7.50	1∶6.60～1∶7.00	1∶8.00	1∶8.00	1∶10.00	1∶13.00

在1580年至1592年期间,明朝的白银价格一直很高,金银比价维持在1∶5.5附近,说明在这一时期,中国经济效率很高。1592年之后,银价开始缓慢下跌,一直到1622年。1622年以后,银价开始加速下跌。

从图5.4可以看到,大约在1615年前后,明朝的米价开始加速上升,当然这是气候的客观因素所造成的,通货膨胀开始了。这影响了明朝的经济效率,也带来了白银流动的变化。

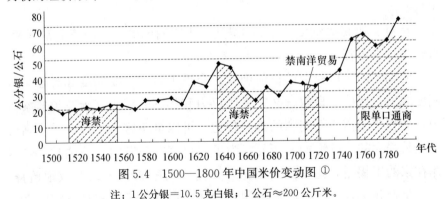

图5.4 1500—1800年中国米价变动图①

注:1公分银=10.5克白银;1公石≈200公斤米。

明朝中期,米价非常稳定,从1615年前后开始,米价相对银价上

---

① 王信.明清外贸顺差、白银流入及对经济的影响——兼论当前贸易顺差之比较[EB/OL].(2010-08-09) [2014-06-08].http://www.cf40.org.cn/plus/view.php? aid=2996.

升，白银相对农产品开始贬值，农产品形成的通胀开始恶化。而1622年之后，银价相对黄金价格加速下跌，代表的含义是白银价格相对社会商品总价格水平的下跌，这是一种全面通胀的信号，意味着明朝经济生活中的经济效率开始显著下降，资本价格加速下跌（当时的白银是国际资本）。

通胀是现代社会每个人都熟悉的词汇。首先，长期通胀将造成实体经济增长的速度下降，甚至萎缩，这一点相信每个人都能理解，这是这个时代给我们上的最现实的一课，这将影响财政收入的增长；其次，同样的财政收入，当通胀发生以后，财政就会入不敷出，财政的实际支付能力下降。最明显的是万历中期，东打西杀，财政可以承受，这自然有张居正改革之后国家财政充裕的原因，但最关键的是可以进行预算。打几仗，出动多少兵马，需要花多少钱，每年收入多少，都可以完整地计算出来，也就是通过预算可以控制财政平衡。可是，到了崇祯的时候，最突出的感觉是，钱总不够，只能拆东墙补西墙，很多人想当然地说是贪官污吏太多，这句话小学生也会说。这里最关键的是通胀，使得国家的收入和支出不可进行预算，至少很难准确进行预算。比如，辽东战事，山海关大约长期保持10万左右的兵力，按年初的物价，可以预算需要多少饷银。可是，到了下半年，物价涨了，大兵没法生活了，怎么办？崇祯不能说：就这么着吧。那样的话军心和士气将受到打击，甚至造成兵变。这时唯一的办法就是给大兵涨工资，年初的预算成为废纸。对于广大公务员也一样，必须得让他们能养活老婆孩子，通胀上涨时必须加工资。可是，总收入是基本确定的，也是年初预算的，这时就必须压缩其他方面的开支，否则就出现亏空。如果再出现天灾，朝廷就会没钱，救灾的能力就会下降。

这仅仅是理论推断。有人会说，你怎么知道崇祯皇帝是穷死的？确实，我没有崇祯时期国库的钥匙，没法搞明白明朝国库到底有没有银子。但是，我们知道，通胀发生之后，边防开支必定急剧增长，而且国库枯竭以后，崇祯皇帝只有两种办法可以解决赤字问题：第一是印钞票；第二是加税。这些都在历史记载中有所反映。

《明史·食货志》记载，御史赫晋亦言："万历末年，合九边饷止二百八十万。今加派辽饷七百三十余万。自古有一年而括二千万以输京师，又括京师二千万以输边者乎？"意思是说，万历末年，九边饷银仅仅280万两，而崇祯时期边防的饷银达到2000万两。虽然明朝的九边饷银和边防的饷银表达的意思略有差异，但是，不管怎么说，边防开支急剧上涨是事实。通胀发生以后，大兵的工资要上涨，修补城墙的预算要上涨，养马的费用要上涨（在古代战争中战马是非常重要的因素，马匹更换和饲养的开支随着通胀增长的幅度会更高），连军械的制造修理费用都要上涨，所以通胀将带来边防开支的急剧上涨。

政府开支不断上涨，财政就会出现赤字。那时还没有发行国债一说，只能采取两种解决方式：第一种方式是印钞（银子肯定是印不出来的），在当时，确实有人提出这个主意。崇祯十六年十月，户部主事蒋臣提出重新实行钞法，颁行宝钞。这一建议得到崇祯的同意和赞赏，接着蒋臣也被"擢为户部司务"（《明史》）。可惜，宝钞还没来得及发行，明朝就灭亡了。也有人会说，崇祯早干什么去了，早点印钞可能就不会有最终的局面。可是即便早印出来，也一样无法真正解决问题，因为当时中国已经遭受很多年严重的灾荒，物资严重匮乏，印钞只是抱薪救火；加上朱元璋发行的大明通行宝钞所造成的影响尚未消除，社会依旧记忆深刻，这时继续发行纸钞难以被社会所接受，发行纸钞对缓解崇祯的财政不会有多少效果。第二种办法就是加税。崇祯时期，加派"辽饷"、"剿饷"和"练饷"，合称三饷。三饷加派的总额超过明朝正赋的一倍以上。很多人会说，崇祯自己走向死胡同，本来天灾频频，人民生活难以为继，继续加派赋税，必定造成民变。可是，当通胀发生的时候，财政赤字不断加大，在贵金属本位制的情况下，加税是唯一的途径，换成任何人都是如此。

当然，崇祯皇帝加税的方式有些问题，他采取的是普遍加税的方式，无疑将很多穷苦人推上了绝路。在当时，如果采取选择性加税，针对当时的富人苛以重税（包括杀掉一些贪官和不法的皇亲国戚并没收财产），或许更为可取。

军费急剧增长，明朝通过印钞和加税解决财政赤字，这证明明朝的灭亡是财政枯竭的结果。而这两种解决财政赤字的方式都将造成社会进一步加剧动荡，印钞进一步加剧通胀，使财政赤字和印钞数量走向螺旋式上升的轨道；加税将把更多的人推向生活难以为继的深渊。

这是任何一个朝代死亡的基本模式，特别是自然灾害继续恶化时，将让更多的人走向铤而走险的道路。

崇祯元年（1628年）夏秋间，陕北地区大旱，荒象毕露，到处皆是"父弃其子，夫鬻其妻"，"掘草根以自食，采白石以充饥"的景况。虽然户部根据崇祯的批示截留了陕西地区崇祯元年（1628年）、二年（1629年）地亩辽饷20万两，又拨库银10万两补发延、庆一带戍军的饷银；又截留杂项辽饷1.4万余两赈济延、庆等地饥民。但灾情最重的延安府仅得3004两、庆阳府得880两，数额之少无以言救。陕西巡抚刘广生想方设法从军饷中，拨得5万两专赈延安、庆阳二府受灾军民，并请求蠲免陕西崇祯元年（1628年）拖欠银5.2万两、崇祯二年（1629年）辽饷银11万两、天启六年（1626年）、七年（1627年）的带征，以及崇祯三年（1630年）田租的一半等，虽然多方补助灾区，但数量相对于数百万灾民来说，显然是杯水车薪。即便崇祯四年，御史吴甡奉命赈济陕北，所带白银也不过区区十万两，相对数百万灾民来说，无济于事[①]。

财政枯竭，让崇祯时期的明朝失去了赈济灾民的能力，灾民成为流民，进一步走向造反的道路。最终，农民起义成为燎原之势，摧毁了明王朝。

瘟疫

在明清小冰期，不仅明朝遇到了严重的灾荒，整个亚欧大陆都遭受严重的打击。明朝的东北方、北方甚至欧洲都是如此。

事实上，在明朝北方和东北方向发生的自然灾害，比中原地区来得更早、持续的时间更长，也更加严重。根据栾凡先生的研究，明朝辽东时期的米价有别于中原，从成化十四年（1478年）就开始了长期上涨的走势，到嘉靖三十七年（1558年），达到1440年米价的6～7倍。1618年，每石米价是白银4两，到1620年，米价涨到每石白银7两，之后，更上涨至每石白银12两[②]。这是因为无论辽东还是蒙古，纬度更高，受气候转冷的打击更加严重，加上农业生产技术不如中原，

---

① 刘志刚. 明末政府救灾能力的历史检视[J]. 北方论丛，2011，(2): 74-79.
② 栾凡. 明朝辽东的米价、军粮与时局[J]. 东北史地，2010，(3): 65-72.

自然灾害带来的打击也就更加严重。

在这样严重自然灾害的情况下，无论北方的蒙古族还是东北方向的后金，主要采取的是抢掠政策以图渡过艰难，这带来了两场战争，但每场战争都持续了数十年。

第一场战争是庚戌之变。这是蒙古土默特部首领俺答汗与明朝之间的战争，虽然这场战争主要发生在庚戌年，但在嘉靖二十九年（公元1550年）之后持续了20多年。

战争的真正起因是俺答希望向明朝称臣纳贡，要求扩大边境贸易，但明朝加以拒绝，俺答因此发动了南侵的战争。今天的人们是无法理解的，为了双方做点买卖，值得大动肝火？何况买卖不成仁义在，贸易不就是为了赚点钱。可是，赚钱诚可贵，脑袋价更高，战争是要掉脑袋的！如果把这个问题放在气候的大环境下思考就会恍然大悟，这一时期的边境贸易对于蒙古民族来说是生死攸关的，没有粮食是会死人的。而处于南方的明朝，同样因为气温下降，农产品产量也在下降，以嘉靖先生的聪明，这点账不用算都清楚。结果只能是持续的战争。

最终，还是以明朝答应"互市"结束了这场持续了20多年的战争。

第二场战争发生在东北的方向。

蒙古方向还好说，终归还有牛羊可供交换，明朝又打又拉，既有精兵猛将镇守边关，又开放互市，蒙古人还能将就着过，但东北方向的后金可就没有妥协的办法了。

打猎是女真人古老的职业，可东北发生严重的饥荒之后，打猎是低效率的，能用猎物交换来足够的农产品吗？估计是比较困难的事情。即便把东北的野猪、獐子都打光，也无济于事。

努尔哈赤父子是不是雄才大略先不管，估计那时女真人也不管，但气温下降之后，东北地区不断的大旱与大涝，农产品产量下降，可是会饿死人的，这个问题不光努尔哈赤父子要管，所有女真人都要管。

没办法了。只能从事更古老的职业——抢劫！

后金不断地对明朝发动战争，当山海关无法攻破的时候，后金军绕道古北口等地入关。只要看看地图就清楚，这样做的风险是极大的，因为山海关在明军的手中，如果归路被截断，后金军队将陷入四面包围,连退路都没有。任何稍有军事常识的统帅都不会这样做,但皇太极为何非要如此?当然,清史学家们一定说,皇太极具有雄才大略,算无遗策。可事实是,那是没办法的事,抢不来东西,家中的老婆孩子都要挨饿,甚至饿死,与其老婆孩子都饿死,还不如冒死抢劫,终归还有一线生机。

都是被逼无奈。

在北方的蒙古人、东北方向的后金和中原大地农民起义的多重打击之下,明朝是困难的,但这些因素依旧不能摧毁明朝。即便当时明朝内部的农民起义已经愈演愈烈,皇太极也未能突破关宁防线从而攻下北京,从战略上来说,后金不占优势,山海关始终在明朝手中。

持续的旱灾终于引发了瘟疫的大流行,这成为压垮明朝的最后一根稻草。

万历、崇祯年间,旱灾变得越来越频繁,鼠疫也开始蔓延,波及华北数省的大鼠疫终于在山西爆发,明朝末年蔓延到了京畿地区,这直接导致了北京城的轻易被攻占。

根据上海交通大学历史系曹树基教授的研究,这场大鼠疫是从崇祯六年到崇祯十七年间流行,发源地大致在山西的兴县,然后到大同,再到潞安,接着,鼠疫传到陕西的榆林等地。崇祯十四年时,大鼠疫传到河北大名府(今邯郸大名县)、顺天府(今北京地区)等地,那里的地方志上,都有"瘟疫,人死大半,互相杀食"的记载。崇祯十六年,也就是北京城破的前一年,北京发生大鼠疫。

中国台湾著名明史专家邱仲麟,于2004年在《明代北京的瘟疫及帝国医疗体系的应变》一文中,对北京的这场大鼠疫有更详细的描述。到崇祯十六年(1643年)四月时,北京每天死人上万,以至于城门都被运出的棺材堵塞。沿街的小户居民,十之五六死去,死在门口的最多,街头连玩耍的孩子都没有了。有一个统计数字,这场大鼠疫夺走20万北京人的性命,而北京城当时的人口,估计在80万到100万,也就是说,每四到五个北京人中,就死掉一个。邱仲麟写道:"堪称是一场超级大瘟疫。"当时的北京城里盛传种种白衣人勾魂的流言,一到晚上,民间整夜敲击铜铁器驱鬼,"声达九重",官方也没法制止——这是怎样的一座鬼气森森的城市!

可以想象，这时驻在北京的明朝军队怎能幸免于瘟疫？邱仲麟写道：当时在北京的明朝军队，名义上说有十来万，大疫过后，少了一半。据他引述一位明朝遗民张怡的说法，当时，李自成的队伍杀过来时，能上城墙防守的军人，连一万人都凑不齐，士兵、小贩、雇工大批倒毙，连叫花子都找不到了（叫花子当然也知道需要逃离北京）。当时的守城将官低声下气求人来守城，"逾五六日尚未集"，朱由检下令让太监三四千人上了城墙。到了李自成兵临城下时，北京内城上五个城垛才有一个士兵，而且都是老弱病残，"鸠形鹄面，充数而已"，李自成已经到了西直门，京城还没什么像样的防御，而士兵们每天只有百余文钱去买粥充饥，根本无法抵挡农民军[①]。

所以，我们看到所有的史书，都没有李自成攻破北京的战事记载，因为李自成是遛弯遛进了北京。那时的北京城，根本无需进攻，也就没有真正的战事，那基本是一座不设防的城市。

鼠疫，让明朝没有了丝毫的抵抗之力。

通胀使得明朝的财政枯竭，鼠疫让明朝丧失了最后的抵抗力，这是明朝灭亡的主要客观原因。主观的原因是万历，从万历清算张居正开始，明朝少刚正之臣，更多的是官僚，政治制度基础逐步崩塌。

历史永远走出的是必然性。

经济效率决定白银的流向

前文说到，因为明朝商品的质量优势和价格优势，带来了持续的贸易顺差；以黄金作为参照物，中国的白银价格更贵，形成资本顺差。也就是今天所说的双顺差，这是中国实现银本位的基础。

在当时的情形下，世界所有主要的国家都使用白银作为主要的货币，即便欧洲实行金银复本位制，白银也是主要货币。明朝时期的双顺差，是无法通过操控汇率实现的。

明朝的双顺差反映的是一个事实：明朝经济具有更高的效率。

所以我们看到明朝的大多数时期，贸易顺差不断持续，同时资本

---

① 邱仲麟. 明代北京的瘟疫与帝国医疗体系的应变 [J]. 中央研究院历史语言研究所集刊，2004，(75.2)：331—388.

净流入，从欧洲、日本的银价持续低于明朝就可见一斑。

所以，明朝的优势是全社会经济竞争力的优势，是经济效率的优势。由此可见，当一国经济效率非常高的时候，单位资本就有更高的产出，商品的国际竞争力就会提升。经济效率高意味着资本回报率更高，资本的价值就会上升，白银就升值，白银相对黄金的价格上升。

从表5.5可以看到，1572年以前，中国的金银比价在1∶6～1∶8之间，而欧洲同时期在1∶11.5～1∶12之间，说明中国的银子比欧洲贵得多，中国的生产效率高于欧洲。所以，无论贸易项下还是资本项下，明朝都会形成顺差。

表5.5　16—18世纪中外金银比价表[①]

年代	中国	日本	英国	西班牙
1534	1∶6.36	—	1∶11.50	1∶12.00
1568	1∶6.00	—	1∶11.50	1∶12.12
1572	1∶8.00	—	1∶11.50	1∶12.12
1580	1∶5.50	—	1∶11.70	1∶12.12
1592	1∶5.50～1∶7.00	1∶10.00	1∶11.80	1∶12.12
1596	1∶7.50	—	1∶11.90	1∶12.12
1604	1∶6.60～1∶7.00	1∶10.99	1∶11.90	1∶12.12
1620	1∶8.00	1∶13.05	1∶12.50	1∶13.13
1622	1∶8.00	1∶14.00	1∶12.50	1∶13.13
1635	1∶10.00	—	1∶13.00	1∶13.13
1637—1640	1∶13.00	—	1∶13.50	1∶13.13～1∶15.45
1660—1669	1∶10.00以上	—	1∶14.50	—
1671	1∶10.00以上	—	1∶15.19	—
1675	1∶10.00以上	—	1∶15.56	—
1677	1∶9.00	—	1∶15.36	—
1700	1∶10.00以上	—	1∶14.67	—
1709	1∶10.00以上	—	1∶14.62	—
1714	1∶10.00以上	—	1∶15.15	—
1719	1∶10.00以上	—	1∶15.40	—

[①] 陈昆．明代中后期世界白银为何大量流入中国［EB/OL］．(2010-10-09)［2014-06-08］．http：//economy.guoxue.com/? p=7414．

(续)

年代	中国	日本	英国	西班牙
1721—1730	1∶10.50	—	1∶15.50	—
1731—1740	1∶10.90	—	1∶15.10	—
1741—1750	1∶11.77～1∶12.50	—	1∶14.93	—
1751—1760	1∶14.90	—	1∶14.55	—
1761—1770	1∶15.00	—	1∶14.81	—
1771—1780	1∶15.47	—	1∶14.64	—
1781—1790	1∶15.23	—	1∶14.76	—
1791—1800	1∶15.40	—	1∶15.42	—

1572年，是明神宗（万历）即位之年，而明神宗登基意味着张居正改革的开始。对于改革的效果，很多人说很难用数字表达，特别是已经过去很多年，资料也不是很完整。实际上并不是这样，万事都有根本，这个根本就是白银的价格。

从张居正改革开始，明朝白银的价格涨到16世纪的最高水平，也就是金银比价达到1∶5.5，这是一个很高的水平，考虑到明穆宗时期已经开放海外贸易，白银加速流入，这一时期白银价格的上涨，纯粹是因为白银需求上涨所致。说明张居正改革之后，中国的经济效率得到大幅度提升！这时，明朝白银的价格是欧洲的2倍以上。这也意味着，在张居正改革之后，中国、欧洲之间经济效率的差距继续拉大。这就是张居正改革的直接成果。

所以，从表5.5可以清楚地看到中国经济在明清时期效率的变化轨迹。明朝时期，因为生产效率高，白银价格就高，资本具有从欧洲流入中国的动力，这种情形一直持续到清朝康熙时期，到乾隆时期的1750—1760年间出现了逆转，虽然这时的英国已经事实上放弃了白银作为本位金属，但中国的白银价格依旧低于英国，说明中国这一时期的经济效率低于英国。

经济效率决定白银资本的流向。

历史的数据浩如烟海，但海量的数据中又有必然的统一性。从图5.4中，我们可以看到，明朝末期的1615年前后，米价上涨，通胀来临；从表5.5一样可以看到，从1604年以后，白银价格开始缓步下跌，到1622年开始加速下跌。相应必定带来白银流入速度的下降，

1590—1602年间美洲流入菲律宾的白银为年均约167吨，到1636—1644年间，下降为年均约26吨，美洲流入菲律宾的白银最终流向主要是中国，说明中国商品的竞争优势下降，而同一时期中国经济显示的现象是工商业萎缩。

根据艾维泗（Willion S. Atwell）的研究结果，从1610年开始，白银流入明朝的速度开始下降。出口恶化，中国经济陷入了危机。丝绸、陶瓷和茶叶主要为江南产品，经济危机对江南的打击尤为严重。据记载，17世纪40年代早期长江三角洲下游地区的经济活动实际上已接近停止，生铜、铜币、生丝、丝绸、棉织品、桑蚕、土地和其他非食用物品的白银价格在急剧下降。1642年初，生活在长江三角洲地区最大城市里的一个人是这样描述的：民房多空废坍颓，良田美产欲求售而不可得。同时期的广东和福建一样在经历着经济萧条。

这是一种什么情形？米价上升，白银贬值，白银这一国际资本流入的速度下降；非食品价格下跌；固定资产（土地和房屋）价格下跌。这就是典型的滞胀。

通胀的上升，削弱了中国的经济效率，丧失了商品价格的国际竞争力。连续通胀导致工商业萎缩，财政收入下降，劳动者的收入也同时下降，而国家的财政支出和个人生活成本因通胀上行而上升，使全社会陷入困境。

清朝的屈辱与银本位无关

清朝，是苦涩夹杂屈辱、百味杂陈的时代。清朝，虽然通过平三番、定台湾、远征西域等一系列战争，维护了国家的主权和统一，但更多的时期是一个令中国人屈辱的王朝。鸦片战争、甲午海战、中法战争、八国联军攻入北京，等等，被揍得连脾气都没有，不断地订立丧权辱国条约。赔银子、割让土地，甚至连海关都拱手送给洋人打理。到后期，只是仰洋人鼻息而生存，令中华民族承受了有史以来最严重的屈辱，也彻底打掉了这个民族从春秋时期以来形成的自豪感，对中国社会的影响极其深远。民族自豪感是制度创新、科技创新、文化进步的基础。清朝后期，中国失去了世界经济中心的地位，"崇洋媚外"

等民族自卑感开始进入这个民族的生活。

清朝又是多姿多彩的时代。清朝发生了太平天国起义,首提"凡天下田,天下人同耕"和"无处不均匀"的口号,封建帝王的"普天之下,莫非王土"的封建思想发生动摇。平均地权成为清朝以后的潮流。现代银行业开始诞生,比欧洲晚了两三百年。股票市场开始出现,股灾和金融危机等现代名词开始进入中国人的生活。

番薯的功劳

清初时期,中国依旧处于小冰期,虽然气温从1650年开始缓步回升,但形势依旧比较严峻。

有两点原因实现了土地生产能力和人口需求之间矛盾的缓解,并最终实现白银购买力的回升。

第一,清初时期,人口的大规模减少使得这种矛盾得到缓解。按葡萄牙人曾德昭记载的数据,万历时期16~59岁的纳税男丁数超过5000万,当时的人口当在1.5亿左右。而清初时期,顺治八年(1651年)丁数是1063万人(16~60岁的男丁),人口最多不过三四千万人,明末清初时期,中国损失的人口过亿,除了战争、饥荒和瘟疫造成人口大规模减少外,满清八旗在进关后疯狂的屠杀也是主要因素之一。人口数量的下降,缓和了人口与土地生产能力之间的矛盾。

第二,耐寒耐旱的番薯大面积种植,拯救了无数中国人的命运。例如,《东莞县志·物产·薯》所引《凤冈陈氏族谱》载:"万历八年(1580年),客有泛舟之安南(今越南)者,公(陈益)偕往,比至,酋长延礼宾馆,每宴会,辄飨土产曰薯者,味甘美。公觊其种,贿于酋奴,获之。……未几伺间遁归。……万历十年(1582年)夏,乃抵家焉。……嗣是种播天南。"陈益古墓号称"中国第一块番薯地"。再如,陈振龙(约1543—1619年),福建省长乐县青桥村人。年未二十中秀才,后乡试不第,遂弃儒从商,到吕宋岛(今菲律宾)经商。振龙见当地种有朱薯,耐旱易活,生熟都可食,有"六益八利,功同五谷",便不顾西班牙政府不许朱薯出口的禁令,将薯藤绞入吸水绳中,渡海带回福州培植。陈振龙及其子孙虽出身布衣,商贾为业,却一心情系民生,花费了七代人的钱财和心血,引种、推广种植番薯,终有所成，泽被苍生，功德无量，为后人纪念。

在明朝末年，番薯开始从越南、菲律宾等地传入中国，到清朝前期进入中原。这种耐寒、耐旱并高产的植物，立即发挥了巨大的作用，使人口和土地的矛盾得到缓解。清初时期，米价的下跌，白银购买力出现了回升，经济效率得到提高。和番薯在北方的大规模种植有非常大的关系，也直接造成乾隆时期的人口爆发。

清朝货币

清朝的货币，使用的是白银、银元和铜钱，这种货币体系一直伴随整个清朝。

白银按锭来铸造，一锭重量不等，大的是五十两，最小的是二两半。

白银之下是银元（图5.5）。最早的银元是仿照外国银元铸造的，比如西班牙银元和墨西哥银元，上海的一些银号也铸造了一些银饼，不同时期还铸造了一些银元作为军饷。银元相当于现在的百元大钞。银元的真正价值，一看面值，二看成色。面值好说，明码标价；但成色却是难说，大部分需要交易者自己判断，我们在古装电视剧中经常看到一些镜头，交易者通过敲击或吹气，依照银元发出的声音判断银元成色，不同人的判断都会有很大差异。

图 5.5　清朝银元

（图片来源：中国网）

银元之下是铜板，上面印的是元宝或重宝的字样（图 5.6），相当于现在的几十元钞票；铜板之下是铜钱，外圆内方，相当于现在的硬币，铜钱就是对大家来说非常亲切的"孔方兄"。

清朝初期吸取了南宋交子、会子，元朝纸钞，明朝大明通行宝钞

乾隆通宝(新疆红钱)

咸丰元宝

咸丰重宝

图 5.6　清朝铜币

（图片来源：中国网）

的教训，对纸币保持警惕之心。顺治八年（1651年），清朝统一全国的战事尚未平息，财政入不敷出，曾发行纸钞"顺治钞贯"，大局平定之后，立即收起，于顺治十八年停发。

咸丰三年（1853年），正是太平天国起义如火如荼的时候，太平天国定都于南京，清政府因财政日益窘迫，铸造和推行咸丰大钱（虚钱，比例基本是以一当二），同时，今日中国社会最耀眼的"明星"开始出场。

今天，很多人为了追逐这位"明星"，疏远了兄弟亲情，淡忘了养育之恩，丧失了价值观，甚至贪污受贿、损人利己却不以为耻反以为荣，这位"明星"的影响力确实非比寻常。

这位"明星"就是每个人都熟悉的钞票兄。

虽然今天的钞票兄可以横扫亲情、友情甚至爱情，但刚刚出场的时候只是个跑龙套的小角色，而且只是个临时工，十年之后就"下岗"了。这位兄台不是一个人，而是双胞胎兄弟二人。1853年，清政府发行一种以制钱为单位的纸币，称"大清宝钞"，简称钞；另一种是以银两为单位的纸币，称"户部官票"，简称票，兄弟两人合起来就是钞票。

开始的时候，清政府一心一意要将这两位打造成"超级明星"，咸丰帝还信誓旦旦发布公示："此钞并非为取钱之用，但既可交纳官项，库上作现银现钱抵收，即与现银现钱无异，需要人人宝贵，勿作空纸看承。凡置产、买货、典赎、还债，得钞便可代钱，自相行用。其有愿将官票赴宝钞局换钱钞以便零用者，亦听其便……官票银一两抵制钱二千，宝钞二千抵银一两，与现行大钱、制钱相辅而行。"咸丰帝的大概意思是说，无论官票还是宝钞，在所有交易过程中都可使用，可以用于缴税，也可到宝钞局兑换。

钞兄刚出场时，面值比较低，以制钱单位"文"计，有二百五十文、五百文、一千文、一千五百文、二千文，咸丰五年以后，又增发了伍仟文、拾千文、伍拾千文、百千文等；票弟比哥哥牛，以纹银单位"两"计，有壹两、叁两、伍两、拾两、伍拾两五种面值。

虽然咸丰帝一心一意想将钞票兄捧成"明星"，可自己都没底气，咸丰帝发行钞票起始，就告诉市场这就是个局，"此钞并非为取钱之用"，一句话就露了陷，看来多读书还是有好处的。

虽然规定钞票可以缴纳官家钱粮，但只能搭用三至五成，后来搭用三五成都不再接受，官办的官钱店兑现也没有保障。在民间，老百姓的眼睛更是雪亮的，用钞票购买物品，往往遇店主抬高价格，或干脆拒售，他们"故昂其值，或以货尽为词"，意思是说，遇到用钞票来买东西的，要么抬价，要么就说货卖完了。

咸丰帝这出戏演得实在不怎么样，不打自招，远不如明朝朱元璋先生敢做敢当，至少朱元璋敢于在1394年取消铜钱流通后理直气壮地说，大明朝的税款只收大明通行宝钞，别的东西一概不收，而且说到做到。即便后期的更改，那也是三四十年以后的事情。

可怜的钞票兄，姥姥不疼，舅舅不爱，官方和民间都不受待见，只是一个跑龙套的角色，十年之后就"下岗"了，停止发行和流通。

银本位代表中国的辉煌

宋、明时期，中国是世界经济的中心，中国创造了世界瞩目的科技文明和文化文明。在明朝，世界的白银以各种方式从日本、欧洲、美洲流入中国，这种势头持续到清朝前期，促成了中国银本位制度的建立。到清朝中后期，一切都发生了逆转，中国从世界经济的顶峰跌落了下来。

有人将这些屈辱归结于银本位，这是一种本末倒置。

在明朝，白银不断流入中国，是因为明朝商品具有价格优势和质量优势，金银比价达到1∶4～1∶5.5，说明中国经济的效率非常高，远超过欧美。万历时期的经济规模占到世界的60%，这种白银的流动趋势完全受中国的需求所主导。

1717年以前，在英国和中国，白银都是最主要的资本形态。中国的金银比价更高，白银更贵，说明中国的经济效率高于英国，商品的价格和质量竞争力强于英国，这是一场公平的竞争，因为白银没有国界，"脑门"上更没有籍贯，这就像一场公正的拔河比赛，没有丝毫投机取巧的成分。基于资本（白银）的逐利本性，一定流向收益率更高的国家，所以，银本位不是中国衰落的原因，恰恰是中国强大经济竞争力的体现。

清朝的衰落不是因为银本位制，而英国的崛起也不是因为金本位制，货币体系的差异根本不是原因。

清朝的没落源于制度

实际上，以清朝中前期占据世界经济总量大约三分之一左右的标准来衡量，如果经济继续高速发展，用任何贵金属作为货币本位都难以满足经济持续发展的需要，这是贵金属本位制必然带来的问题。要想保持白银的持续流入，要么是通过战争，不断地对外扩张，这就是英国工业革命以后的扩张之路；要么是通过体制革命，保持世界的领先水平，不断提升经济效率和商品的国际竞争力，继续保持白银流入，如果中国的经济效率足够高，甚至会出现白银与黄金一起流入的情形；第三，就是尽快建立现代银行业，用货币杠杆提高贵金属货币的信用供给。

可事实是，满清政权实行的是专制制度。这种制度既不同于宋、明时期逐渐发展起来的皇权、相权和都察权相互制衡的制度，也不同于秦朝、西汉中前期和隋唐时期以法制为主、各种思想互相融合的制度，而是一种高度集权的制度。

明朝之后，世界上很多国家都在进行轰轰烈烈的制度革命，英国率先建立了君主立宪制度，然后就是法国和美国建立共和制度，这是一场世界史上影响最为深远的制度革命。

相反，清朝并没有延续宋朝和明朝开始的制度进步，而是回归更加落后的集权专制制度，实行闭关锁国和文字狱。所以，清朝的屈辱源于自己的固步自封，希望脱离于世界的潮流而偏安一隅，保护自己的家族统治。事实证明这是做不到的，即便你可以压制自身的"家奴"，也无法阻挡欧美的坚船利炮。

体制永远是决定国家经济前途的第一要素。

金本位是英国无奈的选择

英国之所以过渡到金本位，是因为在明朝中后期和清朝前期中国经济竞争力的优势，使得英国的白银不断流出，最终只能被迫改用金本位。金本位建立之后，英国因为制度优势和经济发展，实力不断上升。相反，清朝不断衰落，鸦片战争之后，随着白银的持续流出，中国的银本位已经岌岌可危。国际财富分配的话语权完全由欧美左右，黄金成为财富的唯一标志（在17世纪以前，黄金白银均属于财富的标志），这就形成近代世界财富主要集中于西方的事实。

中世纪的欧洲，在经过公元500—1000年间所谓的"黑暗时代"之后，出现了繁荣，11—13世纪，农工商业均有明显的发展，人口达到了8000万，市镇兴起，集市贸易遍布于欧洲大陆，其中最突出的是香槟集市。

到13世纪末，香槟集市迅速衰落。西欧工业化之前，农业一直是欧洲的主要产业，14世纪中叶（相当于中国的元朝末年），几乎整个欧洲都遭到"黑死病"的严重摧残。在这场灾难中，损失了数以千万计的人口，比1300年前后减少了1/3～1/2。由于劳动力缺乏，劳动者要求提高工资，农业耕作被推迟或受限制，传染病发作期间，贸易和交通陷入混乱，致使许多庄园主改农田为牧场以便减少雇工。作为欧洲社会经济基础的农业，受到空前的破坏，尤其是粮食产量严重不足。直到15世纪，经济渐渐恢复。可是，这个时期贵金属货币的数量却不能适应经济恢复和发展中的商业需要。亨利希·奎林在《黄金史》中认为，中世纪欧洲的黄金存量只有500吨，欧洲的无数小城镇几乎见不到足值的金银币。故西方学者称此时的欧洲是"贵金属奇缺的欧洲"。

在哥伦布横跨大西洋之前，欧洲就已经掀起了开采和寻找贵金属的热潮。最突出的是蒂罗尔（位于奥地利境内）和萨克森（位于德国境内），从15世纪50年代开发后日渐发展，到16世纪20年代至30年代，年产白银达到 70 吨左右。西方学者估计，"1460 年至 1530 年间，白银产量在中部欧洲增加了 4 倍"。按照布罗代尔和斯普纳 1967 年的估计，在美洲白银大批到达欧洲之前的 1500 年，欧洲现存有黄金 3600 吨，白银 37000 吨。贵金属存量的快速上涨，超过经济增长的实际需求，给欧洲带来通货膨胀，1450—1500 年，便发生了物价上涨的经济现象，这是 16 世纪"价格革命"的开始①。哥伦布横跨大西洋的航行，亦是为了寻找金银，随着美洲白银的开发，从 1550 年前后开始，大量的白银流入到欧洲，进一步推动了这场价格革命。这是欧洲 16 世纪价格革命的货币推动力。

白银的丰富是推动欧洲价格革命的因素之一，但绝不是唯一的主要因素。我们知道，商品的价格从根本上是受到供需关系主导的，而货币因素不过是助涨助跌的作用，在贵金属货币时代更是如此。

1450 年前后，明朝的气温已经显著转冷，而宪宗（1464—1487 年）时期，气候非常寒冷，这种寒冷的气候，一样打击欧洲，严寒加上干旱，不断打击欧洲的农业生产。根据气候学研究，多数寒冷期，亚洲都领先发生，欧洲滞后大约 50 年。在法国，1500—1592 年，食品价格增长了 10 倍。在对巴黎食品市场价目表的分析中，鲍兰和穆芜莱发现，1521—1522 年、1524—1525 年、1531—1532 年、1545—1546 年、1562—1563 年、1565—1566 年、1573—1574 年、1586—1587 年、1589—1591 年的粮食歉收都导致了价格的上升。在英国的埃克塞特，一夸特（1 夸特=1.1365 升）小麦的价格 1543—1544 年不到 10 先令，两年后上涨到 19 先令以上，在 1546—1548 年下降到不足 7 先令，而到 1551—1552 年则又上涨到 20 先令，几经波折后到 1556—1557 年涨到 32 先令，十几年的时间，上涨到原来的 3.2 倍②。

农业产量的不足直接导致价格的上涨，美洲白银开发，白银大量流入欧洲，助长了这种涨势，推动了欧洲的价格革命。

在一个世纪的时间内，欧洲的价格水平大幅上涨，导致了严重的通胀，使得当时世界的主要资本——白银——价格下跌，经济效率下降。最主要的原因依旧是欧洲的农业抵抗不住寒冷气候的打击，农产

---

①② 波斯坦. 剑桥欧洲经济史（第四卷）. 王春法译. 北京：经济科学出版社，2003.

品产量无法满足人口的需求。

到这里，可以清晰地显示出明朝的经济优势，明朝更早受到严寒气候的打击，而且从 1580 年前后开始，明朝进入了明清小冰期的最冷阶段。可是，从图 5.4 中可以看到，在整个 16 世纪的 100 年中，明朝的米价异常平稳，而欧洲同时期的物价涨幅却达到两三倍以上，这说明什么？说明中国的农业水平远远高于欧洲，对寒冷气候的抵抗能力远远强于欧洲，这是明朝相对欧洲建立经济优势的基础。

基于农业水平的差距，经历价格革命（通货膨胀）的欧洲，彻底丧失了和明朝商品在国际市场上竞争的能力。虽然美洲白银大开发所生产的白银，有大约 75％流入欧洲，但是在明朝中后期和清朝前期，很大部分又流入了中国。

1696 年，英国再次进行货币重铸，这也是最后一次货币重铸。英国政府付出了巨大的代价，铸造出分量足够的银币推向市场，但这些银币很快退出流通，标志着货币重铸再次失败。

从这时开始，牛顿（就是那位伟大的物理学家、数学家和天文学家，同时还是一位神学家和著名的金融专家）登上了英国金融的舞台。1696 年，牛顿接到英格兰财政大臣的邀请，出任造币局监督。牛顿进入铸币局以后，利用数学家的精神和方法，对货币铸造的精度、质量和防打磨措施（现在硬币边上的齿形就是牛顿首先引入，这验证了一点，高学历人才的智慧终归强于一般人）进行了改造。尽管牛顿付出了很大的努力，1696 年的货币重铸还是失败了。白银在套利动力的驱动下不断从英国流到欧洲，进而流入中国，这已经成为无法改变的现实，英国白银短缺的局面已经不可改变。

通过观察苹果落地的现象都可以总结出牛顿定律，货币这点事还能难倒牛顿？牛顿在货币报告中分析了中国、日本、印度和欧洲大陆的金银价格，提出英国实行金本位制，并确定了金的价格，1 金衡盎司黄金（纯度为 90％，1 金衡盎司＝31.1034807 克）价格为 3 英镑 17 先令 10 便士。事实上，英国这时（1717 年）开始进入了金本位制。1816 年，英国从法律上确定了金本位制，1 英镑含 7.32238 克黄金。可以说，牛顿是金本位的奠基人。

在这里，需要补充说明，1717 年前与后的白银是有差异的，因为英国以及欧洲大多数国家从 1717 年开始，陆陆续续放弃银本位，白银在欧洲逐渐成为普通金属，必定加速流入中国（中国还是通货），这直接造成白银购买力出现变化。所以，以乾隆时期财政收入的白银数量超过明朝或康熙时期，就说乾隆时期的中国强于以前的时期，是不确切的，从表 5.5 上，也可以明显看到，乾隆时期（1736—1795 年）与康熙时期（1662—1722 年）相比，白银相对黄金贬值，购买力下降。从图 5.4 也可以看到，自 1720 年开始，白银相对大米贬值，中国的米价加速上涨，通胀严重，严重的通胀让百姓困苦不堪。

牛顿先生之所以伟大，是因为他看清了遥远的东方使用银本位制度，而对白银的争夺战中，是经济规模和经济效率的对抗，英国基于经济总量的差距，也基于经济效率的原因，无力抗衡！在特定的历史时期，能做到顺势而为，就是牛人！

英国首先实行金本位制，也就首先摆脱了白银不断东流给经济带来的损害。而欧洲各国依旧实行金银复本位制，依旧承受白银东流的痛苦，这成为英国称霸欧洲的有利条件之一。所以，英国当时实行金本位制完全是一种顺势而为的行为。白银流入东方的中国，黄金流入英国，双方在货币信用上各取所需。

从货币属性来说，黄金比白银并不占有丝毫的优势，因为黄金比白银更少，产量增长更加缓慢，适合于当时经济总量更小的英国。相反，白银数量远大于黄金，产量增加也比黄金迅速，适合于经济总量更大的中国。正因为如此，如果将金本位制的建立作为英国称霸世界 100 余年的理由，是不成立的。

虽然中国有人不断地鼓噪金本位是英国崛起的原因，也在鼓吹英国实行金本位是主动占领了货币的制高点。但是，欧洲的学者远比中国人清醒。即便牛顿，在 1696 年货币重铸的起始阶段，一样坚持银本位，在写给康替龙的信中坚持认为，白银是真正唯一的货币本位。之所以在这次货币重铸的后期改变了自己的观点，在于决定实施货币重铸以后，即 1696 年 3 月 26 日至 1697 年 1 月 1 日，造币厂几乎没有承担什么铸币业务，无银可铸。期间，到 1696 年 6 月底，只有 12％的银币重新回到了流通之中。可以想象，市场中银币减少的剧烈幅度。虽然牛顿在铸币的重量和纯度上实行了最严格的标准，但那无济于事。

直到 1699 年，货币重铸也没有完成。这些事实让牛顿改变了自己的观点。查尔斯金·德尔伯格先生则认为，英国过渡到金本位，更像是一种偶然因素，而非"预先设计的结果"。

中国选择银本位是当时中国经济和商品国际竞争力的体现，英国选择金本位是被动的行为，它没有其他的选择。

历史有时是十分滑稽的，英国占据产量更小、增长更加缓慢的黄金，但基于制度的优势，却从此飞速前进；而中国占据产量更大、增长速度也更高的白银，却因为制度的倒退，陷入不断被动挨打的境地。

汇通天下之乡下祖父

今天，大街上最漂亮的店面几乎都是各地的银行，银行的职员也都是西装革履。追根溯源，中国的现代银行业被认为是从清朝设立通商银行开始的。

1897 年 5 月 27 日中国通商银行正式成立。1905 年，户部银行由户部奏准设立。交通银行是邮传部奏准于 1908 年在北京成立。

就像造纸术的发明，蔡伦只是将劳动人民的智慧最终进一步升华，即便没有蔡伦，也会有"李伦"、"张伦"来完成这一过程。因为远古中国人就已经懂得养蚕、缫丝，秦汉之际以次茧作丝绵的手工业十分普及，这种处理次茧的方法称为漂絮法。公元前 12 年西汉成帝时期，人们利用蚕茧在水中被打击后残留下来的茧絮晒干后用于记事，这就是最原始的纸张。有人把这种"纸"称为"赫蹄"。这是蔡伦造纸术的基础，他将这一方法总结之后发明了造纸术。

现代银行业的产生也是一样，他们的祖先在乡下。

平遥古城

道光三年（1823 年）正月初一，山西平遥城西大街，在中国历史上第一次打出了票号的招牌——日升昌。这就是现代银行业的乡下祖先。

唐朝的飞钱，经过 1000 多年后，衍化出清朝的票号，这远远早于清朝通商银行成立的 1897 年。

日升昌票号的产生，经过了一个长期的酝酿过程。它的前身是山西平遥的西裕成颜料铺庄，东家是李大全。

西裕成的总经理雷履泰非等闲人物。先是在北京、汉口分号担任经理，又回到平遥总号做总经理，生意越做越红火。这期间，李家的西裕成颜料庄开始发展为全国性的大商号。

渐渐地，雷履泰注意到资金汇兑的问题。平遥颜料坊与外地分号运货、资金往来业务频繁，两地之间就有专人往返，许多人常常托西裕成分号捎信或带钱。雷氏与李家都讲信用，安全带到。众商民担心路上被劫，雷履泰就叫伙计收下白银，然后叫专人带信回平遥总号，由后者付款给指定的人，这样避免来回携带银两的风险。此善举不胫而走，于是借款的、存款的、周转的纷纷上门，请西裕成进行资金调度，形成了商业资金的异地汇兑流程——初步的金融活动格局。

雷履泰注意到，异地汇兑是个魅力无穷的大宝盆，无论怎么翻腾，揭开宝盆后的赢家总是"庄主"，于是，向李大全建议成立专门经营货币资本的金融机构——票号。道光三年（1823年）正月初一，平遥城大街上挂出了"日升昌"的崭新招牌。李大全和雷履泰等人都没想到，这一举动代表着经营模式的创新，足以掀起一场金融革命。晋商沿着"票号"登上了"天下第一商"的宝座。

有一个民间传说，生动地说明了日升昌票号的经营理念——信用第一。清末时期，平遥城内一位沿街讨饭数十年的寡妇老太太，有一天持一数额为12000两的日升昌张家口分号汇票，到日升昌总号提取银两。柜头一看签发时间在同治七年（1868年），与取款时间相隔了30多年，赶紧跑到后厅询问大掌柜，两人问清了汇票来历，并认真查阅了数十年的帐簿，如数兑付了现银。原来，老太太的丈夫早年到张家口经商做皮货生意，同治七年收拾盈余，在日升昌分号汇款12000两白银，起程回籍，不料途中得病身亡。尸体运回家里，妻子哭得死去活来。换完衣服择日出殡后，一个好端端的家庭开始败落。妻子几十年熬过来，一天，这位早已沦为乞丐的老妇，拿起丈夫留下的唯一一件夹袄，从衣角摸到一张日升昌汇票，抱着试试看的心理，到日升昌兑取现银。这件事之后，日升昌信誉大振，汇兑、存放款业务欣欣向荣。

汇通天下从山西平遥古城开始。

红顶商人

汇通天下是创新的案例,红顶商人是中国商界的典范。

胡雪岩,名光墉,字雪岩,安徽绩溪人。

阜康钱庄名称取自"世平道治,民物阜康"。阜康钱庄的前东家,临死之前将阜康钱庄赠与胡雪岩,自此,阜康钱庄成为红顶商人胡雪岩的起家之本。

胡雪岩是非常精明的,他清楚地看到,中国自古以来都没有真正的市场机制,市场机制也无法充分发挥作用,权力和商业是一家,权力掌握着几乎所有的经济要素,在这样的体制下,走官商合一的道路是成功的捷径。

当经济利益按市场方式分配时,生产要素是按市场最优化的方式来分配,实现经济生活的高效率;当经济利益和权力结合到一起之后,权力将成为左右生产要素分配之手,经济就失去了效率。

胡雪岩通过结交浙江巡抚王有龄和闽浙总督左宗棠,将阜康钱庄扩展到浙江、上海、江苏等地,设立了20多个分店,并以阜康钱庄为基础,将业务扩展至当铺、房地产、生丝、盐业、茶业、布业、航运、粮食买卖、中药行以及军火等,创建杭州清河坊大井巷的胡庆余堂国药号。

曾国藩去世后,李鸿章为了遏制左宗棠的势力,亟言"白银更胜白米,钱根即是命根",所以"排左必先除胡",决心打击胡雪岩。

胡雪岩经营出口丝业,屯积生丝,垄断居奇,"举江浙二省之育蚕村镇,而一律给予定金,令勿售外人,完全售与胡氏"。1882年,洋商对胡的垄断生丝无可奈何,"一斤一两亦不可得"。次年,胡又试图联合华商垄断,此时洋商已经彻底被激怒,"共誓今年不贩生丝"。洋商采取这一态度的原因是世界经济危机使生丝的需求下降,国际市场价格下跌,洋人"不贩生丝"并不是团结一致的行为,而是市场趋势的结果。胡雪岩放了一年的生丝不得不出售,遭受很大经济损失。胡雪岩缺乏现金,无奈之下从自己的钱庄,调现银80万两周转。此时,上海道道员邵友濂又故意拖延胡雪岩的饷款(共80万两白银)20日,成为压垮胡雪岩的最后一根稻草。恰在此时,有内部消息传出,一时人人都传胡雪岩积囤生丝大赔血本,挤占阜康存款,挤兑首先发生在杭州府，泰来钱庄倒闭。后来导致各地皆发生挤兑风潮。

1883年12月3日，京师阜康分号关闭。接着，镇江、宁波、杭州、福州、金陵、汉口、长沙等分号亦相继闭歇。1884年，负债累累的胡雪岩遣散姬妾仆人，政商合一的商业帝国坍塌了。

胡雪岩的破产，很多人都将目光聚焦于李鸿章的打击，很显然，上海道道员邵友濂故意拖延胡雪岩的饷款，背后有李鸿章的影子。同时，市场适时传出胡雪岩即将破产的传言，一样有李鸿章的影子，因为当时盛宣怀掌管电报局，是李鸿章的下属，只有盛宣怀才知道胡雪岩资金调度的内情。

但是，这不是胡雪岩破产的唯一原因，更主要的是他违反了银行业的规则，李鸿章不过是在骆驼身上压上最后一根"稻草"。

银行业最大的风险在于流动性的风险。阜康钱庄就相当于现在的商业储蓄银行，而商业储蓄银行绝对不能直接投资工商业，更不能直接投资证券市场，这是银行得以健康发展的防火墙。这是一种抵御风险的机制，在那个时代，山西的票号已经认识到了这一点，这就是山西乔家大院的商道。

过去的商业制度是无限责任制，这和现代的有限责任制不同。现代企业以投入的全部资本负责偿还债务，资不抵债时，按资债比例偿还就行了。而过去的商号一旦发生亏损，不管资本额是多少，财东必须拿出全部资产来偿还债务，直至倾家荡产。胡雪岩横跨很多行业经营，任何一个商号出现倒闭，都会牵连到其他商号和阜康钱庄。

商号的亏损往往使临事的票号蒙受灾难性的境遇，使富甲一方的财东一夜之间成为穷光蛋。例如，祁县孙家的元丰玖票号，因汉口分号遭受湖南大茶行倒闭不能还款的拖累，导致兑现不灵，于是市面哗然，不得不于光绪十六年（1890年）关闭铺面。进而波及其他分号，遂致全线崩溃：天津、重庆伙友逃奔，山东掌柜则服毒自尽，孙家也从此一蹶不振①。

正因为这种无限责任制的巨大风险及惨痛教训，乔家商号的风险意识极强，抵御风险的措施主要包括如下几个方面②：

---

①② 郝汝椿．乔家大商道［M］．北京：新华出版社，2006．

就日常营业而言，由于营业的不平衡，可能出现现金巨额支付，所以乔家的字号都准备有充足的现金，以备急需，防止出现"柜空"而损伤信誉。如复盛公钱当铺，平时至少要保持 3 万元至 5 万元现金储存在银柜里。一旦大存款户来提现金，或珍贵财物来典当，则应对自如；甚至来往较深的客户来借款，或者包头地方政府临时紧急用款，都能代为垫付现金。

就长远考虑，买卖受许多因素的影响，经济局势起伏跌宕更是难以预测，风险随时会来，乔家商号的防范措施也更严密。

一是"厚成"。在账期结账时，把应收账款、库存商品和其他财产故意加大折扣，使账面资产价值远远低于实际价值。这样一来，这些账款、商品或其他财产只能是未来的盈利因素，而绝不会成为亏损因素。

二是副本（护本）。山西商人开钱庄票号时，除给掌柜一份本钱外，还要给一份副本（护本）。这份副本只是起辅助正本的作用，却并不参与分红。这样，商号一旦出现资本亏损时，副本就可随时补进，使商号能正常营业。乔家给商号的副本数额也很足，一般与正本相等。如乔家的广顺恒钱铺，资本 5 万两，另有副本 5 万两。乔家钱庄票号的副本与资本之比为一比一，而以稳健著称的"蔚"字五联号之一的天成亨票号，副本与资本之比也仅为二比五，由此可见，乔家的商号比"稳健著称"的天成亨还要稳健。

三是预提风险基金。乔家的商号在分红时，不是分光吃尽，而是在分红前预提出一部分利润作为风险基金，以应付市场风险或信用风险，使商号能够在风险临头时逢凶化吉，安然无恙。

现代《公司法》中，企业分红前，需要先弥补以前年度的亏损，然后提取公积金，之后才能根据公司章程实行分红，和乔家的商道是一样的原理。

四是倍股。在账期分红时，东家掌柜为了扩大经营规模，把东家的一部分红利转为资本（资本股数不变，只是每股资本额增大），使资本雄厚，更好地开展买卖。

正是基于这些防范措施，乔家字号历经几次巨大的金融风潮而稳如泰山。1883 年，在金融风潮的冲击下，阜康钱庄倒闭，山西 43 家票号，共歇业倒闭了19家。1911年时，由于受辛亥革命后金融风潮的打击，山西票号几乎倒闭歇业殆尽，唯有乔家的大德通、大德恒和祁县渠家的三晋源3个票号继续存在，续写着乔家字号在中国商界和金融界的最后辉煌。

这种风险控制机制在任何时期都是银行业可以持续经营的根本。

阜康钱庄经营的一样是商业储蓄银行业务，同时，胡雪岩大肆进入的生丝、粮食、药材、房地产等行业都属于工商业投资。胡雪岩不断地跨界经营，相当于将阜康钱庄的风险敞口不断放大，难以抵御市场风险的冲击。在无限责任的原则下，任何一个商号出现经营风险，胡雪岩名下的所有资产都属于清偿范围，当然也包括阜康钱庄。而且，工商业投资还受各种因素制约，比如战争、经济周期，等等。可以看到，当生丝生意出现亏损时，胡雪岩挪用了钱庄的款项，基于无限责任制的原则，即便胡雪岩不挪用阜康钱庄的资金，最终的结局也是一样，因为生丝生意（商号）的倒闭，一样波及到钱庄。

有些市场风险是难以预料的，比如预测金融危机的发生，即便在当今的金融学领域也是众所周知的难题。当时，就出现了两项这样的市场风险：

第一，1882—1883年，欧美爆发了金融危机。1879—1883年，美国共建成铁路近5.3万公里，约占同期世界铁路建设量的50%。1882年，美国铁路建设退潮，引发世界经济史上的经济危机。由于铁路过剩，平行铁路恶性竞争，竞相削减运费，使铁路经营入不敷出，银行及投资者纷纷抛售铁路股票和债券。1883年伦敦市场上美国的铁路股票价格跌至面值以下，铁路投资骤然萎缩。1882—1883年，美国机车产量下降65%，煤炭产量下降7.5%，生铁产量下降12.5%，棉花消费量减少15.4%，甚至一直增长的钢产量也下降了10.7%，出口减少13.4%，进口减少22%。1882—1886年，批发物价指数下降24.1%，萧条持续了四年之久。英国钢产量下降15.9%，棉花消费量缩减了19.7%，造船业下降最严重，达62.8%。法国联合总银行、里昂和罗尔银行倒闭，企业倒闭达7000多起。

此时，世界棉花和生丝价格下跌，需求萎靡，胡雪岩垄断生丝生意，希望打击洋商，结局可想而知。

第二，欧美的金融危机在1883年蔓延到中国，上海股票市场和房地产市场泡沫破裂,导致流动性剧烈收缩,无数钱庄倒闭,企业破产。阜康钱庄只是其中之一。

胡雪岩政商合一的商业帝国倒闭,有必然性。即便没有李鸿章的幕后黑手,在这样的金融危机中,以胡雪岩不断放大的跨行业风险敞口,阜康钱庄也时刻面临着巨大的经营风险。

闭关锁国是白银惹的祸

闭关锁国,是中国近代史上的最重大事件之一,是中国由盛转衰的标志性事件。

在前面的大部分文字中,都在说明一个原理,社会生活中发生的所有重大事件,都可以在货币上找到答案。

文景之治、昭宣中兴、开皇盛世伴随的是货币信用坚挺;唐朝盛世伴随的是开元通宝征讨四方;宋朝文明伴随的是宋朝铜钱成为很多国家的硬通货;明朝仁宣之治、隆万中兴是因为市场信用的建立与完善。

两汉、两宋、元朝、明朝的灭亡均是因为货币贬值(发行虚钱也是货币贬值)和通胀恶化。

白银,一样决定了闭关锁国的必然性,也标志着清朝开始衰落。

从图 5.4 可见,清朝在 1660—1670 年间,米价达到最低水平。然后,在整个康熙皇帝(图 5.7)在位时期,米价都是震荡上升的趋势,但上涨比较缓和,特别是康熙皇帝后期,米价小幅回落。康熙皇帝时期也是清朝最强盛的时期。雍正在位时期和乾隆登基初始,米价开始上升,到 1740 年左右,米价剧烈上涨,这种涨势一直持续到 1760 年以后才出现短期的回落,然后就是继续上涨。这说明,乾隆即位(1735 年)以后发生了严重的通胀。

严重的通胀意味着生产效率下降,白银价格下跌。

从表 5.5 可以看到,在康熙皇帝在位时期,金银比价基本稳定在 1:10 左右,而英国的金银比价在 1:15 左右,中国的银价高于英国,白银具有流入的动力,这直接说明康熙皇帝在位期间中国的经济效率高于英国。可是,从雍正即位开始,中国的白银价格开始下跌,到乾

图 5.7 康熙皇帝

隆皇帝在位的 1750 年前后，白银价格剧烈下跌，说明随着通胀的不断恶化，中国的经济效率出现了大幅度的下降。

相反，英国在 18 世纪中期，开始第一次工业革命，生产效率不断提升，资本持续升值，虽然这时的英国已经是事实上的金本位，白银逐步退化为普通金属，但白银的财富属性不会立即改变。工业革命带动资本升值的同时，白银价格开始小幅回升。

1751—1760 年，中国的金银比价是 1∶14.90，而英国的金银比价已经回升到 1∶14.55，说明英国的银价高于中国。白银不具备继续流入中国的动力，而是显示流出的趋势。也恰恰在 1740—1760 年间，中国的米价上涨最猛烈，通胀最严重。

中国的白银价格低于英国，意味着资本流出；经济领域的竞争力下降，贸易顺差也就下降，中国就会过渡到双逆差，从而导致财政收入萎缩。

财政收缩伴随通货膨胀将严重打击清朝的统治地位，甚至让清朝直接走向破产，乾隆皇帝清楚这一点。

这时最佳的对策是提高经济效率，拉升资本（白银）的价格。可是决定经济效率的根本因素是体制，让乾隆皇帝放弃专制的封建体制，显然是期望太阳从西方升起。

白银持续外流带来工商业萎缩，财政收入下降，而通胀大发展将不断加大财政支出，财政赤字将让清朝的统治垮台。乾隆皇帝为了避免出现这样的情形，就需要管控白银外流，也就只能走向闭关锁国。这条道路意味着继续推动通胀。乾隆皇帝实现了自己的心愿，十八世纪末期，米价再次剧烈上涨，开启新一轮通货膨胀。

闭关锁国的措施在康熙皇帝晚期就已经部分开始，1717年，清政府下令不许中国商船到欧洲人控制下的南洋地区进行贸易，这一期间或许主要还是军事和文化的原因。1757年，一道圣旨从京城传到沿海各省，下令除广州一地外（又称广州十三行），停止厦门、宁波等港口的对外贸易，这就是所谓的"一口通商"政策。这一命令，标志着清政府彻底奉行起闭关锁国的政策，而这时，除了军事和文化的需要之外，更是限制资本外流的需要。

闭关锁国，是当时清朝体制下的必然选择。

1757年，标志着中国近代衰落的开始。

黄金本位登基与白银本位的溃败

1573年以后，明朝进入事实上的银本位制度；1717年，英国确立了事实上的金本位制度。在当时，是各取所需，也是经济实力对比的必然选择，但是，后来的历史走向却截然不同。

从19世纪到今天，世界财富主要集中在西方，源于西方把持了财富规则的制定权：黄金成为财富的唯一标志，白银降低身份成为了普通金属。何况，中国连银本位都无法坚守，当上世纪30年代，中国退回纸本位之后，就只能是一穷二白。

金本位登基

1688年，支持议会的辉格党人与部分托利党人将致力于君主专制的詹姆士二世驱逐，英国正式确立了议会高于王权的政治原则，建立起君主立宪制，成为世界上第一个确立资产阶级政治统治的国家。

在君主专制制度之下，国王有权随意征税，有权借钱，无论是银行还是商人，都不能不借，这是国王的权力，而且有权不还。这相当于国王无论是为了发动战争还是为了王室的开支，都可以随意要求银行出资，在银行方面就会出现坏账（国王可以不还钱），如果银行是发钞行，就需要增发钞票覆盖坏账，所以，在此情形下，钞票没有信用基础。

光荣革命以后，确立了《权力法案》，其中明确规定，国王不能随意侵犯国民的财产，这就确立了私有财产制度，实际上是将财政和银行分离开来，因为财政无论收、支都属于国家行为，而银行是私有的，从此奠定了财政与银行分立的原则。

1694年7月，伦敦城的1268位商人合股出资，正式组建了英格兰银行。这家私人拥有的银行向政府提供120万英镑的现金作为政府的永久债务，年息是8%，每年的管理费是4000英镑，政府以全民税收作为抵押，由英格兰银行来发行基于债务的国家货币，这样，政府每年只要花10万英镑就可以立即得到120万英镑的现金，而且可以永远不用还这笔钱。1694年7月27日，英王颁发了英格兰银行的皇家特许执照，第一家现代银行就此诞生。

1717年，英国确立了事实上的金本位，1英镑代表固定数量的黄金，依托财政与银行分立的背景，实现了货币标准化。

《权力法案》的颁布保护了私人的财产权，推动了生产力的发展；而货币标准化使全社会告别资产价格和商品价格投机，资本只能追逐于发明创造，极大地推动了技术进步。从此，英国这个偏远潮湿的岛国，开启了第一次工业革命并走上建立日不落帝国之路。

第一次工业革命发起于英格兰中部地区，这场工业革命影响了整个欧洲大陆，并带动了当时许多国家相继发生工业革命。第一次工业革命之后，机器生产大规模代替手工劳动，从工场手工业向机器大工业转变。

推动第一次工业革命的是如同雨后春笋般的发明创造。1733年机械师凯伊发明飞梭，大大提高了织布效率。1764至1767年，纺织工詹姆斯·哈格里夫斯发明珍妮纺纱机。1769年，木匠海斯又发明了水力纺纱机。后来，理发师阿克莱特仿制了海斯的水力纺纱机，并获得为期14年的专利,在曼彻斯特建立了第一家棉纺厂。1785年,牧师艾德蒙特·卡特莱特又发明了动力织布机,并且在1791年建造了第一座动力织布机工厂。纺织技术飞速发展,实现了纺织行业的工业化大生产。

1782年詹姆斯·瓦特根据前人的成果,成功发明了单向蒸汽机,之后,又制造出双向蒸汽机,蒸汽机的出现推动了工业革命的发展。

1765年,英国开始使用铁轨。

1814年,史蒂芬逊发明蒸汽机车。

1807年,美国人富尔顿发明了汽船。

英国的工业革命,使得生产效率快速提升,具备了大规模产品输出的能力,为了对外贸易的需要,英国开始建设海上霸权。

英国海军建设为19世纪的英国霸权奠定了坚实的基础。到1815年拿破仑战争结束之时,英国海军舰只数量(755艘)占到了全球军舰总数的一半,总吨位达60.9万吨,而法国和西班牙海军的总吨位则分别降至22.8万和5.99万吨。英国确立了海上霸权。

在称霸海洋的同时,英国努力推动海外贸易和抢占海外殖民地,恰如保罗·肯尼迪所述,"贸易、殖民地和海军组成了一个'良性三角',它们之间相互作用,保证了英国的长期优势"。

扩大对外贸易成为英国崛起过程中一项不遗余力的对外战略目标。18世纪英国对外贸易以惊人的速度增长,英国的对外贸易总额从1697年的673.5万英镑增长到1797年的4993.1万英镑,100年中增幅达7.41倍。注册商船吨位则从1702年的32.3万吨增长到1802年的190.1万吨,100年间的增幅达5.88倍多。

对外出口贸易又极大地刺激本国制造业的繁荣,这是古典重商主义信奉的一条准则。英国的出口贸易总额从1697年的229.5万镑上升到1797年的1609.3万镑,增长了7倍,足以见证这100年间工业革命准备和开始初期英国制造业较快的发展步伐。从1692年到1792年,英国的关税收入从89万英镑增加到410万英镑,100年间增长了约4.6倍[1]。

海外贸易的飞速发展依托的是标准化的货币。在贸易活动中,货币起到的是"血液"的作用,只有货币的价值稳定、明确,贸易活动

---

[1] 计秋枫. 近代前期英国崛起的历史逻辑[EB/OL]. (2014-01-16) [2014-06-08]. http://www.cssn.cn/sjs/201401/t20140116_945182_5.shtml.

才能不断扩张，相反，如果货币不断贬值，就会逐渐被拒收，贸易就会萎缩。所以，标准化的英镑是英国海外贸易不断走向繁荣、不断扩张海外殖民地的基石。

工业革命使棉纺业的成本和产品价格急剧降低，产量迅速上升，消费大增。在18世纪50年代至19世纪30年代期间，英国纺纱业的机械化，比单个生产力的效率提高了300至400倍。1860年前后，英国生产了全世界铁的53%、煤和褐煤的50%，消费了全球原棉产量的约一半。它的人口只占全世界人口的2%，占欧洲人口的10%，却具有相当于全世界40%~60%的现代工业生产能力。制造业的强大，带来贸易的繁荣。它单独占有全世界商业的1/5，占制成品贸易的2/5。全世界1/3以上的商船飘扬着英国国旗。英国是当之无愧的世界"第一工业国"。其人均工业化水平是法国和美国的3倍，是中国和印度的15倍和20倍。伦敦是世界贸易中心、金融中心、政治中心和新闻中心。可以这样说，造船技术、蒸汽机和动力织机不断改变世界局势。蒸汽机和动力织机把英国推到19世纪世界领导国的地位。

在英国建立全球霸主地位的过程中，英镑也走向全球化。1816年，英国通过了《金本位制度法案》，从法律的形式承认了黄金作为货币的本位来发行纸币。1821年，英国正式启用金本位制，英镑从法律上成为英国的标准货币单位，每1英镑含7.32238克纯金。英镑在全世界的广泛使用，加上英镑同黄金汇率的稳定，让伦敦成为当时的世界金融中心和航运中心。英国凭借其经济、军事优势，让葡萄牙、德国、丹麦、瑞典、挪威、法国、比利时、意大利、瑞士、荷兰、西班牙等国也先后过渡到金本位制，促成了国际金本位体系在19世纪70年代的最终形成，英镑成为世界货币，亦成为国际结算中的硬通货。

伴随英国成为日不落帝国，标准化英镑成为了世界储备货币，金本位在全球登基。

白银本位的溃败

中国自古就不是主要的产银国家，但明朝的经济具有效率优势，主要依托流入的白银建立了白银本位制度。上海第二工业大学经济管理学院王裕巽教授通过对国内外史料的分析，认为明代中后期从国外贸易中得到了超过 3 亿两的白银。具体数字为：从西班牙得到 87750000 两，从日本得到 200000000 两，从葡萄牙得到 42762750 两，占当时世界白银产量的一半以上。

明朝万历时期，张居正实行《一条鞭法》，标志着中国确立了银本位制度。

清朝依旧使用银本位制度，到清朝前期，白银继续流入。据王士鹤先生的估算，清初顺治、康熙、雍正、乾隆时，每年从菲律宾输入中国的白银常达 100 万比索以上，折 35 吨白银以上。英国东印度公司在康熙四十九年至乾隆二十四年（1710—1759）的 50 年内向中国输入了 26833614 镑白银。但这时，英国已经逐步过渡到金本位制，白银在欧洲逐渐退出通货功能，逐渐显示一般商品的属性，而中国使用银本位，造成白银流入，与明朝后期和清初时期的白银流入已经失去了比较的意义。

白银东流，黄金西去，中国使用银本位制度，英国建立了事实上的金本位制度。

当时的世界，正在经历一场轰轰烈烈的制度革命，领先者是英国的光荣革命，建立了君主立宪制。随着新航线的开辟，这场资产阶级革命在欧洲大陆爆发。1789 年至 1794 年的法国资产阶级革命是 17 世纪至 18 世纪资产阶级革命中规模最大、最彻底的一次革命，它彻底扫荡了法国的封建势力，动摇了欧洲封建制度的基础。从此，欧洲主要国家陆续走上立宪之路。1775 年至 1783 年的北美独立战争，1791 年至 1826 年的拉美独立战争，1861 年俄国的农奴制改革，1868 年的日本明治维新进一步扫除了资本主义发展的障碍，在欧洲、美洲和日本，都将封建专制制度埋进了坟墓。随之而来的是英国依托科技进步发起的工业革命，大西洋沿岸发生了翻天覆地的变化，形成滚滚的历史洪流。

在滚滚向前的世界潮流面前，清朝开启了闭关锁国的政策，落后的局势已经形成。

闭关锁国挡不住欧美的坚船利炮，文字狱可以摧残传统文化，但挡不住欧美海洋文化的冲击。

1838 年（清道光十八年）冬，道光帝派湖广总督林则徐为钦差大臣，赴广东查禁鸦片。林则徐到任后，查缴鸦片 2 万余箱，并于虎门海口悉数销毁。为打开中国的大门，英国政府以此为借口，决定派出远征军侵华，英国国会也通过对华战争的拨款案。1840年6月，英军舰船47艘、陆军4000人在海军少将懿律、驻华商务监督义律率领下，陆续抵达广东珠江口外，封锁海口，鸦片战争开始。

战争以中国失败并赔款割地告终。签订了中国近代历史上第一个不平等条约——《南京条约》：割香港岛给英国；开放广州、厦门、福州、宁波、上海为通商口岸，允许英国人在通商口岸设领事馆；中国向英国赔款2100万两白银；英国在中国的进出口货物纳税，由中国与英国共同议定；英国商人可以自由地与中国商人交易，不受"公行"的限制；享有领事裁判权，英国人在中国犯罪可不受中国法律制裁。

一句话，英国打开了中国的商品市场，英国人在中国可以横行无忌。

从此开始，清政府在对外战争中不断战败，当枪炮架在脖子上的时候，清朝进入割地赔款的时代，白银大量外流，到满清灭亡的1911年之前，共赔偿白银约12亿两（约4.47万吨），割地170多万平方公里。

因为中国不是白银矿藏丰富的国家，自产严重不足，白银大量流出，意味着中国经济严重倒退，银本位衰落了。

清政府落后的体制，闭关锁国形成落后的文化，导致经济、军事的全面落后，白银巨量外流，这是银本位衰落的根源。

清朝金融危机

鸦片战争之后，欧美的坚船利炮打开了清朝的国门，随之而来的是欧美的经济开始显著影响中国，但集权专制的清政府无疑不具有管理这些现代经济模式的能力，直接造成多次经济危机的爆发和深化。

1883年金融危机

1883年以前，中国发生了一场轰轰烈烈的洋务运动。

现在，很多人手中都有一张招商银行卡，您大可以因此而自豪，因为招商这块牌子有悠久的历史。招商银行的大股东也就是招商局早在1872年12月就在上海成立了，并在当月发行了中国历史上第一张股票，从此揭开了我国股票发行的大幕。

洋务运动初期，洋务派提出"师夷长技以制夷"，"废弃弓箭，专精火器"（似乎400多年前的朱棣先生和近300年前的戚继光大帅就有这种先进思想，虽然朱棣和戚继光并不废弃弓箭），试图以建立军工企业与欧美抗衡，可见当时的官员们对经济特别是现代经济的认识非常肤浅。

后经过近10年的探索，逐渐意识到，此路不通，先"富"才能"强"。因为军工只是经济产业链的一环，需要采矿、运输、电力、机械加工、财务管理、保险制度、教育体系、法律和人文体系与之配套，可想而知，这些东西，在当时的中国不是有多少的问题，基本全属空白，连简单的财务核算都无法完成。于是，洋务运动由"求强"向"求富"转变，由学习西方创办军工企业向学习西方创办工商企业转变。

1872年12月，李鸿章奏呈清廷批准"设局招商"，试办中国现代轮运业，以求实现"自强求富，振兴工商，堵塞漏卮，挽回利权"，招商局因此而得名，成为洋务运动转型后创办的第一家工商企业。

招商局的创立，开启了一个新的经济时代。在初期的资本筹集中，招商局在中国率先启用了当时最新型的工商企业组织形式，即股份制企业组织形式。

既然使用股份制，就要发行股票，所以，招商局的股票就成为中国历史上的第一股。

有了股票，就有了买卖，自然也就有了股市，当时的股市是自然形成的市场，交易场所主要是茶楼等地。

1881年，招商局100万两资本全部招满。第二年，招商局面额百两的股票市值已超过250两，并在这一年长期维持高价位，成为上海证券市场上的"龙头股"，虽然这时的证券市场主要集中在茶楼等地进行交易，但不能妨碍这种增值幅度对社会带来巨大的震动。

股市火了，茶楼也火了。

当时人称："中国初不知公司之名，自轮船招商局获利以来，风气大开。"招商局对股东不菲的收益回报,不断激发着华商的投资热情,不仅使自身股票市价"牛气冲天",而且带动了华商对其他洋务民用企业股票的认购热情,使1882年成为19世纪上海股市最"火爆"的一年,用今天的股市术语讲就是"牛市"。

可想而知,当时中国股民同样把股票玩得心惊肉跳。那时虽然没有什么证监会,没有那么多券商营业所,但利之所驱,市民们除了抢购招商局、开平矿务局这些"绩优蓝筹股"外,即使一些中小企业,只要有股票发行,市民就竞相抢购,似乎只要抢到股票就能发财,和100多年后深圳抢购股票的劲头一模一样。当时的报纸和现在一样,专门开辟专栏介绍各只股票,正式有案可查的股票,一年间就上市了16支,筹措到白银300万两。其中,有些大户是向外国银行和钱庄借钱来抢购股票的,这种行为现在的专业术语叫融资。

上海股票价格牛气冲天,上海钱庄对此也是心动不已。《申报》记载:"上海市面钱业,竟有虚做银洋拆息,买空卖空。欲求无本之利,情近赌博,势同垄断。"钱庄于是"不复考用户盈虚,措银与人,唯恐不欲,甚至讲酒食征逐往来者"。看来钱庄真急了,已经不再考虑贷款人是盈还是亏,唯一担心别人不来借钱,为此还要请客,比现在的银行大方多了。

投资者将股票相互抵押,各商户、钱庄都收进了大量的股票。但是,由于钱庄的规模一般都比较小,并无雄厚资本的上海钱庄"至多不过五万,少不足二万余"的资本金,却要投机于股票风潮,"放账却多至数百万",这个杠杆率可是够高的,达到几十倍甚至一百多倍。钱庄放出款项的来源只能依赖票号的放款和外国银行的拆款,用今天的时髦术语就是"同业拆借",随着钱庄的杠杆倍数不断放大,风险敞口也是不断上升。钱庄片刻离不开票号和外国银行的信贷支持。

股民、钱庄、工商企业主,投入到股市大潮中,将股票炒得风生水起。

在这样的时期,房地产自然不甘落后。在这以前,清朝经历20年的稳定发展,房地产不断繁荣,到1883年达到顶峰。

前些年,中国的房地产行业风风火火,100多年前也一样。1882

年2月4日,农历春节的前夕,上海知县莫祥芝发布公告:"沿江一带滩地……必须复丈,并分别追缴租息地价。"在地方政府重估地价的刺激下,上海的地价急剧飙升,杨树浦、新闸一带,最高增幅达5倍,依然供不应求。

1884年2月7日的《申报》报道说,新闸一带的土地"今则加至四五倍不止,虽马路远者每亩先不过百两,今亦加至五倍,而且争相购买,不惜重价"。

那时,估计也没有现在打击洗钱一类的说法,所有的资本都涌向了上海的房地产,无论白色、灰色乃至黑色渠道,大量的国际、国内资金涌进这座东方大都会。整个城市成为一个巨大的工地,"棚户区"被大规模改造,二层砖木结构的"石库门里弄房屋"到处涌现。

看到这种劲头,你是不是觉得中国人炒房子真是有传统。

但是,舞会终有曲终人散的时候。

股市和房地产泡沫在1883年已经显示出破裂迹象,导火索是一家叫金嘉记丝栈的大商号,亏损56万两白银突然倒闭,牵扯到40家借钱给它的钱庄收不回贷款,于是钱庄旧债未收回之前,不再发放新债,危机不断蔓延,停业的企业商号多达400家,没有倒闭的几家企业的股票价格也是狂泻,开平矿务局的股价从260两跌到29两,超负荷运行的钱庄和股民,全部被套。

企业倒闭之后,是钱庄倒闭。从1883年年初开始,上海的一些小钱庄已经开始陆续倒闭。10月上旬,炒股占用大量资金的两家大钱庄"纯泰"和"泰来",因无法流转而倒闭。归根结底,是因为股市的亏损而导致钱庄倒闭。领头的矿业股因"矿中寂无消息,兴办无期,有股者疑虑百端,争相贬价,忽而大跌"。10月26日的《北华捷报》透露,许多矿务企业的股票"简直一文不值了"。

一看局势不妙,资金雄厚的山西票号和外资银行,在10月中旬下令,立即停止拆借,收回所有贷款,"闭不再放"。这可就要了钱庄的小命,只能急如星火地回收在外贷款,"银号、钱庄一律催收,急如星火,以致沪上商局大震,凡往来庄款者皆岌岌可危。虽有物可抵,有本可偿,而提现不能,钱庄之逼,一如倒账"。

泡沫破裂的外在原因是，美国铁路投资泡沫破裂造成的国际金融危机，逐渐蔓延到了上海。屋漏偏逢连夜雨，当投机绷紧了大清国的资金链时，大清国的外贸也因苏伊士运河的开通等，面临着全面的挑战，已经连续数年出现逆差，白银资本大量外流，银根紧缩。法国人再压上了一根致命的稻草，开着军舰扬言进攻上海，市场的最后一点信心被彻底击毁。上海的钱庄，年初还有78家，到了年底只剩下10家，"百货无不跌价三五成，统市存银照常不过十分一二"。上海的金融危机迅速向全国蔓延，甚至连首都也无法幸免，北京著名的"四大恒"钱庄在1884年年初倒闭，首都不得不进入紧急状态。胡雪岩在这场风暴中倒了下来，倾家荡产。

有人说，是因为胡雪岩的破产导致1883年的金融危机，这种观点是错的。1883年的金融危机是胡雪岩破产的直接原因，不能本末倒置，胡雪岩并不是第一家倒闭的钱庄，甚至都算不上美国次贷危机中的"雷曼"。

清朝最后一场金融危机

100多年前，上海爆发了一场因橡胶投资泡沫破裂导致的金融危机，这被誉为是清朝的最后一场金融危机，因为这场金融危机之后，清朝灭亡了。

1901年1月，慈禧太后在外国和国内新兴势力的压力下，宣布实行"新政"，新政的内容和光绪新政基本相同，等于宣告"戊戌变法"是适合中国国情的。20世纪初的10年，中国步入了政治、经济、文化大步前进的新时期，以工商业为代表的新经济的兴起，是新政的重要成果，也是民族资本主义在中国自明朝后期之后的再次兴起，这种趋势一旦形成，一般会持续二三十年以上，可惜，这次的民族资本主义萌芽，被金融危机打断了。

这场危机，依旧源于股票。

1883年以后，上海的钱庄经过多年努力，1905年达到115家之多。然而，1910年，突如其来的"黑色星期五"又给了它们当头一棒。

20世纪初，由于以汽车为代表的交通事业的发展，导致国际橡胶资源异常紧缺，价格暴涨。1908年，伦敦市场橡胶每磅售价2先令，

1909年底涨至每磅10先令，1910年春达到最高点12先令，国际资本大量转向橡胶资源开发。南洋诸岛是各国投资的重点地区。到1910年初，为开发南洋橡胶资源而成立的公司达到122家。当时远东金融中心之一的上海深深地卷入了这场投机，有40家橡胶公司总部设在上海。

投资者开始疯狂投资橡胶公司股票，尤其是"钱庄"等卷入了股票投资，使得股票价格狂涨，这和1883年的矿业股异常相像。据东亚同文会的估计，当时橡胶的总投资额为6000万两，其中70%－80%为中国人所有，大部分又是来自中国人的钱庄，钱庄既借钱给人买入股票，自身亦买入股票，同时，向外国银行大量拆借资金，和1883年是一样的游戏，钱庄的杠杆不断放大。

因为橡胶价格居高不下，1910年，美国开始限制橡胶消费，导致国际市场橡胶价格大跌。伦敦橡胶价格从1910年4月的最高价每磅12先令5便士，跌到了6先令。国际市场橡胶价格的暴跌引发上海市场的橡胶公司股票也开始暴跌。

居住在上海的英国投机商麦边，跟风大肆宣传吸引上海人购买他经营的兰格志公司的橡胶股。麦边的鼓吹和宣传，使得股民深信：只要购到橡胶股票（当时上海人将橡胶称作橡皮），就等于发财。大批有钱人纷纷投资橡胶股，哄抬股价。

兰格志股票在1910年3月2日价格为1080两白银，3月18日1300两，3月21日1600两，3月29日1675两，之后一直保持在1400－1500之间。

当兰格志股票被炒得热火朝天之际，瞅准时机的麦边卷款离开上海，杳无音信。老板跑了，传说中远在海外的橡胶树种植园根本无从考实。与此同时，兜售橡胶股票的其他外国商人，也都玩起了人间蒸发。橡胶股价格一泻千里，泡沫轰然破裂，上海的各家外国银行也一律宣布不再做橡胶股票抵押借款，已做的要催还。市场一片人心惶惶，被卷入这场风潮的上海钱庄纷纷倒闭。当铺、银楼、商店，也一排排倒闭。

1910年7月21日，上海的正元、兆康、谦余3家钱庄倒闭（3家共损失500余万两），而与这3家钱庄关系密切的森源、元丰、会丰、协丰、晋大等5家钱庄也随后倒闭。为了防止危机进一步扩大，袁世凯的亲信、上海道台蔡乃煌采取了救市政策。他在征得清政府的同意后，与9家外资银行借款350万两，并拨付官银300万两，共计650万两，存入了上海最大的两家钱庄源丰润、义善源及其分属庄号。

上海市场暂时趋于平静，蔡乃煌的救市政策是非常正确的，金融危机发生时，首先需要拯救银行，就像2008年美国金融危机后，首先拯救花旗等银行一样。

恰在此时，清政府要从上海库银里提取190万两白银偿还庚子赔款。蔡乃煌鉴于上海市面还没有稳定，请求政府从大清银行先暂借200万两垫付。但是这个建议正好被其政治对手利用，其政治对手江苏巡抚参奏蔡说：妄称市面恐慌，恫吓政府，不顾朝廷颜面，拖付"庚款"。清朝政府于是听信谗言，将蔡乃煌革职查办，限令两月之内提取交割存银完毕。虽然乌纱丢了，但事还得办，无奈之下，蔡乃煌只得向源丰润和义善源提取200万两白银。

至此，清政府或许无意中将危机引向了深入。10月7日，外国银行开始拒收21家上海钱庄的庄票，使得源丰润倒闭，牵连6家大型银庄倒闭。在恐惧气氛中，外国银行开始向中国钱庄收回拆借款，市面极度恐慌，清政府意识到问题的严重性，开始第二轮救市，两江总督张人俊等开始出面，以江苏的盐厘担保向外国3家银行借款300万两。但第二轮危机的冲击更大，超过了清政府的救市能力范围，救助显得无能为力。到1911年3月之前上海又有30多家钱庄倒闭，最终在1911年3月20日，另外一家大钱庄义善源也宣布倒闭。

1910年初，上海共有钱庄91家，橡胶风潮影响下，倒闭了48家。

由于源丰润、义善源当时是中国的主要钱庄，分号遍布全国，往来庄号不可胜数，它们的倒闭，导致全国的货币流动性猛烈收缩，企业的资金链断裂，致使北至东北、北京，南至广州，西至重庆，全国各大工商业城市陷入一片恐慌之中，开始出现全国性大萧条。

这场金融危机说明了一个深刻的问题，金融危机的发生和其所造成的破坏程度是与一个国家的财政状况紧密相关的，在贵金属本位制下，如果国家的财政健康，可以有效地减少金融危机造成的损失，相反，清朝在甲午海战以后，已经是赤字财政，对金融危机的救助就显得无能为力。

那么，纸币时代呢？也一样如此。如果财政健康，可以立即投入救助，防止危机的蔓延。如果是财政赤字，这时是无法用发行债券来筹集资金投入救助的，因为发债的过程会加大社会资金的紧张程度，使危机深化。所以，只能印钞，而印钞的结果是透支货币的信用，往往在未来形成严重的通货膨胀，为未来更严重的危机铺路。

只有健康的财政，才能有效地防范和化解金融危机造成的损失。所以，现代的金融危机，祸首是债务危机，特别是政府的债务危机。

白银最后的光芒

辛亥革命，将腐朽落后的清王朝送进了坟墓，也将专制的封建制度送进了历史，制度变革终于来到中国。随着制度的进步，白银发出了最后的光芒，虽然这已经是夕阳时分。

1914年，北洋政府规定由天津造币总厂铸造的袁世凯头像银币（俗称袁大头）为国币，随后南京、广州、武昌等造币分厂也开始按规定的重量和成色仿铸这种新银币，流通全国。袁世凯头像银币（图5.8）面值分别为壹元、中元（五角）、贰角、壹角4种；直径分别为39毫米、31.5毫米、22.6毫米、18.6毫米；成色分别为90.4%、78%、70%、70%；重量分别为26.6克、13.5克、5.3克、2.7克。由于这类袁世凯头像银币形式统一，成色、重量有严格规定，很快受到了社会的认同和接受，在国内金融市场上逐步取代了清朝的龙洋，成为流通领域的主币。

这已经是标准化货币的雏形，货币的内在价值具备标准化的规范，但尚缺乏财政与金融分立的制度和独立的发钞行。

制度和货币的推动，标志着社会价值体系的建立，直接带来金融和经济生活的快速发展。

图 5.8　北洋政府时期标准银币

1912年成立中国银行（原大清银行），属于中央银行的性质。除此之外，还成立了殖边银行、劝业银行、中国农工银行等7家国家性质的银行；广东省银行、江苏银行、山西省银行、浙江银行等14家地方性质的银行。私人银行开始崛起，仅1914—1921年，即开设96家私营银行，其中盐业银行、金城银行、大陆银行、中南银行、浙江兴业银行、浙江实业银行、上海商业储蓄银行具备较强的实力，这是中国现代银行业蓬勃发展的时期，这些银行与清朝末期成立的官办银行不同，开始大规模进入新经济领域，全面融入工商业的发展。

这时，旧时信用机构钱庄也有很快的发展，1912年上海营业的钱庄有28家，资本额106万元。到1926年，发展到87家，资本额1341万元。

信托公司和交易所作为新兴行业开始出现。1921年，上海成立了12家信托公司。1918年，北京开设了证券交易所。上海交易所发展迅猛，涵盖证券、粮油、面粉等多品种。仅1921年一年内，全国创办交易所达到136家。

1912年以后的十几年，金融业的兴盛和金融领域的开放创新程度，超过了历史上任何时期。这一时期，也是中国现代工业兴起的时期，聘用著名化学家侯德榜的永利制碱公司在此时成立，荣氏家族也在此时崛起，电力、钢铁、纺织、面粉、化学化工、开采等行业都取得快速发展，奠定了中国现代工业的基础。

信用的战争

新经济是以信用为基础的,这也是现代金融业和信托业发展的支撑,虽然这一时期制度和文化推动了金融、信托和经济的繁荣,但当时并不具备这些新经济模式需要的信用土壤,带来了一轮又一轮的经济危机,南京国民政府的法币危机和金圆券危机不过是这一系列经济危机的延续。

这些经济危机的制造者大多是政府自己,因为全社会信用的建立,必须从政府开始。当政府不能通过制度机制建立自身的信用体系,纸币就不具备丝毫的信用。随着白银本位的不断衰落并最终崩溃,白银作为经济生活中的价值标尺也同时消失,中国社会进入了信用缺乏的阶段。

信用,成为中国社会与经济发展的根本制约。

清朝咸丰年间曾经作为跑"龙套"出场的那位钞票兄,也终于再次出场,并逐步成为"超级明星"。

中国银行之跌宕起伏

1912年,大清银行改为中国银行。1912年12月,北洋政府财政部呈准由中国银行发行兑换券,明确规定:完纳各省地丁、钱粮、厘金、关税,购买中国铁路、轮船、邮政等票及交纳电报费,发放官俸、军饷以及一切官款出纳及商民交易,皆一律通用,不得拒收及折扣、贴水,并按券内地名,由各地中国银行随时兑现。1913年4月新订的《中国银行则例》规定:该行享有代理国库、经理和募集公债、特准发行钞票、铸造银币等权力。事实上当时的中国银行已具有国家银行的性质。中国银行发行的钞票,银圆票有壹圆、伍圆、拾元、贰拾元,票面印明"兑付国库"的字样;中国银行还曾发行铜元票,由该行北京、河南、南京、江西、张家口等分行发行,自1918年后,逐渐由各地的官钱局发行。

1913年初,交通银行按照中国银行兑换券章程发行钞票。北洋政府交通部于1914年3月另呈颁《交通银行则例》,规定该行不仅经管路、电、邮、航四项款项，并得"受政府之委托经理国库"，"受政府之特许，发行兑换券"等，因而也成为具有国家银行性质的银行。这表明交通银行除继续发行钞票外，还获得分理国库权利，即中国银行、交通银行大致按七三比例处理，中国银行占七成，交通银行占三成。由此可见，两行都是官僚资本为主的银行，是北洋政府的两大金融支柱，用今天的话说，就是发钞行，两行发行的钞票均属于本位货币。

从发钞行的性质可以看到钞票的本质，因为完全受到当时北洋政府的主宰，发钞数量并不是根据市场需求进行的，而是根据政府财政需求进行的。换句话说，当政府的钱袋子瘪了，就会用印钞支持，这是典型的没有信用的纸币，所谓"随时兑换"云云，是无法保证的承诺。

据统计，1912年中国银行钞票发行额为1061636元。这时，钞票的身价是有保证的，大额的是银圆券，小额的是铜圆券，可以到发钞行兑换银元。到1915年，中国银行发行额增至38499228元。然而，这时袁世凯为了要恢复帝制，筹备即帝位的开支超过2000万元，而云南起义后，各省纷纷发动讨袁战争，北洋政府军费大增，所以国库空虚，引起商民争兑，中国银行的现银准备金也被提取，于是北洋政府于1916年5月12日下令对中国银行的钞票停止兑现。

停兑令发布以后，立即引起京津地区市面骚动，现银绝迹，物价上涨，粮食价格骤然上涨了二成。这时，北洋政府各项租税、铁路运费等所收都是钞票，钞票停止兑现的恶果立即反作用到北洋政府财政上，由于物价上涨特别是食品价格的上涨，政府财政的实际支付能力迅速下降。不到半月，交通部便下令对一部分铁路运费按等级收取现银，接着买火车票、邮票、发电报皆收现洋，而不收钞票。财政税收机关收税也都要求搭收现洋。6月12日，交通部还下令一部分所管铁路运费只收交通银行钞票，完全拒收中国银行钞票，以减低交通银行钞票贬值的程度。直隶省财政厅在收取税款时拒收中国银行、交通银行钞票。北洋政府和相关机构首先将钞票兄抛弃了。

既然政府开始抛弃，民间自然也会不甘落后，商业界在停兑令发布后的三星期，也开始拒用钞票。

如果钞票兄就此全部还原为本来的纸张身价，全社会和北洋政府都将陷入停摆,因为北洋政府以往的税款全部是钞票,民间持有的也大部分是钞票,都将丧失基本的支付能力。民间还好说,无非像历史上经常上演的那一幕一样——回归以物易物,而北洋政府将丧失支付能力,只能破产倒闭。1916年10月,北洋政府宣布"北京、天津钞票……即恢复兑现",试图恢复钞票的信用,然而由于现银准备不足,"不及数日,京钞限制兑现,二月后完全停兑"。唯一的措施,是设置四个兑现点,"每日兑现四万元,每人限制一元"。

手中持有大量纸币的钱庄只能对钞票兑进行贬值处理。在北京,贬值到面值的70%～90%,最低到面值的40%,酿成了"京钞风潮"。

来自两方面的压力使得北洋政府不得不对两行引发的钞票危机进行整理:第一,自然是社会各界的反对浪潮,因为这将威胁绝大多数人的生计;第二,也是更主要的,停止兑换之前,北洋政府财政收入完全是钞票,可以支持战争等需求,钞票急剧贬值并遭到拒收之后,政府支撑战争的能力将飞速下降,无法采购军需和日常用品等物资,袁世凯于1916年6月死后,北洋政府对地方的统治力下降,各地的军阀都在攻城掠地,扩展地盘,没有了军费的北洋政府意味着关门歇业,这是性命攸关的问题。

1917年7月,在张勋复辟失败、梁启超出任财政总长后,28岁的张公权以中国银行副总裁的身份负责"整理京钞"。

在一年多的"停兑"风潮后,银行为政府的垫款不减反增,"不兑现纸币发行数目,日有增加"。以中国银行为例,1915年底,中国银行为财政垫款1204万元;张公权出任副总裁时,这个数字已猛增到3660余万元,"加上各机关欠款,转入部账之四百七十余万元,及积欠利息五百余万元",总额高达4630余万元。加上奄奄一息的交通银行,两行为财政垫款共计9300余万元,毫无兑现保证[①]。

这让张公权如坐针毡,知道这次麻烦大了。然而,令张公权没有想到的是,此后几年,他不仅彻底解决了京钞风潮,还以"整理京钞"为着眼点,确立了金融独立于财政、近似美联储式的现代银行制度,促进中国银行成为一家健全独立的发钞行,而发行的货币初步具有了

---

① 丁三."京钞风潮"与现代银行的诞生[EB/OL].(2010-08-02)[2014-06-08]. http://www.ennweekly.com/2010/0802/2106.html.

标准化货币的特征。

基于铜圆券的流通市值更小，比较容易筹集足够的准备金，所以，张公权首先着手的是"小额兑现"问题。如前所述，每日每人限兑一元的办法，不仅使四万人每夜露宿街头，有损国家体面。更重要的是，这个原为稳定零售市场、体恤小民生计的手笔，丝毫没有达成目的。在京钞市价跌至六折之际，大批投机商人、地痞流氓纷纷买进京钞，再雇人排队兑现，"往兑者，纯系市侩所雇之乞丐"。

1917年11月1日，张公权取消了"限兑一元"办法。与此同时，他以长芦盐政司的每月七万元还款为担保，向北京汇丰银行借款一百万元，用这些款项作为准备金，专门回收市价仅六七折、大多数还在普通市民手里的铜圆券。由于铜圆券流通的总市值较小，准备金可以保证辅币的价值，因此，辅币的流通增加了，恢复了信用。学者姚崧龄后来写道："零售市价藉以稳定……。"

小额钞票完成了兑换，恢复了信用，但大额的钞票因为市值很大，恢复起来可不那么容易，因为停兑令的发布就是因为准备金不足，也就注定张公权无法筹集足够的准备金，事实上，他采取的办法也失败了。

一是准许京钞做上海汇兑，"汇价较市价略优"；二是各地征税机关，以及交通部下属的各官办企业，如铁路、电报局、轮船公司，均不得拒收京钞，并以票面原值抵扣税款或出售车船票①。这是提升京钞信用的手段，但在几个月的努力后，汇兑回收计划失败。

"整理京钞"的初次失败，极大影响了市场信心。几个月间，京钞价格一路看跌。当时的众多报刊，连篇累牍地记载了种种市面乱象。钞票兄被越来越多的地方拒收，简直成了没娘的孩子。

最让人啼笑皆非的是，"某粮店因拒收钞票，被警局带去，罚洋十元。粮店伙计以纸币交付罚款，警局拒不接收"。

这意味着如果发钞行的发钞机制不进行彻底的改革，京钞已经走投无路，钞票兄将再次上演价值归零的游戏。

到此时，恢复京钞信用的办法只有两种，第一种是筹集足够的准

---

① 丁三. "京钞风潮"与现代银行的诞生[EB/OL]. (2010-08-02) [2014-06-08]. http://www.ennweekly.com/2010/0802/2106.html.

备金;第二种是收缩京钞,改变发行机制。第一种是不可能做到的,那么只能是第二种,发行机制的改革进入了议程。

因此,张公权制定了"整理京钞"的三个办法,即扩充商股、修改《中国银行则例》;限制政府垫款并收回以前垫款;发行公债以收回"京钞"。

发钞行中国银行彻底的制度改革,才解决了这次京钞危机,其中最重要的一点是限制政府垫款并收回以前垫款。

作为大清银行的遗产,中国银行是官商合办、以官为主的产物。远在1912年1月,南京临时国民政府成立之初,原大清银行商股股东就上书孙中山:大清银行改为中国银行,重新组织,作为发钞行。同时要求:"原有之官股500万两,即行消灭,备抵此次战事所受损失及一切滥账……股东等原有之大清银行股份500万两,仍承认为中国银行股份。另再加招商股500万两……。"

在美国,银行家持续争取成立私人股权性质的中央银行,这被认为是一场货币战争,这场战争持续了大约100年。在中国,也在进行同样的战争,上述商股股东的要求是中国银行作为南京临时国民政府的中央银行,股权由商股股东控制。货币发行权的争夺战一样在中国上演,中外历史都是相同的轨迹。

如果按商股股东的要求,中国银行在股权构成上将摆脱南京临时国民政府控制,南京临时国民政府也就再也没有办法要求中国银行为其财政开支垫款,同时,无论南京临时国民政府是将财政盈余存入或者因财政亏空借款,商股股东都将实现最大的利益。对此,孙中山的态度是,在认同商股权利之外,"新政府之中央银行,由(财政)部筹款,以雄财力,并派正副监督……"。

到北洋政府时期,中国银行依旧以官为主,也依旧是解决财政赤字的渠道,中国银行(包括交通银行)不断为政府的财政窟窿垫支。1913年4月15日,在北洋系财阀、财政总长周学熙的主持下,《中国银行则例》颁布了。《中国银行则例》规定:"股本总额定为银圆六千万元,政府先行认垫三千万元,余由人民认购……政府先交股份三分之一,即开始营业。"

按照《中国银行则例》,北洋政府需先交纳1000万元股本,银行方能成立，但直到 1916 年"停兑"前夕，"（北洋）政府仅先后拨到 428.1 万元……嗣又以无市价之'元年六厘公债'票面 700 万元，作价 571.9 万元，凑足官股一千万元之数"，而此时，那批公债已经一文不值了①。也就是说，虽然北洋政府占有中国银行一半的股份，但实际出资额仅仅 400 多万元。因为是北洋政府的钱袋子，1915 年 9 月，商股仅认缴 236.6 万余元，原因也很简单，这是"肉包子打狗"的事情，民间商人认购这些股份不会踊跃。

当时的中国银行作为发钞行已经开业了五年，实收资本尚不足规定的六分之一，北洋政府所缴纳的股本不过 400 多万元，可是，仅仅到 1915 年底，中国银行为北洋政府垫款却达到了 1204 万元，北洋政府做的根本就是无本买卖。也正因为北洋政府将中国银行看作自己的钱袋子，1916 年 5 月 12 日的"停兑令"就是必然的结局，代价是千百万的储户利益，转移到了北洋政府的财政收入中。

即使在袁世凯死去、"停兑令"彻底失败后，中国银行为北洋政府的垫款，依旧从 1915 年底的 1204 万元猛增到 1917 年夏天的 4630 余万元。

这是京钞问题的根本所在，北洋政府财政开支随意，发钞行成为北洋政府财政随意支取的钱袋子，这是纸本位货币和信用货币的根本区别，这一问题将中国银行逼入了绝境。

1917 年 11 月 5 日，中国银行总裁王克敏、副总裁张公权呈请黎元洪批准新的《中国银行则例》。

按新的《中国银行则例》，官股商股不应有数额限定，"凡北洋政府之股份，得随时售予人民"，官股在银行的控股地位被打破。与此同时，股东总会应早日成立，"招足 1000 万元即成立股东总会"；无论董事、监事，"悉由股东总会选任"，北洋政府丧失了随意任免银行高级管理人员的人事权。至于总裁、副总裁人选，则由北洋政府在五名常务董事中挑选任命，任期四年，期间只能由股东总会罢免。北洋政府与商股股东之间相互制衡的局面形成了，北洋政府的权力被限制，无法随意要求银行为北洋政府的财政开支垫款。

---

① 丁三．"京钞风潮"与现代银行的诞生［EB/OL］．（2010－08－02）［2014－06－08］．http://www.ennweekly.com/2010/0802/2106.html．

从此，中国银行就成为了独立的发钞行，控制权属于商股股东，确立了欧美式发钞行的货币制度，剥离了北洋政府的货币发行权和北洋政府在银行的随意提款权，给钞票兄的发行安上了"笼头"，也同时注入了信用，北洋政府无法通过滥发货币，占有储户和社会的财富。

1917年11月22日，黎元洪颁布命令，批准了新的《中国银行则例》。与此同时，新一轮的商股招募开始了。或许是张公权在整理京钞风潮中所赢得的广泛声誉，也或许是新的《中国银行则例》让众多商民不再担心血本无归，"拟续招商股135.67万元，俾官商各半，合成一千万元之数……（不意）商股应募，异常踊跃，截止之日，竟超过227万9800元"。也就是说，中国银行股本达到约1228万元，其中商股接近728万元，占股本总额的58%左右①。

中国银行的货币发行权力回归到股东会手中。

在此可以看到，这时的中国银行与今天的美联储具有一定的相似性，股权由私人控股，政府具有一定的管理权。差别在于对美联储来说，美联储主席和高级管理人员由总统提名，国会任命，国会拥有美联储的管理权；而这时的中国银行，董事和监事由股东会选举产生，总裁和副总裁，由政府在五名常务董事中挑选，而且股东会有对总裁和副总裁的罢免权，拥有银行的管理权。

1918年2月24日，在北京西交民巷，百余名官方代表、商股股东出席了第一次股东大会，王克敏、张公权继任正副总裁。在此之前，"股利虽可按一分六厘支付，而股票市价，仅值七折"；在此之后，1918年6月，股票市价每股值73元5角，年底涨至80元，到1919年4月，"每股市价竟由80元、85元、93元，涨至100元……"。这再次验证了，只有资本的选择是永远正确的，中国银行股价的上涨，反映的是制度的变化，释放的是制度红利，股票市场永远提前反应未来的变化。

当中国银行股价一路看涨的时候，京钞价值还在不断下跌。1918年2月，每百元京钞仅值59.2元。之所以如此，与政府垫款、纸币发

---

① 丁三. "京钞风潮"与现代银行的诞生［EB/OL］.（2010-08-02）［2014-06-08］. http://www.ennweekly.com/2010/0802/2106.html.

行依旧增加密切相关。1917年9月，在中国银行垫款4630余万元、两行合计垫款9300余万元后，"对于（北洋）政府紧急需要，不能坐视不顾……自六年（民国六年即1917年）九月底，以迄七年九月底（一年的时间），增垫京钞1770余万元"。在这种情况下，张公权认为，与其扬汤止沸，不如釜底抽薪，"治标之道，不外收缩京钞"，治本之道，则是"停止政府垫款"①。

如果北洋政府的财政不能恢复健康，终不能使中国银行成为独立的发钞行，也无法使钞票恢复信用，根本的原因在于中国银行无法摆脱为财政垫款，任何个人的努力将无济于事。京钞信用的恢复和中国银行成为独立的发钞行就是天时、地利、人和的结果。这时，发生了一件特定事件，缓解了北洋政府的财政收支困境。1917年8月6日，中国对德宣战，加入了协约国的行列。几个月后，"协约国为表示善意起见，准许将庚子赔款延期五年"。也就是说，此后五年，分期39年偿还、总额达到9亿8千万两的庚子赔款，有大约八分之一，也就是1亿7600万元可归北洋政府支配。一时之间，北洋政府财政状况得到彻底的改善。

从此，中国银行在北洋政府的支持下，不断使用发行公债的手段，购买京钞，过去几年有增无减的纸币发行态势，终于得到了遏制，京钞的信用逐步恢复。

最终，随着北洋政府财政的进一步宽松，中国银行取得独立的发钞权。这虽是中国银行历史上的亮点，但却是中国历史上的污点。这个污点就是"西原借款"。

"西原借款"是1917年至1918年间段祺瑞政府和日本签订的一系列公开和秘密借款的总称。段祺瑞政府通过西原龟三向日本借了一系列款项，其中最大的八次借款总额约为1.45亿日元，这笔外债就叫"西原借款"。为取得这笔款项，段祺瑞把在东北修筑铁路、砍伐森林和采矿等一系列中国主权出卖给日本，为日本后来全面侵占东北埋下隐患，这是一种主权换借款的行为。1918年3月23日，曹汝霖改任财政总长，"西原借款"谈判由此渐入佳境。几个月后，两国达成了共计8

---

① 丁三. "京钞风潮"与现代银行的诞生［EB/OL］.（2010－08－02）［2014－06－08］. http://www.ennweekly.com/2010/0802/2106.html.

项、为数约为 1.45 亿元的借款协议。当时，中国银行、交通银行以"大宗资金流入"、"政府不虞匮乏"为由，要求段祺瑞政府明令此后不再要求银行垫款。对此，曹汝霖慨然应允，他发表声明说，"自七年十月十二日（1918 年 10 月 12 日）起，不再令两行垫付京钞……"。

这个声明，使"京钞风潮"从此成为了过去时。1920 年 9 月 14 日，段祺瑞再次颁布命令，发行 3600 万元六年短期公债，"专收京钞，以四个月为限，逾期之后，无论公私机关，不得再有京钞收入，并不得再有京钞行市"。

经过五年的治理，在张公权和北洋政府的共同努力下，京钞风潮宣告结束。而且，在此之外还结出丰硕的果实。之后数年，通过增募商股、购买官股等手段，中国银行股本达到 3000 多万元，商股比例达到 99% 以上。确立了先进的财政金融分立、民间力量控制发钞行的现代银行经营模式。在当时，中国银行成为现代股份公司的经营典范，成为中国最大的股份制公司。与此相对应的是，政府控制的官商合营企业，如招商局、汉冶萍等企业，腐败盛行，出现资不抵债。

独立的发钞行是现代货币体制向前前进的一步，而且是一大步。只有建立独立的发钞行，财政与金融分立，钞票才不会陷入纸本位的窘境，纸币才会具有信用。

北洋政府时期，当发钞权控制在政府手中时，国会并不能真正成为最高权力机关，这是人治社会的通病，也就无法绝对管控政府的财政支出行为，造成政府财政支出随意，发钞行就无法摆脱为政府垫款的行为，这时，钞票发行多少完全视财政的需要而定，发钞数量无法控制，这种货币就只能是纸本位。当发钞权控制在股东会的时候，如果发钞随意，所发行的钞票就会贬值甚至被拒收，发钞行只能破产，这是股东会绝不准许的（股东会的唯一目标是让银行升值），维持所发钞票的信用就成为股东会唯一的目的，这时，所发行的钞票就是信用货币。

但是，钞票的命运不会总是如此美好。自宋朝开始产生纸币交子以后，纸币的归宿都是死亡，虽然张公权和北洋政府的努力让钞票暂时逃过一劫，但无法改变最终的命运。

1927年4月18日，南京国民政府成立后，对货币发行权又开始进行新一轮的争夺。1928年，对中国银行实行了第一次改组，明确中国银行为"（南京国民）政府特许的国际汇兑银行"，并"代理部分国库事宜"，加入官股500万元，与原有商股合计2500万元，此时商股仍占80%。张嘉璈出任董事总经理。

这时，中国银行依旧在自由市场经济的道路上前进，但是，南京国民政府最终的目的是将发钞行中国银行变成自己的钱袋子。

中国银行从1912年成立，历经波折，经过16年的发展，此时已经成为全国最大的私人资本银行，享有卓越的声誉。为进一步控制中国银行，为南京国民政府的财政赤字垫资，曾意欲将中国银行改组为中央银行，条件是官股要多于商股，但未获通过。

所以，南京国民政府只能另起炉灶。早在1923年，孙中山于广州就任陆海军大元帅后，就筹设了广州政府自有的国家银行，也即是南京国民政府中央银行的前身。改组中国银行未获通过后，南京国民政府遂于1928年10月6日北伐进入尾声时，公布《中央银行条例》，明确规定其所管辖的中央银行为国家银行，同年11月1日，南京国民政府中央银行在上海正式成立总行，标志着南京国民政府中央银行正式成立。但是，市场的信誉不是旦夕之间可以建立的，因此，该中央银行无法为南京国民政府实现充分的融资功能。

"九一八"事变之后，全国人心震撼，上海作为全国的经济中心受到极大影响，公债、股票价格纷纷下跌。当时，中国银行发行公债总额1.5亿元，其中上海分行就占1.25亿元，中国银行考虑到发行准备金中含有国内公债，有损钞票的信用，决定将南京国民政府发行的公债、库券一律抽出，换成确实稳妥的资产，并于1932年1月14日在上海分行发布公告。当时南京国民政府的财政极为紧张，主要依靠公债和库券弥补财政赤字。中国银行的做法——用今天的术语来说，就是下调政府公债的信用等级，公债利率上升——使得南京国民政府的财政更加紧张，南京国民政府的恼怒可想而知。

1934年，白银不断外流导致金融危机的加剧，许多钱庄与银行纷纷效仿中国银行的做法，使得南京国民政府的公债、库券的信用等级进一步下滑，意味着利率进一步攀升，更使得本已十分拮据的南京国民政府财政雪上加霜。不得已，南京国民政府不得不开启金融垄断之路。

1935年，南京国民政府再次对中国银行强行实行改组，增加官股1500万元，以当年金融国债拨给，合原股共计4000万元，官商各占50%，指定宋子文为董事长，宋汉章为总经理。从此，中国银行纳入南京国民政府的控制之下，成为政府的钱袋子。

当中国银行再次成为官僚资本控制的银行，所发行钞票的信用便开始出现了本质上的变化，无论法币还是金圆券都不具备丝毫的信用，纸本位的钞票兄只能短命而亡。

货币总是死在自家的"床"上，这个"床"是一个国家的财政管理体制和货币发行机制共同铺就的。

民十信交风潮

1914年，中国当时的北洋政府颁布证券交易所法。辛亥革命后，孙中山非常注重作为融资手段的股票筹资作用，1916年，与沪商虞洽卿共同建议组织上海交易所股份有限公司，拟具章程和说明书，呈请北洋政府农商部核准。几经周折，北洋政府农商部终于在1920年6月批准在上海设立证券物品交易所，运作模式引用日本交易所的模式，还聘请了日本顾问。1920年7月1日，上海证券物品交易所开业，采用股份公司形式，交易标的分为有价证券、棉花等7类。

上海证券物品交易所从1920年12月1日至1921年5月31日的结算期中，营业收入67.7万元，其中营业手续费达到58.6万元，纯利37万元，股东的股利半年达到30%。因为营业兴旺，利润丰厚，投机者认定交易所是有暴利可图的好地方，工商业者则认为交易所是集资融资的合适场所，于是各色人等蜂拥而至，社会游资趋之若鹜。

自1921年5月起，上海出现了中国人开办交易所的热潮，交易所数量逐日增多，各行各业竞相设立本行业的交易所，大至金、棉、丝、粮、油、酒、皮毛等，小至竹、木、纸、瓦、烛、皂等，有的行业竟连开数家交易所，有的行业甚至还别出心裁地设立星期日交易所、夜市交易所，真是五花八门，应有尽有，用今天的话说，也应该属于便民措施。

这一现象的背景是第一次世界大战的结束为民族工业的发展带来了机遇，大量的资本需要寻找投资场所，同时大批企业又急需资金，于是信交业（信托和商品交易所行业）蓬勃发展。交易所和信托公司如雨后春笋般兴起，大量社会游资涌入信交业，信交业迅速膨胀，到1921年夏秋，各类交易所达到140多家，远远超过了社会的实际需要。

在监督管理机制不健全的混乱中，有的交易所开设的目的不纯，只是为了抬高本所股票价格进行投机，股票买空卖空成为家常便饭。信托公司也以本公司发行的股票作为投资的筹码，常常和交易所互相勾结，牟取暴利。

股票市场投机风日盛，从1921年7月份开始，因为资金难以筹措和金融恐慌的传言，就开始出现大批资金撤出股市。到1921年年底，一些稳健的银行和钱庄收缩资金，进而停止放款，银根紧缺，一向靠借款从事股票投机者，资金运转不灵，顿时陷入困境，证券价格暴跌，终于导致中国股票发展史上的一次大灾难。1921年11月起，各交易所股价大跌，交易停滞，信交热潮锐减，股市崩溃，破产之风波及各行各业，交易所和信托公司纷纷倒闭。最后，信交业中只有2家信托公司和6家交易所幸免于难。

同时，股市的崩盘对银行和钱庄带来沉重打击，在风潮中倒闭的银行就有7家，占上海银行总数的六分之一。

1921年是民国十年，故此次危机被称为"民十信交风潮"。"民十信交风潮"带来的直接后果之一，是社会民众对投资股票的信心崩溃，股票交易几乎断绝。

第六章

纸币时代

纸币是什么？具备群体普遍接受性的货币就是信用货币，否则就是纸本位货币。

南京国民政府时期，银本位灭亡，到处都在说是美国《1934年购银法》这一突发事件带来的结局。本章将告诉读者，尚有更深刻的原因，有其内在的必然性。陪伴中国银本位一起走向灭亡的是英国的金本位货币制度。

纸本位意味着货币的背后没有丝毫的支撑，所以法币和金圆券自然要创造通货膨胀的"历史奇迹"。

本章还从产生机制上告诉读者美元、欧元、人民币各自的奥妙。

货币是什么

货币本身不是财富,而是替代实际财富进行价值尺度、财富储存、交换流通和支付手段的载体。在商品流通的社会,尤其在现代科学技术支撑着规模越来越庞大的商品经济、知识经济、虚拟金融经济这三位一体的时代,忽视了货币的价值尺度职能也就忽视了价格和总价值。谁掌握货币的发行,也就掌握了全社会商品的平均价格和财富的流向以及利润的归属。

现在,世界各个国家和地区有很多货币,基本上都可以实现交换流通和支付手段职能。只有优良的货币可以实现价值尺度职能和财富储存职能,当今世界之所以主要的商品都以美元标价,也就是美元具有商品定价权,也源于公认美元具有价值尺度职能。自从布雷顿森林体系解体以来,全球的信用货币基本上丧失了财富储藏职能。

古代用金银作为货币,这种信用主要是通过等价的功能来实现的。现代社会实行信用货币,货币只是信用符号,这种信用是通过非等价的纸张来实现的。既然已经脱离了等价原则,货币优劣的唯一差别就在于货币的信用形成机制,凡是信用形成机制完善的,就是信用货币;信用形成机制不完善的,就是纸本位,最终的价值就是归零。长久以来,信用和贪婪反复争夺,维持信用属性是货币的基本需求,而贪婪是人类的本性,这一争夺的过程代表了货币发展的历史。在古代,不断有人铸造虚钱,是货币的信用属性和人性贪婪的战争;在现代,纸币不断超发带来通货膨胀,一样是货币的信用属性和人性贪婪的战争。当货币的发行体现全社会大多数人的意志时,这种货币的信用程度就比较高,因为这样更符合货币的群体普遍接受性原则;否则,货币发行由少数人控制时,信用必然很低,因为它只代表少数人的利益，少数人通过透支货币的信用实现自己的利益，损害的是大众的利益。

无论金银、纸币、支票、债券、信用卡，或许还包括数字货币，总之一个物品或者数字符号被赋予了信用，并能保持这种信用，就很可能成为货币。确立信用主要有两种方式：一是群体自主意愿认同确立，这是最靠谱的，当发钞行是独立的情况下只能采取这种方式，否则，如果群体自主意愿不认可，货币就无法流通，发钞行只能关门大吉，因此，一种货币是否具备群体自主意愿所代表的普遍接受性原则，是衡量一种货币属于劣币或良币的根本标志；二是国家权力强制确立，货币依靠权力强制推广。

当今很多货币都是靠国家的信用发行的，即便欧美国家也主要依靠的是国家的信用，比如抵押国家未来的收入，用国债作为货币发行准备的方式（美元最典型）。如果国家越来越强大，经济发展蓬勃向上，财政健康，财政赤字缩减，政府需要抵押国债的年限就会缩减，甚至极端情况下可以做到无负债，货币就会坚挺甚至不断升值，因为这意味着流通货币的数量受到收缩；相反，一个国家的经济萎缩，财政赤字加大，国家只能抵押更长年限的收入用于借款，弥补财政赤字，必定造成流通货币数量的不断膨胀，货币贬值。

因此，一国的货币信用取决于以下五个方面：第一，是否拥有保障货币信用的完善机制。财政支出受到全面的监督和审查、财政金融相互分立、央行具有独立性是最基本的要求。第二，货币是否具备群体普遍接受性。货币所代表的利益越广泛，就越具备信用基础，也意味着社会越稳定，对创新的支持力强大。所以，完全采用盯住物价所发行的货币，代表了全社会每一个人的利益，这样的货币才是真正的信用货币，即优于抵押国债的货币发行方式，更优于集权体制下的货币发行方式。第三，国家的软实力。国家的形象、文化开放程度和价值观在国家的软实力中居于首位。第四，科学技术水平和社会生产力发展水平。第五，国防实力。一个国家只有保持稳定和统一，货币才能保持应有的信用。

信用缺失的时代

似曾相识的一幕——白银危机

1929年,以美国为首的世界经济发生大规模危机,为了推行其摆脱经济危机的新政,美国罗斯福政府不得不求助于美国国会内部来自西部产银州的议员集团。这些白银派议员借机对罗斯福总统进行"政治讹诈",提出了旨在提高银价的《1934年购银法》,以增加其所在州的经济利益,提高就业。1934年6月19日,在美国国会内部白银集团的压力下,罗斯福总统签署了《1934年购银法》。在8月9日开始执行该法,下令白银国有化并从世界市场购银。美国的这一行动立即引发世界银价的飞涨,从1934年年初的每盎司0.35美元涨至10月份的0.55美元,到1935年4月一度涨至0.81美元。

国际银价剧烈上升,加速了中国的白银外流。1933年白银净流出量为1422万元(银元),1934年猛增至2.5673亿元,1935年前5个月,中国净流出白银已达2.9亿元。与此同时,白银偷运出口也愈演愈烈,仅1935年就达1.477亿关两(关两为当时的虚拟计量单位,1关两约合35.31克纯银)。白银的大量外流使国内存银锐减。1934年7月,上海的白银存量为5.628亿元,仅过5个月,就只剩下3.35亿元。在全国范围内,1934年、1935年两年输出的白银共6亿元以上,超过当时中国银元流通额的1/3。国内银根骤紧,导致了利率高昂、物价猛跌、工商企业纷纷倒闭的严重后果。1934年7月,每千元的平均日息为5元,到1935年1月,上升为22元[①]。

白银外流造成国内的通货紧缩,物价下跌,给中国经济造成严重的影响,企业大量停产和倒闭。

美国拉升白银价格,造成中国的白银外流,是引发中国经济危机的触发因素,也是主要因素,但并不是唯一的因素。

金银是世界的财富,金银的流向代表的是国家之间经济竞争力的

---

① 钟祥财.20世纪30年代的金融危机[EB/OL].(2010-03-12)[2014-06-08]. http://www.cnfinance.cn/magzi/2010-03/12-7402.html.

差别。清朝中后期,因为清政府不断战败,连续割地赔款,加上清朝末期的外贸逆差,白银不断流出,白银本位的危机已经发生。在南京国民政府时期,白银依旧发生连续外流,见表6.1所列。

表6.1 1930—1936年中国外贸进出口数据[①]

年份	进口净值/千关两	出口净值/千关两	入超/千关两
1930	1039756	894844	414912
1931	1433489	909476	524013
1932	1049247	492641	556606
1933	863650	392701	470949
1934	660889	343527	317362
1935	589994	369582	220582
1936	604329	452979	151350

在美国宣布实行《1934年购银法》以前,中国在1930—1933年间持续入超。按美元计算,1930年的进口值为6.02488亿美元,出口值为4.11628亿美元,外贸逆差为1.9亿美元,而且在数年中一直维持在高位,意味着白银大量流出。

需要强调的是,在当时的国际环境下有利于中国商品的出口,1929年经济危机开始,以美元表示的金银价格比急剧上升,1930年为53.4∶1,1931年为70.3∶1,而1924年仅为27.7∶1。中国实行的是银本位,金银比价的上升,有利于中国商品的出口。也就是说,巨大的外贸逆差是在有利于中国出口的环境下产生的。

或许1934年以后的物价下跌可以归结于《1934年购银法》,但1934年以前,中国很多商品的价格都在下跌(比如:根据上海地方志办公室公告的数字,以1926年上海及本县批发物价指数为100计,1931—1934年该指数分别为126.7、112.4、103.8、97.1),这种下跌完全是因为白银不断外流形成的通货紧缩所致。《1934年购银法》不过是加速了中国银本位的灭亡进程,即便没有这一法案,以中国经济和商品在国际上的竞争力,银本位也会灭亡,只是需要延迟一段时间

---

① 陈晋文. 现代化进程中的对外贸易——以1930—1936年的对外贸易为例[J]. 中国社会经济史研究,2007,(2):101—108.

而已。

白银的持续流出，标志着南京国民政府的体制和经济管理方式远远落后于当时时代的需要，这决定了中国经济和出口商品在国际上没有充足的竞争力。这时，我们会真正怀念明朝和清初时期中国商品在国际市场上攻城掠地的时光！

南京国民政府是被动放弃银本位吗？这一样是值得商榷的。从上述持续贸易逆差的数字看，南京国民政府放弃银本位是客观趋势。即便美国的《1934年购银法》实施之后，南京国民政府也只是在初期对放弃银本位显示出抵抗的姿态，后期一样是主动的，这与持续的贸易逆差有关，更与南京国民政府庞大的财政赤字密不可分。

在罗斯福总统签订《1934年购银法》尚在美国国会中讨论时，中国的银行公会就致函罗斯福，明确表示反对，认为该法一旦通过，必将导致世界的银价上涨，其结果是中国国内的白银外流和金融危机。1934年8月20日，南京国民政府财政部长孔祥熙顾不上正常的外交程序，直接向罗斯福呼吁，希望美国能够在今后购银时事先告知中国，以便中国能够保护自己的利益。虽然美国表示愿意就其购银政策与中国防止白银外流的措施相互协调，但回避了正面的承诺。1934年11月，中国向美国财政部出售了1900万盎司白银。美国购买了这批白银后，暂存上海。由于南京国民政府担心这批白银的外运会加剧金融恐慌，只好从伦敦购买了1700万盎司来垫付。而且，南京国民政府一再要求推迟交付时间，结果从1935年1月一直推到7月底，最后分几批运到美国。其中有200万盎司是在1935年11月南京国民政府币制改革后从中国运出的。

在美国没有诚意的情况下，南京国民政府只好自行设法阻止白银外流。1934年10月14日，南京国民政府宣布从次日起，开征10%的白银出口税，以及根据世界银价波动而确定的平衡税。这样一来，不法商人遂通过大量走私白银来牟利，更为严重的是，日本浪人在华北进行大规模的武装走私。12月，南京国民政府又颁布命令，加强了缉私的力度。但是，南京国民政府的软弱和日本的蓄意破坏，使这些限制措施难以奏效。

自从南京国民政府于1934年11月第一次向美国出售1900万盎司白银之后，对于是否保卫银本位制度的态度发生了彻底的逆转。孔祥熙等人显然从这次交易中认识到，利用银价飞涨之际，南京国民政府可以通过向美国出售白银获得外汇来进行币制改革。因此，1935年2月以后，南京国民政府的态度发生了180度的转变，努力说服美国从中国大量购银成为南京国民政府对美交涉的主要目的之一。南京国民政府第二次向美国出售白银是在1935年11月，数量为5000万盎司。这次售银加强了受到日本冲击的外汇基金。第三次是1936年5月的《白银协定》，向美国出售白银的数量为7500万盎司。

南京国民政府从1935年开始，主动对美国出售白银，说明对放弃银本位制度采取了积极的态度，这是一个非常明显的态度转变，有非常深刻的原因：首先，无法阻止日本对白银的武装走私，归根结底还是南京国民政府过于虚弱所致；其次，1930年以来持续的贸易逆差，南京国民政府无力阻挡贸易渠道的白银外流；最后一个原因是最重要的，那就是持续的财政赤字。

1930年12月到1934年10月，蒋介石对中央革命根据地发动了五次大规模的"围剿"。红军长征后，蒋介石又布置大批军队对主力红军和南方游击队进行围追堵截，等等。随着南京国民政府不断军事化和特务化，必然需要庞大的军政开支，最终，财政赤字不断扩大，如表6.2所列。

表6.2　1928—1936年南京国民政府中央财政收支情况①

年份	收入/亿元	支出/亿元	财政赤字/亿元
1928年	3.34	4.34	1
1929年	4.84	5.85	1.01
1930年	5.58	7.75	2.17
1931年	6.19	7.49	1.3
1932年	6.14	6.99	0.85
1933年	6.89	8.36	1.47
1934年	7.45	9.41	1.96
1935年	8.17	10.73	2.56
1936年	8.7	11.67	2.97

在财政支出中，军费支出占最大的比重，一直维持在40%以上。其次就是偿还债务，1928年共偿还债务1.6亿元，以后的年份分别为

---

① 郭飞平. 中国民国经济史（百卷本中国全史）[M]. 北京：人民出版社，1994.

2亿元、2.9亿元、2.7亿元、2.1亿元、2.44亿元、2.38亿元。

由以上数字可以看出，1934年，财政赤字已经占到总支出的20.8%，陷入了严重的财政危机，只能依靠发行公债和库券维持。随着中国银行和其他商业银行将南京国民政府的公债和库券从发行准备金中抽出，公债发行就更加困难，利率上升。为了摆脱财政危机，并且为进一步加紧内战筹措军费，进行货币改革就是必然的。

货币改革的目的最主要是为了解决财政赤字，这也是中国历史上绝大多数货币改革的目的。这一点连美国财政顾问杨格都不无感叹地说："中国的统治者们久有操纵货币求取利润的传统[①]。"

虽然美国人在中国银本位灭亡上起到了推波助澜作用，但这仅仅是外因。内因是自身国家经济实力的虚弱，不断出现外贸逆差，白银流出，经济竞争力的差距决定了白银本位必定崩溃；无法阻止日本人在华北的武装走私；加上南京国民政府不断整军备战（内战），需要弥补财政赤字的需求。这些才是南京国民政府货币改革的根源所在。

陪葬的英镑

20世纪前期，美国崛起，英国衰落，是国际上的重大事件，标志着世界新秩序的开始。

20世纪30年代，中国的银本位灭亡，而几乎同一时期，英国的英镑一样为英国的衰落陪葬。这起始于第一次世界大战（以下简称一战）。

第一次工业革命后，英国崛起成为世界的霸主，但第二次工业革命再次改变了世界的格局。第二次工业革命的领导者是美国、德国和英国。

美国独立战争之后，新成立的美利坚合众国开始发行纸币"大陆票"。1781年12月31日，"大陆票"被银行券取代。1785年美国国会决定用"元"作为美国的货币单位，实行主辅币制度，1美元＝100美分，至此，美元诞生。美国原是由13个殖民地组成，建国之初，国内的统一市场还未形成，经济发展并不迅速。在19世纪中期，借内战的结束，美国国内的统一市场逐步形成。1879年美国政府将货币的金银

[①] 阿瑟·恩·杨格著. 1927—1937年中国财政经济情况. 陈泽宪，等译. 北京：中国社会科学出版社，1981.

复本位制改为金本位制，确定1美元的含金量为1.50466克。经过第二次工业革命，美国已经成为世界上最强大的国家。但是，美元登基世界储备货币地位还有漫长的道路，因为英镑不会退出已经占有的地位。

1871年1月18日，普鲁士国王威廉一世即位，德意志帝国宣布成立，这个帝国的建立标志着德国统一的最后完成。19世纪70年代至80年代，德国完成产业革命后，资本主义工业跳跃式地发展起来。1870—1900年间，钢产量由17万吨增加到667万吨；煤产量由3400万吨增加到近15000万吨；铁路线由约19000公里增到50000公里；机器制造业、造船业、电气工业和化学工业都有迅速的发展。20世纪初，德国在工业生产方面超过了英国，仅次于美国，跃居世界第二位。1873年，代行中央银行职能的普鲁士银行正式发行金马克。采用金本位制担保货币系统。手头有多少黄金储备，就只能印多少纸币，号称永不贬值。德国执行金本位时期，一个金马克含3.58425克黄金，相当于10马克。

当时，欧洲的法国也是比较强大的国家，法郎最早出现在1360年。1795年，法郎开始作为标准货币在法国流通，取代原有的里弗尔，1法郎等于100生丁，含5克成色90%的白银。法国在1876年实行金本位制，规定一法郎含金量为0.2903225克。但基于经济实力的差别，法郎不具备登顶世界储备货币的实力，世界储备货币地位的争夺主要在英国、美国和德国之间进行。

世界储备货币的争夺呈现三强争雄的局面，但随着一战的爆发特别是最后的战败，德国的马克货币体系退出了争夺。

1914年一战爆发后，德国为应付战争大量印制纸币，战败后，割地赔款使德国工业猛烈下降，银行信贷制度濒于解体，国库黄金储备接近枯竭，政府预算赤字大得惊人，被迫夜以继日地继续印刷纸币，结果，物价一日数涨，恶性通货膨胀达到天文数字。柏林中央市场上的牛肉价格：1923年2月初，每磅34马克；10月29日，提高到560亿马克；11月5日，再升至2800亿马克。纸马克事实上成了废纸，商业几乎陷于停顿，物物交换盛行，德国马克货币体系不再具备登顶世界储备货币地位的能力。

英国继德国之后亦退出争夺。随着一战的爆发，英国的财政急剧恶化。几个世纪以来，英国的财政预算从未超过 2 亿英镑，而 1916 年达到 15.59 亿英镑，以后三年平均为 24.91 亿英镑，而 1914 年英国的财政收入仅 20.09 亿英镑。由此也可以看到，英镑在一战之前稳稳地占据世界储备货币地位是实至名归的，财政收入远远大于支出，有大量的财政盈余作为保证。战争期间，英国的财政收支开始恶化，一战后，英国政府的公债由战前的 7 亿英镑上升到 70 亿英镑，而且向美国欠债 8.5 亿英镑（战前，英国对美国尚有 4 亿英镑的债权）。战争期间，英国向欧陆国家贷款，向法国和意大利贷款约 7 亿英镑，向苏俄贷款 7.57 亿英镑。一战后，这些国家经济困难，无力按时偿还，而苏俄更是赖账不还，使英国遭受极大损失。一战后，英国的黄金储备大幅下降，共下降了 4200 万英镑[①]。

长期以来，英国充裕的财政和大量的黄金储备，支撑英镑的世界储备货币地位，随着黄金储备的下降和财政负债加重，导致英镑的大幅贬值，到 1921 年 3 月，已经贬值到黄金平价的 79%，伦敦的世界金融中心的地位受到动摇，英镑的国际地位开始衰落。

相反，美国在一战中大发横财，不仅还清了战前的 37 亿美元债务（当时英镑与美元的汇价约为 1∶4.86），还成为最大的债权国，欧洲的 19 个国家欠美国 100 多亿美元，黄金储备增长了 2.78 亿英镑，占有全世界黄金储备的 40%（约 45 亿美元）。从此，美元开始取代英镑逐渐成为国际储备货币，纽约逐渐发展成为全球的金融中心。

一战以后，一些资本主义国家曾试图恢复金本位制，但经济受到通货膨胀的影响，加之各国黄金储备的分布极不均衡，已经难以恢复。1922 年在意大利热那亚召开的世界货币会议上决定采用"节约黄金"的原则，实行金块本位制和金汇兑本位制。实行金块本位制的国家主要有英国、法国、美国等。在金块本位制下，货币单位仍然规定含金量，但黄金只作为货币发行的准备金集中于中央银行，而不再铸造金币和实行金币流通，流通中的货币完全由银行券等价值符号所代替，银行券在一定数额以上才可以按含金量与黄金兑换。英国银行券兑换黄金的最低

---

① 柏来喜. 代价高昂的胜利[J]. 兰州学刊，2008，(2)：141—143.

限额为相等于400盎司黄金的银行券（约合1700英镑），低于限额不予兑换。法国规定银行券兑换黄金的最低限额为21500法郎，等于12公斤的黄金；中央银行掌管黄金的输出和输入，禁止私人输出黄金；保持一定数量的黄金储备，以维持黄金与货币之间的联系。

金汇兑本位制又称为"虚金本位制"，其特点是：国内不能流通金币，而只能流通有法定含金量的纸币；纸币不能直接兑换黄金，只能兑换外汇。实行这种制度的国家的货币同另一个实行金块本位制国家的货币保持固定比价，并在该国存放外汇和黄金作为准备金，体现了小国对大国（中心国）的依附关系。通过无限制买卖外汇维持与金块本位国家货币的联系，即"盯住"后者的货币。国家禁止黄金自由输出，黄金的输出、输入由中央银行负责办理。一战前的印度、菲律宾、马来西亚、一些拉美国家和地区，以及20世纪20年代的德国、意大利、丹麦、挪威等国，均实行过这种制度。

金块本位制和金汇兑本位制都是被削弱了的国际金本位制。

1929—1933年，资本主义国家发生了有史以来最严重的经济危机，并引起了深刻的货币信用危机。货币信用危机从美国的证券市场价格猛跌开始，并迅速扩展到欧洲各国。奥地利、德国和英国都发生了银行挤兑风潮，大批银行因之破产倒闭。1931年7月，德国政府宣布停止偿付外债，实行严格的外汇管制，禁止黄金交易和黄金输出，这标志着德国的金汇兑本位制从此结束。欧洲大陆国家的银行大批倒闭，使各国在短短两个月内就从伦敦提走了将近半数的存款。英国的黄金大量外流，在这种情况下，1931年9月，英国不得不宣布英镑贬值，并被迫最终放弃了金本位制。

至此，英镑丧失了国际储备货币地位。一些以英镑为基础实行金汇兑本位制的国家，如印度、埃及、马来西亚等，也随之放弃了金汇兑本位制。其后，爱尔兰、挪威、瑞典、丹麦、芬兰、加拿大、法国、瑞士、意大利等国实行的各种金本位制都被放弃。

1933年春，严重的货币信用危机刮回美国，挤兑使银行大批破产。联邦储备银行的黄金储备一个月内减少了20%。美国政府被迫于3月6日宣布停止银行券兑现，4月19日又完全禁止银行和私人储存黄金和输出黄金，5月，政府将美元贬值41%，并授权联邦储备银行可以用国家债券担保发行通货。1934年1月,美国再次宣布美元与黄金挂钩,1美元含黄金0.888671克,美元重新确立了信用。

第二次世界大战（以下简称二战）之后,人们发现美国成为这场战争的最大赢家,经济实力和军事实力都成为世界上当之无愧的霸主。据统计数据显示,在二战即将结束时,美国拥有的黄金占当时世界各国官方黄金储备总量的75％以上,几乎全世界的黄金都通过战争这个机制流到了美国。

1944年7月,美国邀请参加筹建联合国的44国政府的代表在美国布雷顿森林举行会议,经过激烈的争论后,各方签定了《布雷顿森林协议》,建立了一个"金本位制"崩溃后的、崭新的国际货币体系。布雷顿森林体系实际上是一种国际金汇兑本位制,又称美元—黄金本位制。它使美元在战后国际货币体系中处于中心地位,美元成了黄金的"等价物",美国承担以官价兑换黄金的义务,各国货币只有通过美元才能同黄金发生关系,美元处于中心地位,起世界货币的作用。从此,美元就成了国际清算的支付手段和各国的主要储备货币。

有些观点认为,美国人使用了很多金融手段打败了英镑,这都属于技术性的问题,也并不重要。财政、军事、经济、科技等综合因素保证了美元地位的不断提升,但最关键的是美元在一战之后具备比英镑更完善的信用,决定了美元在布雷顿森林体系建立后开始称霸世界,建立了美元的世界霸权。

曾经在银本位上龙争虎斗的英国与中国,随着美元登顶的过程,英镑与银元几乎同时衰落,不同的是,英镑依旧有法律支撑,到今天还是世界主要货币,而中国的银元,已经成为了历史。

纸 本 位

自从赵佶兄发明纸本位理论之后,中国曾两次产生完全意义的纸本位货币。第一次是元顺帝的至正钞,没有保证金,而且当时的商品市场不具有其他的价值标尺;第二次就是朱元璋先生的大明通行宝钞,在禁止铜钱流通后至开放银禁以前大约40年间,市场没有其他明朝法律承认的价值标尺,在政府的法律意义上是纸本位。

当中国的白银不断流失，丧失了银本位之后，也未建立起财政、金融分立的制度，更没有独立的发钞行，还有什么可以保证货币的内在价值？所有的货币都已经降到事实上的纸本位，价值归零的游戏就会不断上演，南京国民政府的法币和金圆券是典型的范例。

也因此，南京国民政府也将纸本位的威力发挥到登峰造极的地步，制造了中国历史上最严重的通货膨胀。

法币的历程

中国银本位灭亡后，南京国民政府走上币制改革之路，美国、英国、日本为控制中国的货币和财政进行了一场暗中较量。

当时，日本欲吞并中国和东南亚的野心昭然若揭，认为控制了中国的货币，也就控制了中国的财政，实际就等于把中国绑到了它的战车上。日本人自然非常积极，目的是试图从财政上使中国成为日本的附庸国。所以，当南京国民政府遭遇白银危机时，日本在华北大肆武装走私白银，加剧中国金融系统的恐慌，冲击中国的外汇基金并反对美英援华措施。京津等地银行出现白银挤兑，与日本人的作为有直接关系。同时以提供贷款为诱饵，引诱中国的币制与日元挂钩，并进一步试图控制中国的财政。

早在1932年6月，日本在伪满洲国成立中央银行并成功地进行货币统一发行后，就企图在华北成立第二伪满洲国，为此推进分离华北的工作，还企图成立完全独立的自治政权，形成日、满、华经济区域，从而把华北纳入日元区。

日军进驻所谓蒙疆地区的察南、晋北、绥远以后，设立察南银行和蒙疆银行，发行与日元等价的银行券；在天津、济南和青岛为中心的华北地区流通朝鲜银行券；后期在日本占领区发行银联券和军用券，等等，都是为了将日元区不断扩大，挤压南京国民政府的货币流通区域，进而压缩税源，打击南京国民政府对战争的支撑能力。

在南京国民政府发行法币之后，日本在压缩法币流通区域的同时，不断打击法币的币值进而打压法币的信用，如果法币彻底崩盘，南京国民政府就再也没有继续抗战的能力，只能束手就擒。所以，这场货币战线的战争与硝烟战场上的战争一样重要。

1935年11月4日，南京国民政府宣布币制改革，废除银本位制。以当时南京国民政府的中央银行、中国银行和交通银行（后来加入中国农民银行）发行的纸币为法币（图6.1），禁止白银流通，并将白银收归国有，移存国外，作为外汇准备金。最先规定汇价为法币1元等于英镑1先令2.5便士，并由三家银行无限制买卖外汇。货币改革使中国成为英镑的附庸。

图6.1 法币

先看看法币的本质。

南京国民政府的法币表面上实行的是汇兑本位制度，而且由中央银行、中国银行、交通银行无限制买卖外汇，汇率与英镑（后期是美元）挂钩，英镑作为法币的价值标尺。真的如此吗？

第一，英镑（美元）的发钞行是独立的，但无论中央银行、中国银行还是交通银行，都不是独立的，这就直接决定法币不具备群体普遍接受性，而只有在群体普遍接受的原则下，才具有信用货币的本质，因此法币不具备这一特点。

第二，在汇兑本位制下，只有可以和对应的外汇实现可自由兑换，本币才和外币具有对应关系，而实际上，法币除发行伊始时期外，大多数时间和对应的外币完全不能自由兑换，这说明，本币和外币没有丝毫的联系。

第三，发钞数量直接受到南京国民政府的财政需求所支配。随着国内战争和抗日战争的不断进行，财政需求越来越大，财政赤字不断膨胀。到1945年8月抗战结束前夕，法币发行数量达到5569.1亿元，是抗战前夕的360倍，而这八年间国家的经济增长不可能达到360倍，这必定造成法币的不断贬值。

法币的发行直接由政府的财政赤字决定，至于法币的信用，蒋介石先生不太关心，在财政赤字的压力下，也没法过多关心。

所以，法币就是个局，是标准的纸本位。

1933年，南京国民政府实行废两改元，确立了银本位制，废除了银两，改行银元，使银元成为统一流通的本位币。银元铸造权专属中央造币厂，每元重量为26.971克，成色为银占88%、铜占12%，每元含银23.4934克。1935年12月至1936年9月，上海对外汇价：1元银元对英镑汇价最高为1先令2.375便士，最低为1先令2.250便士，而且大多数月份的汇价保持在1先令2.375便士；对美元汇价，100元银元最高合美元30元，最低合29.5元；对日元汇价，100元银元最高合日元103.125元，最低合101.25元。当时对外汇价波动很小，币值稳定。实行法币改革，法币一元等于英镑1先令2.5便士，应该参考的是当时银元的对外汇价。

法币的贬值程序依旧是政府要求发钞行为政府的财政赤字垫资，本质上就是增发货币。比如，中国农民银行从1933年4月到1937年1月，垫付的军费一项即达6400万元。而当时，中央银行、中国银行、交通银行等，都属于发钞行，有垫资的职责。最终，法币的发行不断膨胀。抗日战争爆发后，沿海富裕地区快速沦陷，南京国民政府的税源下降，可财政支出大幅增长。1937年，南京国民政府财政收入只有5.59亿元，但财政支出却达到20.91亿元，财政赤字达到15.32亿元，超过财政收入的2.7倍，占财政支出的73.3%，大量印钞（发钞行垫资）成为必然的选择。1937年6月，法币发行额14.1亿元，1937年底达到23.1亿元，1940年，法币发行额达到78.7亿元，1944年，达到1895亿元，1945年8月止，发行额达到5569.1亿元。

实际上，从1937年7月7日卢沟桥事变开始，法币的汇率就开始出现隐忧。1937年8月15日，南京国民政府公布《非常时期金融稳定法》，虽然保持可以兑换，但实行审查制度并限制提存，这时的汇率开始成为名义汇率。

可是，在战争期间，中国和美国、英国属于同盟关系，法币崩溃意味着南京国民政府彻底丧失抗战能力，有损美国、英国的利益。因此，为了对抗日本对法币的冲击，也为了对抗法币不断超发带来的剧烈贬值压力，英国和美国建立法币平准基金，稳定法币的币值。

平准基金的原理就是将法币的购买力转化为英镑（美元）的购买力，降低法币贬值的压力。

既然法币开始偏离自由兑换的原则，汇率成为名义汇率，黑市开始诞生。

大约从1938年3月，开始产生黑市汇率。从1938年3月中旬到7月底，黑市法币汇价由14.5便士渐渐跌至8.5便士。在这种金融形势下，南京国民政府（1937年12月，南京已经沦陷）一方面坚持已成虚设的1元法币兑1先令2.5便士的法定法币汇价，另一方面则采取措施极力维持黑市汇价。1938年8月中旬到1939年6月，上海法币的黑市汇价被中国、英国方面公开维持在8.25便士的水平上；1939年7月到1940年4月，法币汇价仍由南京国民政府暗中支撑维持在4便士上下[1]。此时，而实际的黑市汇价已经与名义汇价有了巨大的差距。

这种暗中支撑汇价的行为，给日本人带来可乘之机。1938年6月起，日军宣布禁止印有中国南方地名的法币在华北流通，并勒令华北地区12种重要出口商品必须向伪联合准备银行结售外汇，利用种种手段搜集华北、华中地区的法币，到上海、香港去套取外汇基金，再到国际市场上去购买侵华战争所需的军用物资。

1939年3月，南京国民政府（此时已迁至重庆）与英国政府在香港设立的总额为1000万英镑的中国、英国共同外汇平准基金，虽然延缓了法币黑市汇率的下跌，使法币的信用在某种程度上适当稳定，但也让日本人实现了套利，支持了日本的战争能力。在日本人套汇和法币不断超发的打击之下，外汇平准基金也只是在短时间内产生了一定的效果，并很快消耗殆尽。

二战全面爆发后，国际金融环境逐渐向对法币有利的方向发展，在上海市场上，前期向香港和国外转移的资金回流，法币价值上升。

---

[1] 姚会元．"法币"及其在抗战中的历史作用[J]．中国钱币，1997，(3)：29—33．

这时期外汇平准基金恢复了其间被卖出去的外汇的40%，贸易也有所好转，因此法币的价值暂时可以保持稳定。

1940年5月初以后，南京国民政府开始放弃维持法币黑市汇价的做法，处于上升趋势的法币黑市汇率再次狂跌。这一时期的黑市汇率下跌也与汪精卫伪政权有密切关系，与汪精卫伪政权在上海推进的中央储备银行相比，南京国民政府外汇平准基金准备不足，因此法币的外汇销售受到制约。到同年7月，原有的1000万英镑的中英外汇平准基金只剩了200万英镑，已不可能稳定法币的价值。面对法币黑市汇率急速的下跌，蒋介石于同年10月和11月两度致函罗斯福。他说，美国如再不采取积极态度，中国的抗战将陷入危险，并请求武器援助和维持货币稳定所需的2~3亿美元的贷款。1941年1月，中美法币稳定基金协定签定。法币在抗战期间大量的发行而未导致崩溃，英国、美国的干预起到了很大的作用。

抗日战争接近结束时，日本的失败已经注定，美国对法币汇率的干预动力也就下降，此时，法币无限量发行的后果快速恶化。在1945年的前八个月，上海批发物价指数上涨34倍（相当于年化51倍），远远高于1942年的3倍、1943年的4.8倍和1944年的11.6倍。

抗战爆发之前，中国在英国伦敦的法币准备金有2500万英镑，存在美国纽约的约有1.2亿美元，1936年，英镑与美元汇价大约为1∶4，南京国民政府在英国、美国的外汇储备大约是2.2亿美元。到1944年底，南京国民政府中央银行的外汇和黄金储备达到其历史的最高峰，外汇为8.58亿美元，黄金为568万盎司。但外汇储备的持续增长，并未能支撑法币的内在价值。法币自1935年11月开始发行以后，对内不断贬值，这是有目共睹的事实，这就是名义汇率带来的障眼法。在1944年，法币发行数量是1895亿元，按1944年8月法币与美元在重庆的黑市汇率786∶1计算，相当于2.41亿美元；到日本投降前夕，法币发行额是5569.1亿元，当时，法币与美元的汇价是3350∶1，折合成美元不过1.688亿美元，远低于南京国民政府中央银行在当时的外汇储备。

1945年初，基于南京国民政府有8.58亿美元的外汇储备和庞大的黄金储备，按当时法币兑美元的黑市汇率约2000∶1计算，理论上法币完全可以进行汇率改革和国际化进程。所以，哥伦比亚大学的博士宋子文对法币的汇率改革和国际化进程拥有充足的信心。

1945年2月25日，宋子文以行政院院长的身份，主持通过了《开放外汇市场办法》，将改革后的初始汇价定为1美元兑换法币2020元，指定银行从事外汇买卖。

但是，拥有充足信心的宋子文遇到了匪夷所思的事情。

宋子文虽然有充足的信心，可是，老百姓对法币持续数年的高速贬值已经失去了信心。开放外汇和黄金市场以后，外汇和黄金受到抢购。本来，这也不算什么，终归市场中的法币数量是确定的，折合成美元不过2亿美元左右，即便全部的法币持有者都来抢购，宋子文先生也是淡定的。

可是，1945年的前8个月，上海批发物价指数上涨34倍，物价的高速上涨，意味着国民政府就要支付更高的军费，更高的公务员工资，否则军队和公务员队伍就会兵变和罢工，财政赤字的缺口高速扩大，也就意味着需要印刷更多的法币，这些释放出去的法币继续冲击外汇和黄金储备；再加上此期间南京国民政府出现大幅度的外汇净支出，外汇和黄金受到的冲击越来越猛烈。

这时的宋子文不那么淡定了，当年8月，便把法币兑美元的汇率再贬值到3350∶1。

调低了法币兑美元汇率的宋子文，依旧有信心，因为他在牵着汇率的牛鼻子，他有汇率的定价权，可这些信心终归是书本上计算出来的。老百姓没信心，那可是实实在在的。缘于法币购买力的不断缩水，老百姓的没信心更有发言权，他们没有信心的表达方式就是无论你宋子文怎么调整汇率，外汇和黄金照抢不误（图6.2）。

市场对法币的信心丧失以后，就只有宋子文想不到的事情，没有做不到的事情，外汇依旧被不断抢购。宋子文坐不住了，只能拿起最后的武器，向市场抛售黄金，压制通胀和法币的汇率。

考虑到拥有568万盎司的黄金储备，宋子文依旧满怀希望。

可是，到了1947年2月，宋子文已经抛售了350多万两黄金，法币兑美元的官方汇率已经跌到了12000∶1。

对法币国际化有充足的信心、曾经非常淡定的宋子文，到此时彻

图 6.2　法币崩盘后抢购黄金的情形

底崩溃，只剩下一条路，1947年3月辞去行政院长职务。

其实，宋子文是冤枉的，他的计算也是无效的。当法币的持有者信心崩溃的时候，他们是不会去计算的，唯一的选择是将手中的法币换成外汇，汇率高低也是不重要的，唯一的目的是逃出生天。而蒋介石也没有别的选择，在高速通胀的情形下，财政的赤字不断放大，只有不断加速印钞一条路，无论有没有法币利率市场化和国际化的改革，法币都只有崩溃一条路。在此时，任何人来主持这场改革，都是一样的结果。

长期的高通胀，造成工商业不断萎缩，物价上涨，税源不断下降，财政赤字不断放大，南京国民政府在向国外大量采购物资的同时，在国内只能增发法币，而发行出去的法币继续推高通胀，并进一步冲击汇率，法币走出螺旋式下跌轨迹，这是法币灭亡的根本原因，和宋子文是否进行法币利率市场化与国际化改革根本没有关系。

最终的事实也是如此。1947年2月，蒋介石下令，禁止买卖黄金与外汇，央行也不再抛售黄金，可是，又怎么样呢？到1947年4月，法币发行额增至16万亿元以上，恐慌继续蔓延，1948年，法币发行额竟达到660万亿元以上，等于抗日战争前的47万倍，物价上涨3492万倍，法币彻底崩溃。

这不是法币本身的错，而是所有纸本位货币最终的归宿。法币就像人一样，无论如何忙碌，最终都要回家的。

法币崩盘的意义

法币虽然崩盘了，还原为纸张的价值，但作为废物利用，依旧留下了很多教育意义。

首先，法币建立初始时期，属于汇兑本位制，在汇兑本位制下，市场的目光聚焦于对应的外币，无论英镑还是美元，从发行机制上都属于信用货币，这点是明确的。但是，对应的外币属于信用货币，还需要本币自身的发行机制具备信用货币的发行机制，本币才会成为信用货币。可恰恰，法币的发钞行并不独立，发行数量完全受财政赤字情况所支配，这样法币就不是信用货币。到今天，英镑与美元依旧流行于国际市场，法币已经进入了博物馆，这就是信用货币和非信用货币的差别。

其次，在汇兑本位之下，汇率的形成是非常关键的因素，必须是自由兑换形成的汇率才属于真实的汇率，这样的情形下，本币和外币才有对应关系。基于法币的发行机制不具备信用货币的特征，汇率的形成方式会逐步受到法币发行者的限制，比如限制国内居民购汇、限制存取、限制汇出国外等手段，这时的汇率就成为名义汇率。当汇率脱离自由兑换形成名义汇率后，本币和外币以及国家的外汇储备，就没有了丝毫的对应关系。

法币释放的魔鬼——通胀三部曲

从南京国民政府脱离银本位发行法币伊始，通胀魔鬼就已经出笼，但任何货币超发的起始时期，通胀轻微，刺激了经济的增长，全社会欢欣鼓舞，但这种欢欣鼓舞是有沉重代价的，没有最初的"糖果"就没有最后的结局。

南京国民政府时期的通胀可分为三个阶段[①]：

（1）1935年11月开始到1938年底，为轻微通胀阶段。1935年12月，南京国民政府中央银行、中国银行、交通银行、农民银行及8家商业银行的法币发行额为8.58亿元，1936年12月底增至13.3亿元。

---

① 李彦宏，周忠．通货膨胀与国民党政权的覆亡［J］．湘潭师范学院学报，1995，(1)．

但在 1939 年以前，由于南京国民政府采取偶尔抛售外汇的方法以弥补财政不足，再加上抗战初期人民凭着爱国热情购买了相当数量的爱国公债，法币的膨胀还处于缓和阶段，物价上涨幅度也没有超过法币的增长速度。

以全面抗战爆发前的 1937 年 6 月法币发行额 14.1 亿元作为指数 1，至 1938 年 12 月发行额为 23.1 亿元，指数为 1.64，一年半内法币发行指数增加 64%，而同期上海物价指数只从 0.99 增至 1.15，上涨 16%，明显低于法币增长幅度。这一时期属于轻微通胀阶段，对经济的增长起到推动作用。以 1933 年币值为基准计算，1933 年国民生产总值为 294.6 亿元，1934 年为 269.0 亿元，货币改革后 1935 年为 290.9 亿元，1936 年达到 309.4 亿元。中国经济从白银收缩带来的经济萧条中走了出来。

糖果吃完了，然后是苦果。

(2) 从 1939 年到 1945 年 7 月，随着抗日战争的不断深入，国民党军队在战场上屡遭失败，接连丧失沿海、中原及湘桂等大部分富庶地区，财政收入下降，公债的发行亦因公众对政府的债券丧失了信心而陷入困境，导致国民政府财源日益枯竭。为支持日益庞大的财政开支，国民政府加足马力开动印钞机。到 1945 年 8 月抗战结束时，法币发行额达 5569.1 亿元，指数为 398.84，比 1938 年 12 月的指数增长了 238 倍以上。而同一时期的物价涨幅更快，1945 年 8 月上海物价指数达到 86400，比 1938 年 12 月的指数增长 75000 多倍，物价涨幅远远超过法币的增发速度。

这一时期物价上涨幅度是法币增发幅度的 300 多倍，这是第一颗苦果。

(3) 1945 年 8 月后，随着解放战争的不断进行，法币进入崩溃阶段。一方面，长期通胀带来经济萎缩。据统计，1946 年下半年至 1947 年，上海、南京、天津、广州、重庆等 20 多个城市民资工厂倒闭者达 2.7 万多家。1946 年，上海开工的工厂不及抗日战争前的 1/3，到 1949 年 4 月则不足 1/10。由于普遍的停工、停产或倒闭，工业总产量急剧下降。1949 年与 1936 年相比，重工业下降了 70%，轻工业下降了 30%。另一方面，由于通货膨胀，商业利润奇高，出现了"以商代工"、"以商养工"的畸型经济发展现象①（不知道有没有以房地产代工的现象）。同时，因为农业原材料价格上涨，而粮食受到进口价格的压制，农业受到空前的打击，1948年土地抛荒面积在河南、湖南、广东等省中，分别占耕地总面积的20%～40%，1949年全国粮食产量只有2263.6亿斤，较抗日战争前的1936年降低40%②。

军事上不断失利，军费骤增，同时经济萎缩，税源下降，财政赤字扩大，只能不断印钞。而工农业生产的萎缩带来供给下降，通胀急剧恶化，使得财政赤字进一步放大，只能用印刷更大量的法币弥补财政缺口。

法币灭亡就是最后的苦果。

虽然法币是一个特例（因为在法币生存的过程中，一直伴随着战争，1937年7月以前，主要是内战，卢沟桥事变之后是八年抗日战争，抗日战争结束后又开启解放战争，战争的不断进行加速了法币的灭亡），但法币的历史又揭示了纸币的内在规律：如果一种货币属于非信用货币，同时又不断利用超发货币解决经济增长问题或其他社会问题（法币超发主要是为了应对军费不断增长的需要），随着通胀的不断积累，经济效率不断下降，最终会导致工业萎缩，通胀加速。所以，法币的历史又具有普遍的意义。

金圆券的游戏

在法币已经崩溃的情况下，南京国民政府只能再次开启货币改革，这次改革和法币改革的性质和目的是一样的。在1948年7月29日的货币改革会议上表达得很清楚，发行金圆券的目的就是为了收集金银、外汇，挽救财政。这和当初发行法币的目的没有丝毫的不同（收集银元，解决财政赤字）。

任何一次货币改革都首先描绘美好的前景，金圆券改革也不会例外，主要内容为：

（1）金圆券发行采用十足准备，其中必须有40%为黄金、白银及外汇，其余以有价证券及政府指定的国有事业资产充当。每元法定含

---

① 荣孟源. 蒋家王朝[M]. 北京：中国青年出版社，1980.
② 吴冈. 旧中国通货膨胀史料. 上海：上海人民出版社，1958.

金 0.22217 克，由中央银行发行，发行上限为 20 亿元。

（2）金圆券 1 元折合法币 300 万元，折合东北流通券 30 万元。

（3）禁止私人持有黄金（1 两兑金圆券 200 元）、白银（1 两兑金圆券 3 元）、银币（1 元兑金圆券 2 元）、外汇（1 美元兑金圆券 4 元）。凡私人持有者，限于 9 月 30 日前收兑成金圆券，违者没收。

（4）限期登记管理本国人（包括企业、事业单位法人）存放国外的外汇资产，违者予以制裁。

（5）全国物价及劳务价格冻结在 8 月 19 日的价格水平。

金圆券的发行初期，在没收法令的威胁下，大部分城市中产阶级、民众皆服从政令，将积蓄之金银、外币兑换成金圆券。中央银行总裁俞鸿钧 1948 年 11 月 16 日向蒋介石报告收兑成绩：黄金 166.3 万两，白银（即银块）893.7 万元，银元 2403.8 万元，美钞 4773.5 万元，港元 8732.5 万元，合计折合 1.9 亿美元。

资本家在政府的压力下，虽然不愿，亦被迫将部分资产兑成金圆券。可是，在上海出现了问题，蒋经国将部分不从政令的资本家收押入狱以至枪毙，杀一儆百，这就是蒋经国的"上海打虎"，小蒋雄心勃勃。结果，小蒋打虎打着了自己的"兄弟"，查封的扬子公司为孔祥熙之子、宋美龄的外甥孔令侃所有，依称呼，是小蒋的表兄弟。按说，没有血缘关系，小蒋也不在乎，可有人在乎，宋美龄不干了，催促老蒋过问此事，老蒋于 10 月 8 日从北平飞赴上海，小蒋在压力面前被迫放过扬子公司，其本人亦因此事而辞职。强行收兑民间外汇和金银的措施宣布失败。

与此同时，南京国民政府试图冻结物价，以法令强迫商人以 8 月 19 日以前的物价供应货物，禁止抬价或囤积。

因为价格冻结，市场有价无市，市面萧条。其实对商户来说，也是没办法的事情，如果按政府冻结的价格将货物出售出去，就再也无法按原来的进价进货，唯一的结局是破产。10 月 31 日，行政院只能公布施行《财政经济紧急处分令补充办法》，规定："粮食依照市价交易，自由运销。"物价管制宣布失败。

11 月 11 日，财政部部长王云五辞职，同日宣布将金圆券的法定含金量由原来的 0.22217 克减为 4.4434 公毫（公毫为百分之一克），降低了 4/5，原来 1 美元兑 4 金圆券立即贬值五倍，降至 1 美元兑 20 金圆券，发行方式改为无限量发行。

无限量发行标志着金圆券回归纸本位的本来面目。

金圆券的发行，从起始就是一场骗局，虽然规则有五条，但只有两个数字是有意义的，那就是发行额度以及金圆券与法币的兑换关系。法币退出流通时发行总额为 663 万亿元，以 300 万元法币合金圆券 1 元，不计算东北流通券的话，应该发行 2.2 亿元金圆券。而金圆券一开始就定为发行 20 亿元，相当于一下子制造了最末期法币 9 倍的通胀，平均物价水平必然上涨 9 倍，无论这种币制是依托黄金、白银还是其他，都改变不了制造更大幅度通胀的目的，也就是为了搜刮民间的财富弥补财政赤字。所以，从金圆券发行的伊始就已经注定了结局。

南京国民政府时期，是一个货币信用严重缺失的时代。

美元的特点与未来

美元可以代表一类信用货币，主要的特征是美联储具有独立性，国家财政和金融各自独立，财政支出受国会控制，美联储的运作和货币发行受国会管理。

因为美联储的货币发行受国会管理，而国会的参众两院议员由各州选举产生，使得美元具有普遍接受性。这是任何一种信用货币必须具有的特点。

美元的另外一个特点是发行的准备金中含有大量美国国债，所以美元的信用与美联储的结构有关，更与美国财政状况直接相关。

美联储的股权和管理结构是美国文化的产物。

美元发行机制的建立

1789 年，汉密尔顿被华盛顿总统任命为美国第一任财政部长。1790 年，面对独立战争之后严重的经济困境和债务危机，他强烈建议国会成立类似于英格兰银行的私有中央银行，以彻底履行发行货币的职责。他的主要思路是：中央银行由私人拥有，总部设在费城，各地设立分支银行，政府的货币资金和税收必须放在这个银行系统中，该银行负责发行国家货币来满足经济发展的需要,向美国政府贷款并收取利息①。今天我们很清楚,这是一个国家最大的利益,无论国家因为财政赤字向中央银行贷款或者将财政盈余存入中央银行,中央银行都可以实现这个国家最大的利益,这种利益进入了中央银行股东手中,按汉密尔顿的设想,就进入了银行家手中(孙中山建立南京临时国民政府以后,商股股东提出了类似的要求)。

在私有中央银行制度的问题上,杰斐逊和汉密尔顿针锋相对。

汉密尔顿认为,如果不把社会上有钱人的财富信用集中起来,这个社会不可能成功。国家的债务,如果不是过多,就应该是国家的福祉②。可是,对于任何一个国家的政府,最终的结局往往都是债务过多,所以,汉密尔顿做了一个"局",事实证明,最终美国还是落入了这个"局"之中,到了现代,美元最大的压力就是国家的债务。

杰斐逊反驳道,一个私有的中央银行发行人民的公共货币,这对人民自由的威胁比敌人的军队更严重,不能容忍统治者将永久债务强加在人民的身上③。也可以说,杰斐逊看透了汉密尔顿所布下的"局",可是,杰斐逊无法逆转人类社会的本性,也就无法永远避免美国落入"局"中。

当汉密尔顿的方案提交国会讨论时,立即引起了空前激烈的争论。最终,参议院以微弱多数通过了这项提案,在众议院也以39票对20票过关。此时,总统华盛顿陷入了深深的犹豫,他征询了国务卿杰斐逊和麦迪逊的意见,他们明确表示这个提案明显与宪法冲突。宪法授权国会发行货币,但绝没有授权国会转让发币权给任何私人银行。华盛顿显然被触动了,他甚至已决心要否决该法案。

得知这个消息后,汉密尔顿立刻跑来游说华盛顿,财政部长的账本似乎更有说服力,那就是如果不成立中央银行以得到外国资金入股,政府将很快垮台。最终,政府生存下去这个利益是第一位的,迫在眉睫的危机压倒了宪法的授权范围,货币发行权被转让,华盛顿总统于1791年2月25日签署了美国第一银行的授权,有效期20年。

---

①②③ 宋鸿兵. 货币战争[M]. 北京:中信出版社,2007.

由此可见，美国第一家私人控股中央银行的设立，是美国财政困局导致的结果。

国际银行家终于取得了第一个重大胜利。到1811年，美国第一银行中，外国资本占到了1000万股本中的700万，银行家成为美国第一银行的主要股东。

对金钱极度渴望的政府，与热烈期盼政府债务的私有中央银行一拍即合，从美国第一银行成立的1791年到1796年短短5年时间里，美国政府的债务就急剧增加了820万美元。

当杰斐逊当选美国第三届总统之后，他不遗余力地试图废除美国第一银行。到1811年美国第一银行有效期满的时候，双方的角力达到了白热化程度，众议院以65票对64票仅多1票否决了银行授权延期的提案，而参议院是17票对17票打平。这次由副总统乔治·克林顿打破僵局投下关键的否决票，美国第一银行于1811年3月3日关门大吉。美国第一家私人集权的中央银行结束了使命①。

但弱国保不住金融主权，在当时，英国是世界上最强大的国家。1812年，美国与英国之间爆发了战争，这就是美国第二次独立战争，或许，这场战争就是国际银行家们推动起来的战争。1812年至1813年，美国攻击英国北美殖民地加拿大各省。1813年10月至1814年3月，英国在欧洲击败拿破仑，将更多的兵力增援至北美战场。英国占领美国的缅因州，并且一度攻占美国首都华盛顿，但是英国陆军在美国南部的路易斯安那州战场、尚普兰湖战役、巴尔地摩战役、新奥尔良战役中多次遭到挫败，并且海军也遭受败局。1815年双方停战，形成了不分胜负的结局。

战争使得美国遭受严重的通货膨胀，政府债务急剧增长，持续3年的战争使政府债务从4500万美元增加到12700万美元，这是国际银行家们最期待的结果，谁胜谁负并不重要。美国政府再次在财政困境面前屈服，麦迪逊总统在1815年12月5日提出成立第二家中央银行。1816年，诞生了美国第二银行。

美国第二银行得到了20年的营业授权，这次总股本提高到3500

---

① 宋鸿兵.货币战争[M].北京：中信出版社，2007.

万美元，仍然是 80% 由私人占有，剩下的 20% 属于美国政府。和美国第一银行一样，银行家把持了美国第二银行的权力。

杰克逊总统在第二次当选之后，于 1836 年否决了美国第二银行延期的提案。他还下令财政部长将所有美国政府的储蓄从美国第二银行账户上立即取走，转存进各州银行。1835 年 1 月 8 日，杰克逊总统还清了最后一笔国债，这是历史上美国政府唯一的一次将国债数量降到了 0，并且产生了 3500 万美元的盈余。历史学家评论这一伟大成就为："这是总统最为灿烂的荣誉，也是他为这个国家做出的最重要贡献。"《波士顿邮报》把这一成就和耶稣将放贷者赶出神庙相提并论[①]。

1845 年 6 月 8 日，杰克逊总统去世。他的墓志铭上只有一句话："我杀死了银行。"

为了摆脱银行家对美国政府和经济的控制，杰克逊总统建立了独立的财政系统，这是美国金融财经历史上巨大的进步，第一次将财政从银行系统中全部抽取出来，存放在财政部自己的系统中。史学家称之为："财政与银行的离婚。"从此，财政与金融开始分立，这是产生信用货币的第一个基础。杰克逊总统是美国信用货币体系的奠基人。

在美国经历 19 世纪后期的工业革命之后，经济、军事实力不断增长，英国已经不具备左右美国经济和金融的实力。

1907 年，美国再次爆发严重的金融危机。当时，纽约一半左右的银行贷款流向信托投资公司，投资在高风险的股市和债券上，整个金融市场陷入极度投机状态。在后来进一步恶化的局面中，百姓挤兑，信托关门，银行倒闭，借款利息一度冲到 150%。到 1907 年 10 月 24 日，股市交易陷入停盘状态。

以美国人的理念，他们会极度厌恶集权式的中央银行，但中央银行对于金融体系的平稳和经济的推动作用也是显而易见的，所以成立了今天的美联储。

美联储的股权是私人所有，但是，私人只占有少量的分红权，管理权在国会和美国总统。这是妥协的产物。美联储的股权结构和管理

---

① 宋鸿兵. 货币战争 [M]. 北京：中信出版社，2007.

结构，决定了私人股东和美国政府都无法通过操纵美联储的货币政策来实现自身利益的最大化，所以美联储具有独立性。

独立的美联储是产生信用货币的第二个基础。而国会拥有对美联储的管理权，使美联储发行的货币具有群体普遍接受性。

美国财政与金融分立、美联储的独立性和货币发行机制所具有的群体普遍接受性，决定了美元具有信用货币的特征。

美国国债和国际收支

1933年5月，美国政府授权联邦储备银行可以用国家债券担保发行通货，从此，美国国债进入了美元的发行准备金。今天，美国国债已经成为美元发行准备金中主要的资产之一。所以，美国的财政状况和国际收支影响着美元的信用。

美国财政越健康，国债规模越低，美元升值；相反，持续财政亏空，国债规模膨胀，美元贬值。

1950年之后，美国的国际收支不断恶化，黄金储备不足以覆盖债务。1960年的黄金储备和流动债务分别为178亿美元、210.3亿美元；1968年3月对应的数字是121亿美元、331亿美元；1971年对应的数字是102.1亿美元、678亿美元。此时，美国已完全丧失了承担美元对外兑换黄金的能力。于是，尼克松总统不得不于1971年8月15日宣布停止承担美元兑换黄金的义务。

这代表美元的信用下降，也宣告了布雷顿森林体系的最终解体。

从此，全球进入信用货币的时代。这应该是人类历史上最大的谎言，与黄金脱钩，意味着美元的信用在丧失，因为在布雷顿森林体系中，美元承担着兑换黄金的职能，其他货币与美元挂钩，美元信用的丧失意味着其他货币的信用也在丧失。可是，经济学家们却将与黄金脱钩以后的时代命名为信用货币的时代！严格地说，这是货币信用不断丧失的时代。

大家既然都这么称呼，我们也就只能将这个时代称呼为信用货币时代。在这个时代，美元以及和美元近似形成机制的货币占有制度优势。因为他们至少保留着央行的独立性、财政与金融分立和财政支出的控制体系，美元依旧保持着群体普遍接受性。

布雷顿森林体系的解体，意味着美元将进入调整期，在这一时期，相应的货币理论配合美元的调整开始兴起，凯恩斯主义成为主流。

凯恩斯主义自有它有益之处和市场失灵时的有效性，可现在许多国家的政府完全把凯恩斯主义作为发展经济的灵丹妙药，百病包治，结果形成全世界的货币"堰塞湖"。当这种"堰塞湖"足够庞大时，意味着通胀不断累积，市场就会彻底丧失效率（资本投资收益率下降），所以，这种"堰塞湖"是不可持续的，消灭这一"堰塞湖"的出路只能是经济危机。2008年，美国发生金融危机，刺破次贷泡沫形成经济结构调整。到今天，美国的调整基本结束，标志就是量化宽松措施的逐步退出，未来两年将很可能进入加息周期，完成货币信用的新一轮重建过程。

在美元扩张的周期，因为美元是世界储备货币，加上贸易全球化的推动和凯恩斯主义的推波助澜，世界大部分国家的货币极度膨胀，形成庞大的资产泡沫。

当美元升值周期到来以后，这些国家的货币泡沫和资产泡沫只有破裂，甚至会造成一些国家的纸币信用崩溃。

1971年，布雷顿森林体系解体之后，美国人用凯恩斯主义理论引导了全球的货币泡沫，目的是什么？无非是引导货币泡沫为美国人修复美元的信用争取时间。布雷顿森林体系的解体最根本的原因在于美国持续的贸易逆差和战争带来的国际收支赤字，这一贸易逆差在过去三十多年持续扩大，在2007年达到顶峰，从2009年开始，出现逐步下降的趋势。美国2007—2013年的贸易逆差如表6.3所列。

表6.3 2007—2013年美国贸易逆差

年度	2007	2008	2009	2010	2011	2012	2013
贸易逆差/亿美元	7116	6959	3807	4978	5599	5404	4715

2009年，美国贸易逆差的骤然下降，是缘于2008年美国次贷危机爆发，失业上升，消费下降带来进口萎缩所造成，并不具备太多的含义。从2007年以来，美国的贸易逆差呈现缩减的态势，源于美国本土原油产量增长、美国经济增长方式的转变和能源的低价格优势带来的企业回迁，当然，企业回迁也和全球地缘政治持续动荡的因素密切

相关。

美国最大的进口项目来源于能源。2012年，美国日均进口原油849万桶（2007年为1300万桶），2012年国际原油平均价格为112美元/每桶，进口总值约3470亿美元，而2012年美国的贸易逆差是5404亿美元，原油进口占到贸易赤字的64%。2013年，美国日均进口原油771万桶，比2012年下降9.2%；2014年1月17日结束的那一周，美国日均进口原油跌破了700万桶。

按照国际能源署2013年的预测，从现实生产能力方面讲，美国完全可以逐步放松原油出口，成为原油出口国。国际能源署认为，由于美国页岩油产量上升，全球石油市场正遭受冲击。北美正在持续以创纪录的速度生产原油，预计未来5年，全球新增原油供应的三分之一将来自美国，这意味着美国将从原油主要进口国变成净出口国。预计美国将取代俄罗斯成为世界上最大的非欧佩克产油国，并最终取代沙特成为全球最大石油生产国。

另一个巨大的优势是页岩气的开采，使得美国的天然气价格比亚欧国家低一半以上，这将使美国一般商品生产重新具备国际竞争力。现在美国企业的逐渐回迁，反映的就是这一趋势。美国正在经历增长方式的转变，已经不仅仅是国际产品的消费终端，未来将大量参与产品的制造过程，压缩进口，扩大出口，最终实现压缩贸易赤字的目的。

奥巴马上台以后，就致力于削减财政赤字，将美军逐渐撤出伊拉克和阿富汗，控制军费支出。美国人不再当世界警察的结果是亚欧大陆开始进入新一轮动荡期，地缘局势的紧张将造成国际资本的不断外流，这些资本将有一大部分流入美国，这有助于美国经济增长方式的转变，也有助于美国实现资本顺差。

所有这些因素，都意味着美国正在致力于缩减贸易逆差，形成资本顺差，实现国际收支平衡。美国人的目的是恢复美元的信用，这意味着历史已经进入了新的循环。

欧元的稳定性

欧元有别于美元，它的信用产生机制和美元近似，但没有特别的发行准备，而是设定特定的通胀指数、失业率和经济增长指数。这种货币具有更加鲜明的信用货币特征，因为通胀率和失业率代表的是全社会绝大多数人的根本利益，是反映群体意愿的指数，更具备群体普遍接受性。

欧元的产生机制

1999年1月1日，根据《马斯特里赫特条约》，欧元在欧盟各成员国范围内正式发行，2002年7月，欧元成为欧元区唯一合法货币。

欧元的产生借鉴了美国崛起的过程。19世纪中后期，美国国内统一大市场形成，经济效率得到提高，综合国力飞速上升，开始走向称霸世界的征途。欧元区希望建立统一的一体化市场，提升经济竞争力，进而提升欧元区的实力。

首先可以确认，欧元的发行是与各国财政截然分立的，财政与金融隶属于两个系统，欧盟各国都有自己独立的财政体系；其次，根据《马斯特里赫特条约》，欧洲央行具有独立性，各国政府无权干涉欧洲央行的政策制定。这决定了欧元具备信用货币的基本特征。

欧元区是以共同条约的形式规定了货币投放的方法和标准，这个共同条约包含了3个指标：通货膨胀、就业率和经济增长率。如果这3个指标都在预先设定的范围内，就可以向市场投放货币，以提供流动性；如果通胀率高于预先设定范围，就实行紧缩政策；如果经济增长率低于预先设定范围，就实行扩张政策，增加货币投放量。在这3个指标中，通货膨胀是欧洲央行最关注的，其货币政策战略是"中期通货膨胀率低于但接近2%"，以上是欧元基础货币的投放机制。其派生货币的产生过程与美元相同，也是由商业银行体系产生的。

根据欧元区稳定和增长协议，区内各国都必须将财政赤字控制在国民生产总值（GDP）的3%以下，并且把降低财政赤字作为目标。同时，各成员国必须将国债与GDP之比保持在60%以下。上述两条也是其他欧盟国家加入欧元区必须达到的重要标准。

在现在的世界货币体系中，欧元是比较优良的信用货币，除了具备财政金融分立、央行具备独立性这一信用货币的基本特征之外，"中期通货膨胀率低于但接近2%"这一条是对货币群体普遍接受性原则的阐述，这个指标和美元所控制的指标近似，在信用货币时代，将中期通胀目标设定在2%以下的货币并不多。

现代的许多信用货币都是"烂苹果"，都不具备完全的信用，所以欧元是一筐烂苹果里面的好苹果。

欧债危机证明了欧元的信用

对于欧债危机，大家都很熟悉。但欧债危机说明了欧元区的问题，也恰恰证明了欧元的信用。

虽然加入欧元区必须将财政赤字控制在GDP的3%以下，并将国债与GDP之比保持在60%以下，但是，欧元区内的国家，当政府遇到经济、社会问题的时候，唯一的解决方式就只能是发债，加大财政支出，这就使得国债与GDP的比例扩大，当这一比例难以为继的时候，就发生了债务危机，这是欧债危机的本质。

以希腊来说，如果未加入欧元区，当政府债券出现了偿付隐患的时候，有三种办法可以解决这一问题：第一是通过增发不同期限的政府债券来间接实现展期，用跨期手段为解决危机赢得更多时间，本质上就是透支更长时间的未来；第二是拿不上桌面的手段，运用货币增发的手段来解决政府债券的偿付问题；第三种办法是出售国有资产还债。

前两种办法的本质是一样的，都降低了货币的信用，也就是货币贬值。第一种办法透支更长年限的财政收入，无疑是透支货币的内在价值；第二种办法，就是南京国民政府在法币上的做法，用印钞弥补财政赤字，而财政与金融分立是形成信用货币的基本原则，用印钞弥补财政赤字，是破坏货币的信用，货币的性质就下降为纸本位。

希腊是欧元区国家，首先，希腊政府无法透支更长年限的国家税收，因为国债与GDP之比保持在60%属于欧盟的法律规定，希腊因为这一比值过高而发生债务危机，欧元区的法律要求希腊政府必须将债务规模逐渐下降到规定的比例，这保护了欧元的信用；其次，希腊无法印钞（没有发钞权），现代社会无数货币都是因为货币滥发最终导致本币不断贬值并走向崩盘之路，这保护了欧元的信用。

从以上可以看出，由于欧元区的法律规定，使区内的任何一个国家都无法透支更长时间的未来,也无法透支货币的内在信用,必须走可持续发展之路,加上欧元采取盯住通胀指数和就业率的基础货币发行机制,建立了欧元的信用基础。

欧元的隐患

欧元的隐患在于政治。欧元区是一体化的市场,市场一体化将提高整个区内国家的经济效率。但是,在相同的货币政策环境之下,基于人文环境、经济基础、科技水平等方面的不同,必定造成一些经济实力弱的国家容易爆发社会问题,在这种社会问题无法克服的情况下,容易造成社会动荡和政治危机,那时,最后的选择只能是退出欧元区(希腊就曾经考虑退出欧元区),这将对欧元的信用形成考验。

欧亚大陆正在经历新一轮动荡周期,如果发生战争,需要参战国家急剧扩大财政支出以支持战争,债务与GDP的法定比例就很容易被突破,而各国没有货币发行权,对战争的支持能力受到制约,那时将极大的考验欧元的生存能力。

人民币面临的挑战

1948年12月1日,中国人民银行在石家庄成立,开始发行第一套人民币。

我们知道,货币的主要特征之一是具有群体普遍接受性,接受的程度越广泛,信用度就越高。一种货币能让全社会普遍接受的唯一标志就是物价,当一国货币采取盯住物价的时候,那么就代表了全社会的普遍利益,这时货币的持有者永远不会因为物价的波动而受到损失,货币就具备充足的信用。这种货币具备货币的四大职能:价值尺度、财富储藏、交易媒介和支付手段职能。

建国伊始发行的人民币即采取盯住物价的方式,是具有充足信用的货币,可以说基本等同于金银。

信用稳定阶段

从1955年人民币改革之后到1986年,人民币基本属于信用稳定阶段。一国货币终归是为人民生活服务的，而粮食是人民最基础的生活物资，从粮食价格的变化，可以清楚地看到这种信用的体现。根据北京大学中国经济研究中心的卢锋和彭凯翔两位先生的研究，依据农村集市粮价数据，这30多年间，米价基本处于窄幅波动的趋势，只有三年自然灾害的1959—1961年间，米价有一个剧烈上冲过程，最高上冲到每公斤1.6元左右，基于货币信用稳定，三年自然灾害之后，粮价即快速回落至接近灾害之前的水平。1964年以后，米价异常平稳，在大约每公斤0.6～0.8元之间窄幅震荡，这种平稳周期一直持续到1986年[①]。

虽然粮价并不代表物价的全部，但粮价一定是物价中最重要也是最基础的部分，也代表了禽、蛋、肉等副食品的价格。所以，这一时期的人民币，具备货币的四大特征，特别是具备财富储藏功能和价值尺度功能，属于信用完善的货币。

信用下降阶段

同样，从卢锋和彭凯翔两位先生的研究中可知，自1987年开始，米价不断上行，上冲到每公斤1.6元，虽然1991年以后，有一个小幅回落的过程，但之后带来的是更猛烈的上涨，1996年前后，越过每公斤3.1元，直接说明这一时期人民币信用在不断下降，价值尺度和财富储藏手段职能被削弱了。

人民币信用的下降是因为什么原因呢？毫无疑问和货币增发密切相关。

1980—2009年，人民币供应量增长率（M2的增长率）最低的年份是2000年的12.27%，最高的年份是1984年的39.17%，远远超过经济总量的增长速度。

货币增发带来的通货膨胀，短期的影响并不明显，因为货币开始增发的时候，大家并没有觉察出来，所以物价暂时不会上涨。根据弗里德曼的研究，货币增发所引发的通货膨胀，一般在12～24个月之后显现，所以，使用货币增量减去GDP增量的办法计算通胀，短期是无

---

① 卢锋，彭凯翔. 我国长期米价研究（1644—2000）[EB/OL].（2004-07-14）[2014-06-08].

效的，长期是有效的，可以合理地反应通胀的趋势。

采用货币供应量增长率减去 GDP 增长率，多余增发的货币都转化为通货膨胀，原理就是产品和服务没有增加那么多，多余的货币就会推动通货膨胀。比如，2009 年货币供应量增长率为 27.6%，GDP 增长率为 8.7%，那么通货膨胀率为 18.9%。在 1978—2009 年间，采用官方公布的广义货币供应量（M2）增长率和 GDP 增长率的数据，计算出这 31 年间的通胀约为 34 倍。可是，根据国家统计局的通货膨胀指数，这 31 年的通胀约为 5 倍。

这就涉及到前面说过的一个问题，增发的货币有一部分进入了投资领域，容纳了相当的货币，同时这些投资加大了市场中部分商品的供给，压制了物价的上涨，这部分商品主要是工业品。因为改革开放初期，中国的经济水平很低，投资机会众多，大量吸纳超发货币，所以用货币供应量增长率减去 GDP 增长率计算通胀率就会出现很大的误差。但是，理论计算出来的通胀（约为 34 倍）也具有合理性。比如：1979 年入学的一个大学生，基本的生活费用大约就是 15～20 元，当时一等助学金是 19 元左右，家庭基本没有负担；2009 年供养一个大学生的负担每月不会少于六七百元（当然不包括学费、住宿费和书本费，等等，只是正常开支），通胀达到了 30～40 倍。即便扣除生活水平提高的因素，也远不止国家统计局公布的数字（5 倍）。这是因为我们生活中接受的商品主要是生活必需品，特别是农产品，三餐必不可少，而这些农产品产量的增长并不会随着投资的增长而线性提高，更主要受到耕地面积、气候、工农业剪刀差等因素的影响，产量增长缓慢。当工农业剪刀差增长到一定程度的时候，甚至会带来农业的萎缩。大量的房地产占用了南方无数高产稳产田地等因素，都在限制农产品产量的增长。

无论是用货币供应量增长率减去 GDP 增长率计算通胀，还是以国家统计局公布的数据计算通胀，都有合理的一面。从与百姓生活的相关度来说，前者似乎还更加合理一些。但无论采用哪一个数据，这 31 年的通胀在历史上都是很严重的，这时的人民币财富储藏手段职能和价值尺度职能被削弱。带来的社会现象是以房地产养工业，我们看到的现象是从事工业的企业也大量参与到房地产开发，包括很多央企，比如雅戈尔是服装业，中国远洋是运输业，它们都参与房地产开发，而民营企业更是不甘落后；其次就是最近这些年的"蒜你狠"、"姜你军"、"全民炒房"，等等，都是货币财富储藏手段职能和价值尺度手段职能被削弱的必然现象，大家都来追逐价格收益。

这是典型的通胀型经济，以货币贬值作为经济发展的驱动力。通胀型经济的拐点是工业品价格不再跟随货币的不断增发而上升，这是通胀型经济无法持续下去时必定出现的特点。源于工业品的产量会随着投资的不断增长而放大，随着产量的不断增长开始出现过剩，这时，这些产品的价格就无法跟随货币不断增发而继续上涨。过剩的出现就是通胀型经济达到顶部的标志。

通胀型经济的拐点对本币的寓意

2011年12月5日，中国人民银行（央行）决定，下调存款类金融机构人民币存款准备金率0.5个百分点，这标志着开启新一轮货币宽松的周期。2012年2月24日和5月18日连续两次调降存款准备金率，2012年6月8日和2012年7月6日央行连续两次下调金融机构人民币存贷款基准利率，每次各调降0.25个百分点，2012年四季度央行连续逆回购向市场注入货币，代表着这一轮货币宽松得很猛烈。

正常情况下，随着市场货币流量的增长，会带来工业企业产量的增长和工业品出厂价格的上升，这是通胀型经济的正常特征，可是，在本次货币宽松的周期出现了不正常。环渤海动力煤价格指数是我国煤炭价格的最权威指数，表6.4所列数据显示了这一时期的变化。

表6.4　2011年10月至2014年9月环渤海动力煤价格指数
（发热量5500大卡动力煤）

时间	指数	时间	指数
2011年10月26日	853元/吨	2013年6月26日	603元/吨
2011年12月14日	830元/吨	2013年10月23日	533元/吨
2012年6月26日	603元/吨	2014年3月26日	530元/吨
2012年12月26日	634元/吨	2014年9月10日	482元/吨
2013年2月27日	624元/吨		

在本轮货币宽松周期，煤炭价格并不是继续上涨，而是持续下跌，说明煤炭出现供过于求，供需规律开始发挥作用。原煤是工业的最基本能源，下游是钢铁、有色金属、建材、电力等基础行业，原煤的供过于求意味着这些行业的产能已经饱和，无法继续扩张，也就标志着重工业全面过剩时代已经到来。在今天，这已经是无法否认的事实，未来，随着中国重化工业化进入尾声，这些重工业的产品产量将出现顶部徘徊到回落的走势。

再看 PPI 指数的变化，从 2012 年 3 月至 2014 年 3 月，中国的 PPI 已经在通缩区域维持了 25 个月，2014 年 3 月 PPI 同比下降 2.3%，是 PPI 连续第 25 个月出现下降。这说明工业品出厂价格在本次货币宽松周期都在持续回落，和环渤海动力煤的价格走势非常吻合。

随着工业产品产能扩张到顶部出现回落，首先是价格调整，对煤炭来说就是价格回落的过程。基于地方政府对资源税收的依赖性，特别是山西、陕西、内蒙古等资源大省，无疑需要保产量，所以，我们看到 2012—2013 年全国煤炭产量依旧在 37 亿吨左右徘徊，2011 年是 35.2 亿吨，2012 年是 36.5 亿吨，2013 年是 37 亿吨，产量不是下降而是逐渐上升。随着这种过剩的不断持续，未来将出现相关企业的破产潮，这将严重打击重工业为政府提供的税收，特别是一些地方的财政收入将出现收缩。

煤炭只是重工业产业链的一端，代表的是钢铁、有色金属、建材、电力等行业未来的趋势。

这就意味着资本在工业领域的投资回报率下降，这些行业丧失了经济效率。带来的恶果是政府的财政收入收缩，相关领域的资本特别是外资外流，造成汇率承压。由于中国原油和农产品对外依存度比较高，汇率下跌就会推动通胀的上行。

工业增长潜力的耗尽，意味着经济增长速度开始下降，也意味着财政收入的增长速度开始下降。此时，国债发行规模开始扩大，债务率上升和资本的出走，造成汇率承压。

再看房地产行业。2014 年中国某些地方政府对土地财政的依赖度超过 50%，这是显而易见的事实。房地产产业是典型的人口周期型产业，根据国家统计局公布的数据，2012 年，中国的适龄劳动力人口下降 345 万人，意味着人口红利的拐点出现了，带来的是房屋从局部过剩开始向全面过剩演化，温州、鄂尔多斯、神木的过剩不过是先行一步。2014 年，杭州、无锡、常州、营口、秦皇岛等城市不断爆发楼市降价潮，都属于局部过剩的必然现象，随着这种局部过剩的不断扩大，最终将演化成全面过剩，房地产将进入萧条期。

伴随房地产进入全面过剩，房地产和相关上下游行业的经济效率下降，资本收益率下降，资本出走，这会进一步冲击汇率。地方政府的土地出让收入必定跟随房地产成交的回落而下降，土地财政的收入下降，进一步收缩政府的财政收入。而房地产成交的下降将进一步带动建材、钢铁、有色金属、煤炭、建筑施工、电力等行业的进一步收缩，财政收入就会出现深度收缩。

政府财政收入的进一步收缩，国债和地方债很可能就会加速增长，如果财政收缩过于严重，甚至可能需要加印人民币基础货币，人民币的内在价值和汇率都将受到打击。

一般来说，通过采取精兵简政、提高效率的手段可以化解未来的财政压力，以及努力实现经济增长方式的转型，可以保护货币的信用。

人民币超发的原因

过去 30 多年，人民币超发，对内大幅贬值，这是显而易见的事实。除了改革开放以后，人口红利释放，资本形成速度加快的原因之外，货币超发是最大的推动力，这种货币超发的机制是如何形成的呢？

中国在改革开放初期，特别是 20 世纪 90 年代汇率改革和 2001 年加入世界贸易组织之后，一直采取以出口和投资为导向的经济发展模式。

假定某一时间点，国内的货币流量是 100 元，这些货币流转，产生 1 美元外贸顺差，这时国内人民币的流量还是 100 元，但是，中国很长时间一直在实行强制结汇的政策，这 1 美元就会被央行收购，那么央行收购美元的人民币从何而来？这是所有问题的关键。

如果央行用原有的货币存量（也就是原来 100 元以内的部分）收购这 1 美元，就不会形成货币超发。中国这些年来，M2 不断高速膨胀，远远超过经济增长速度，很显然，央行是用印钞来收购这 1 美元，原来的100元依旧在市场中流通,央行通过收购这1美元,就通过印钞的方式往市场中注入了6~8元(按当时的汇率)人民币基础货币,这个过程循环往复,这就是所谓的货币双发机制。

这种货币发行机制的优劣我们不作评论,但很显然,和基础货币的投放绑定物价和经济增长率具有非常大的差别。中国在相当长的时间内是以出口为导向的经济模式,人口红利释放,大量高污染、高能耗产业的发展推动了出口的增长,这还可以说是正常的经济行为。但是,中国采取的是奖励出口、限制进口的经济政策,在出口超常规增长的情形下,加上央行采取强制结汇的措施,外汇储备就会快速增加,在货币双发机制之下,必定带来人民币基础货币的快速膨胀,这是30多年来人民币超发的根本原因。

在现行奖励出口的政策环境下,如果央行持续这样操作,国内物资、服务减少而货币增加,国内通胀将很快恶化,所以,必须有相应的机制给这种奖励出口的政策和货币双发机制配套,必须让这些超发的货币进入投资领域,吸纳这些货币,同时扩大商品和服务的供给。在中国处于人口红利的释放期,有充沛的劳动力供给,在环境尚可承受的情形下,使这些投资活动成为可能。这些投资活动,既保证了经济增长速度,又吸纳了超发的货币,同时又通过产品供给的增长压制了物价的上涨。所以,中国经济中出口和投资是相辅相成、相伴而生的。

这是纸币时代人类社会追求的理想境界,货币超发而不带来通胀恶化。

这种货币发行机制的终点就是人口红利消失,工业品全面过剩时代的到来,这两条现在都已经满足或正在满足。带来的经济现象就是资本投资收益率下降。

使用投资手段化解货币超发带来的通胀,还有一个非常严重的隐患,大量的金融资源流向长期贷款,很容易形成金融资源的错配,加上中国的投资活动主要是政府来完成,基于所有权和经营权的分离,效率比较低,使得这种金融资源错配的现象更加严重。当人口红利消失、环境不可承载之后,资本形成的速度变缓,就会带来市场实际利率不断走高。这种利率走高的过程必定刺破资产泡沫。

这种经济模式的另一个弊端是随着出口和投资过程的不断持续，环境被破坏，不可再生资源被超常消耗。环境的问题现在有目共睹，过去中国在原油、铁矿石、铝矿石等方面都可以实现基本自给自足，现在需要大量进口。同时，因为工农业剪刀差的不断扩大，农业效益低，伤害农业的发展。所以，这种经济增长方式是不可持续的。

恢复经济效率

中国实行的是通胀型经济，随着货币存量的不断加大，通胀的不断累积，经济效率将逐步降低。经济效率下降到一定程度，资本投资收益率下降，无论外资还是内资都会出走，形成汇率贬值。在存量资本和汇率贬值的双重压力冲击之下，通货膨胀加剧，特别是中国的原油和农产品对外依存度很高，汇率贬值的后果极其严峻。如果这一时期再遭遇恶劣的气候环境，将使得这一问题更加严重。

货币增发伊始，通胀轻微，对经济会起到推动作用，1980年到1986年属于这一时期。随着增发货币的累积，通胀加速，因为我国经济起点比较低，城镇化水平在改革开放初期很低，加上人口红利的释放，出现了通胀持续上涨、经济持续高速增长的现象，这是综合因素造成的结果。

2011—2012年，煤炭和相关的建材、钢铁、有色金属等行业出现供过于求，表示城镇化和人口红利释放对经济的推动作用正在走向衰竭，标志着继续增发货币已经无法对工业领域产生推动作用，经济增速开始下降。可是，由农产品带来的通货膨胀却在不断增发的货币推动下持续上行，滞胀的模式隐隐出现了。

这就是从2012年3月到2014年3月CPI延续上行趋势，而PPI连续25个月同比下降的根本原因。

目前处于滞胀的初期，未来的经济趋势有可能继续恶化。首先是工业企业效益大面积滑坡，最终出现停产和破产潮。全面过剩的出现将首先打击价格，但这时的生产要素价格和劳动力成本依旧处于上升的过程，在成本和价格的双重挤压之下，很多企业将出现停产和破产。其次，房地产繁荣周期必定会结束，也意味着房地产和相关产业都失去了效率。最后，工业企业和房地产失去效率的结果将是经济增长速度进一步下降,资本外流,人民币汇率承受压力。

在农业领域,农业的基础材料包括土地(承包费用)、农药、种子、化肥的价格都早已放开,但农产品价格基于社会稳定的因素受到调控,致使工农业剪刀差不断扩大。虽然政府不断对农业给予政策倾斜和补贴,但是,从事农业生产和从事工业生产的收入差别是显而易见的,就会造成大量的劳动力从农业领域进入工业领域。基于我国在改革开放初期,随着土地制度的改革带来了农业生产率的提高,这种工农业剪刀差带来的人口转移不仅不会带来农业产量的下降,相反却促进了工业的发展。但是,当工农业剪刀差持续扩大之后,就会出现反噬,劳动力过度从农业领域转移出来的后果必定造成农业的衰落。据报道,我国粮食产量已经"十一连增",但是对进口的依存度越来越高却是显而易见的事实。当汇率开启贬值模式,进口农产品价格上升,自给不足,必定带来价格暴涨,这是未来通胀的动力所在。

经济失去效率,而通胀上行,是一个国家经济的噩梦,因为它会让经济陷入深度滞胀。

产生滞胀的根源在于经济失去了效率,滞胀的恶化就会产生汇率与经济的螺旋式下跌,这是一种货币危机和社会危机的复合体。所以,必须从恢复经济的效率入手,提高资本投资回报率,实现经济增长模式的转型。

首先,中国是投资型经济,生产要素主要掌握在政府和国有企业手中,可是,创新型经济是产生于社会经济生活的各个角落,因此,必须将生产要素下沉,按市场优化分配,当生产要素按市场优化分配之后,才能推动经济增长模式的转型;其次,需要改革现有的行政机制和财税体制,实现财富的平均分配,降低基尼指数,只有这样才能扩大内需,经济增长方式的转变才有可能;再次,必须让中国的货币具有充分的信用,而一个具有充分价值尺度和财富储藏职能的货币,将打击所有炒作等投机行为,使经济活动和资本市场都成为投资的乐园,推动创新的进程。

如果商品对外价格优势不断丧失,经济生活中的资本投资回报率不断下降,就会带来资本外流,人民币汇率就会从升值周期转向贬值周期。

贬值周期一旦开启,就会形成贬值预期,加上过去很多年人民币不断对内贬值,就有可能让人民币持有人丧失信心。

任何一种货币的崩溃都是货币持有人的信心崩溃造成的,而不是数字可以计算出来的。

没有信用,就没有货币,这是五铢钱告诉我们的历史。

而英镑、美元信用的建立都见证了英国、美国称雄世界的过程;汉朝的文景之治、昭宣中兴、明朝的仁宣之治、隆万中兴等中国历史上所有的盛世周期一样都伴随的是货币信用的坚挺或重建。

货币标准化,恢复货币的尊严,是走向繁荣的唯一道路。

第七章
我们面临的未来

气候的历史显著地影响着货币的升值和贬值。本章将告诉读者我们面临的气候前途。

过去二三十年，全球化是最热门的词汇，未来将进入去全球化时期。

气候战争

中国的历史,就是一部气候变迁史,也是我们的先人与气候的抗争史。

从图 1.1 中我们可以明显地看到气候与货币的关系。

西汉末年,因为海侵事件导致气温骤降,带来严重的自然灾害,对应的是王莽不断铸造虚钱,货币贬值和通货膨胀直接让西汉和新莽灭亡。

东汉末年,是中国历史上自然灾害最严重的时期之一,气温骤降带来瘟疫和严重的自然灾害,伴随的是董卓铸小钱时期,出现货币贬值和通货膨胀,而且这一时期非常漫长,在三国、西晋、南北朝和大分裂时代,货币的信用度都很低,很多时期回归以物易物,意味着货币已经崩溃,与这一时期长期的低温相吻合。

宋朝与元朝时期的气温,处于隋唐温暖期到明清小冰期的过渡阶段,虽然宋朝创造了经济和文化的繁荣,但是从 1100 年前后开始,气温快速下降,依旧出现严重的通货膨胀,货币贬值;而元朝后期,随着气温下降,自然灾害多发,酿成了元朝末年的超级通货膨胀。

顽强的明朝,在后期,依旧无法抵挡气候持续恶化带来的压力,从 1615 年前后米价的飙涨明显地显示出来:通胀恶化和货币贬值,是明朝灭亡的主要原因之一。

清朝中后期,太阳黑子道尔顿极小期带来气温下降和自然灾害多发[①]。伴随的是太平天国等农民起义,咸丰皇帝铸虚钱并诞生钞票兄弟。

---

① 闵宗殿. 关于清代农业自然灾害的一些统计——以《清实录》记载为根据[J]. 古今农业, 2001, (1): 9—16.

到清朝末期，处于拉马德雷冷位相时期（1889—1924），气温下降导致自然灾害加剧，米价飙涨、货币贬值让清朝如同泰坦尼克号一样撞上了冰山。

南京国民政府时期法币的猛烈崩盘发生在1946—1948年，对应的是中国南方的1946年大饥荒。中华人民共和国建国后的30多年，人民币可以让物价在30多年内基本稳定，但三年自然灾害时期，依旧出现米价剧烈上涨。无论1946年的南方饥荒和1959—1961年的自然灾害，都处于上一轮的拉马德雷冷位相周期（1946—1977）。

相反，气候温暖期可以带来货币价值坚挺。西汉文景之治和昭宣中兴均产生在温暖期，货币价值坚挺；在隋唐盛世之后，即便唐朝因为军阀分裂而灭亡，历史进入五代十国分裂时期，坚挺的开元通宝依旧流通，忠实的履行着信用媒介的职责。

在古代，大多数时期使用的是贵金属货币，货币的供给增速是受自然条件限制的，温暖期的农产品供给增长，货币价值坚挺；但是，在现代，实行的是纸币，纸币可以无限扩张，现代人在大多数时期并不具备严控"道德风险"的道德水平，这就形成纸币的超常供给，所以，即便温暖期，也无法保证货币价值的坚挺。根源在于贵金属货币和纸币的成本不同，许多信用货币的管理并不能达到信用稳定不变的水平。

从长周期和短周期的行为来看，气候一般都是左右货币信用的强大的因素之一，气候恶化很可能带来货币信用的丧失。

所以，气候研究对于货币学具有重大的意义。认识未来的气候趋势，就可以掌握货币的未来趋势。人类和气候的战争还会永远持续下去。

第四纪大冰期之大理亚冰期

科学界将地球的寒冷周期称为冰期，根据寒冷持续的时间和寒冷程度又分为大冰期、亚冰期、副冰期等，而两个寒冷周期之间的气候回暖时间段称为间冰期，如亚间冰期、副间冰期等，名词解释见表7.1。

表 7.1　部分气候学名词解释

名词	说　明
大冰期	大冰期也叫冰河时期。有记载的大冰期一共发生过 3 次：第 1 次是大约 6 亿年前的震旦纪大冰期；第 2 次是大约 3 亿年前的石炭纪至二叠纪大冰期；第 3 次大冰期就是距今最近的第四纪大冰期
亚冰期	每个大冰期中气温有波动，寒冷的时间段称为亚冰期
亚间冰期	亚冰期之间的气温回暖阶段称为亚间冰期
副冰期	每个亚冰期中气温亦有波动，寒冷的时间段称为副冰期
副间冰期	副冰期之间的气温回暖阶段称为副间冰期

自从人类进入文明时期以来，就在第四纪大冰期的笼罩之下。第四纪大冰期的全球性冰川活动约从距今 200 万年前开始直到现在，是地质史上距今最近的一次大冰期。

国际上，将第四纪大冰期分为以下 4 个阶段：

(1) 群智亚冰期，90—120 万年前，亦称贡兹亚冰期。

(2) 明德亚冰期，68—80 万年前。

(3) 里斯亚冰期，24—37 万年前，规模最大。

(4) 武木亚冰期，1—12 万年前，亦称玉木亚冰期。

在我国，著名科学家李四光先生为中国的地质研究做出了卓越的贡献。对于第四纪大冰期，也相应地将其划分为鄱阳亚冰期（137—150 万年前）、大姑亚冰期（105—120 万年前）、庐山亚冰期（20—32 万年前）与大理亚冰期（1—11 万年前）4 个亚冰期。虽然这些分法有一定的争议，但对于大理亚冰期对应于国际上的武木亚冰期基本没有争议。

在亚冰期内，平均气温约比现代低 8~12℃。在距今 1.8 万年前的第四纪冰川最盛时期，年平均气温比现在低 10~15℃。

在两个亚冰期之间的亚间冰期内，气温比现代高，气候转暖，海平面上升，大地又恢复了生机。北极等高纬度地区约比现代高 10℃ 以上，低纬度地区约比现代高 5.5℃ 左右。覆盖在中纬度的冰盖消失，甚至极地冰盖整个消失。

在每个亚冰期内，气温有波动，例如：在大理亚冰期中，就至少有 5 次冷期（或称副冰期），而副冰期之间为相对温暖时期（或称副间冰期)。每个副间冰期一般维持 1 万年左右。

现代科学家均认为，没有任何证据表明第四纪大冰期已经结束。

大理亚冰期结束了吗？现在也没有肯定的结论。有几点需要密切关注：首先，在大理亚冰期内，每两个副冰期之间的副间冰期相隔大约 1 万年，本次气温回暖到今天，正好约 1 万年。从图 1.1 所示的挪威雪域线图上，可以明显地看出，上次大理亚冰期内的最后一个副冰期于公元前约 8000 年结束，然后，气温快速上升，到公元前 1500 年前后，气温开始下降。最近 3000 多年来，气温总体上是下降的趋势。其次，过去的亚间冰期，气温比今天高 5.5～10℃。可是，本次从公元前 8000 年以来的气温回暖，最高温度也不过比今天高 4～5℃左右，明显低于以往亚间冰期气温升高的水平。再次，第四纪大冰期内的前三个亚冰期，都持续了 12～15 万年，如果距离今天最近的大理亚冰期内的副冰期结束就同时代表了大理亚冰期结束，大理亚冰期就只有 10 万年，将短于鄱阳亚冰期、大姑亚冰期和庐山亚冰期的时间长度。

所以，现在并不能断言大理亚冰期已经结束。

这有可能意味着，现在我们所处的时间段并不是亚间冰期，而是副间冰期，也就是依旧在大理亚冰期之内。从公元前 8000 年开始的回暖，属于副间冰期，按以往的时间推算，接近结束。

如果出现这样的情形，将颠覆现在的主流气候学观点。明清小冰河期只不过是大理亚冰期中进入新一个副冰期的第一步，现在处于短暂的缓和期，未来会直接进入大理亚冰期中的新一轮副冰期吗？

这需要现代科学进一步研究。

但是，无论如何，警惕冷威胁比警惕全球变暖更重要，因为全球变冷对人类的威胁更大。我们需要密切关注一些气候研究的前沿动态，这才是决定货币走向的决定性因素。

很多朋友会说，这样的大周期没必要关注，因为相对这样的长周期来说，人生如白驹过隙。可是，任何短周期的趋势都是长周期的一部分，即便未来数年、几十年的气候波动都受到长周期气候趋势所控制。这和股票是一样的道理，如果一个长牛的股票，任何短期的下跌都是买入的机会；而任何一个走熊的股票，短期反弹都是逃命的机会。对于气候来说，如果未来是进入新一轮大理亚冰期内的副冰期，那么以前发生的明清小冰期（当时处于北方的欧洲人也向南迁徙和抢掠，见图7.1）就仅仅是气温下跌的起始阶段，现在处于短期的气温反弹。相反，如果从公元前8000年开始的气温回升是一轮亚间冰期，那么，未来的气候将是持续转暖。两种情形有本质的不同。

图7.1　反映17世纪的小冰期时代欧洲海盗南下劫掠的画

太阳黑子极小期

人类对于第四纪大冰期和大理亚冰期的研究并不充分，不确定性很大。但是，对于中短期的气候研究相对成熟，这其中最重要的是太阳黑子极小期。

太阳的活跃程度亦有周期性。太阳黑子是在太阳光球层上发生的一种太阳活动。一个发展完全的黑子由较暗的核和周围较亮的部分构成，中间凹陷大约为500千米。太阳黑子的形成与太阳磁场有密切的关系。在太阳黑子极大期，黑子数量比较多，太阳辐射增加。与之相对应的是太阳黑子极小期，太阳表面的黑子极少，有时甚至消失，太阳的辐射度下降，地球的气温下降。

从2007年以来，基本确定已经进入了新一轮太阳黑子极小期。每次太阳黑子极小期，都会给地球带来冷周期。黑子少意味着太阳磁场弱，它与地磁场的耦合作用亦将变弱，致使冰川前进。

美国国家航空航天局的科学家和俄罗斯科学家经过对太阳发光度和太阳黑子数量的观察，认为从2007年开始，太阳黑子进入了21世纪极小期。从2007年至2009年，太阳黑子的数量远低于平均值，在

2008年，有73%的日子没有太阳黑子，即使对极小期而言也是很极端的。

俄罗斯科学院自然科学学者尼古拉·多布列佐夫认为："2007年北极冰层最少，2008年至2011年期间冰层重新增多。北极的冬天已经变得更加寒冷，显然，全球继续变暖将成为神话。"其对于北极冰层的研究在支持新一轮太阳黑子极小期正在到来的观点。

历史上，太阳黑子极小期会给中国带来气温的下降，自然灾害加重，如表7.2所列。

表7.2 部分太阳黑子极小期发生的年代和所带来的影响

太阳黑子极小期	起始时间	气候特征	最冷年代
欧特	1040—1080年	低温	北宋后期
沃尔夫	1270—1350年	低温	元朝中后期
史玻勒	1450—1550年	小冰期	明朝中期
蒙德	1645—1715年	小冰期	明朝后期
道尔顿	1790—1820年	低温	清朝中后期

欧特太阳黑子极小期对应的是北宋年间从1100年开始的气温下降，骤降阶段发生在1100年前后的十几年间；沃尔夫太阳黑子极小期对应的是南宋末期和元朝时期气温持续变冷的时期，元朝末期气候继续恶化，带来灾荒加重；15世纪、17世纪、19世纪亚欧大陆发生了3次明显的冰进，冰川学界称之为"小冰期"，这3次冰进刚好与3次太阳黑子极小期基本对应，其中出现在17世纪的蒙德太阳黑子极小期是2000多年来太阳黑子最少的一个时段。

每一轮太阳黑子极小期，都会给地球带来至少五六十年以上的寒冷周期，甚至可延长到100年以上。

本次太阳黑子极小期的气候变化，将与短期的气候条件相配合。

拉马德雷冷位相

拉马德雷是一种高空气压流，亦称太平洋十年涛动，分别以暖位相和冷位相两种形式交替在太平洋上空出现，每种现象持续20年至30年。第三周期的冷位相为2000—2035年之间。当拉马德雷现象以暖位相形式出现时，北美大陆附近海面的水温就会异常升高，而北太平洋洋面温度却异常下降。与此同时，太平洋高空气流由美洲和亚洲两大陆向太平洋中央移动，低空气流正好相反，使中太平洋海面升高。这种情况下将带来欧亚大陆板块的气温上升，暖湿气流流向欧亚大陆，利于降雨。当拉马德雷以冷位相形式出现时，情况正好相反，欧亚大陆气候干燥，不利于降雨，气温下降，地震多发。中太平洋海面反复升降导致地壳跷跷板运动，引发强烈的地震活动和低温现象。

1889年以来，全球大于等于8.5级的地震共18次。在1889—1924年，拉马德雷冷位相发生6次；在1925—1945年，拉马德雷暖位相发生1次；在1946—1977年，拉马德雷冷位相发生11次；在1978—2000年，拉马德雷暖位相发生0次；2000年以来，拉马德雷冷位相已发生5次。最强烈的是2011年3月11日，日本当地时间14时46分，日本东北部海域发生里氏9.0级地震并引发海啸，强震的多发将深海海水翻上海面，将加速地球气温转冷[①]。

全球20世纪初的低温期、30年代至40年代的增暖、50年代至60年代的低温和80年代后的迅速增暖，与拉马德雷冷暖位相的转变一一对应。

从拉马德雷冷暖位相的周期性变化，可知地球进入了一个新的变冷周期。

在拉马德雷冷位相期间，因为高空气流（这种高空气流湿度比较低）是从太平洋中间向亚洲和美洲大陆板块流动，而低空气流是从亚洲和美洲大陆向太平洋中心流动，所以，亚洲大陆的气候干燥，降雨量下降，容易形成干旱。低温与干旱往往共同影响农业生产。

综上所述，我们未来所面临的是气温变冷（目前，冷周期的长短有很大的争议）。冷气候对人类的威胁更大，在寒冷的周期，亚欧大陆因为季风的因素也更容易导致干旱多发。

当地球进入新一轮冷周期之后，货币贬值的趋势更强，这就是历史规律。

---

① 杨冬红，杨德彬，杨学祥．地震和潮汐对气候波动变化的影响．地球物理学报，2011，54（4）：926—934．

去全球化

过去 30 多年，随着布雷顿森林体系的解体和美国摆脱 20 世纪 70 年代的滞胀，全球货币开启了扩张周期，这一时期显示了贸易全球化的趋势。

几个因素的综合作用推动了贸易全球化：第一，冷战结束之后，随着柏林墙的倒塌和前苏联解体，美国的全球霸权地位得到强化，世界处于一极状态，地缘政治纷争减少，为贸易全球化创造了有利条件；第二，美元处于信贷扩张期，贸易全球化的一端是货物与服务流动，另外一端是信用流动，基于美元的世界储备货币地位，美元的扩张是贸易全球化的必备条件；第三，1947 年 10 月 30 日在日内瓦签订关税与贸易总协定，1994 年 4 月 15 日，在摩洛哥的马拉喀什市举行的关贸总协定乌拉圭回合部长级会议，决定成立更具全球性的世界贸易组织（WTO），以取代成立于 1947 年的关贸总协定。世界贸易组织的建立使得全球更多的国家纳入全球贸易体系，推动了全球贸易的进一步繁荣（自 2001 年 12 月 11 日开始，中国正式加入 WTO，加上中国处于人口红利释放阶段，极大地推动了中国经济发展）。

美国在小布什执政的时期，基于"9·11"事件对美国的打击，发动了全球特别是在中东地区持续的反恐怖主义战争，战争加重了美国财政负担，仅仅伊拉克战争，专家们测算美国的军费支出就达到 2 万亿美元，使得财政赤字持续扩大。2007 年 11 月奥巴马当选美国总统之后，开始实行自身财政再平衡策略，削减美国海外军事行动支出并控制军费预算，努力实现财政收入增长和军费增长的平衡，这使得美国只关注世界重点地区，造成地缘政治纷争开始加剧。

从 2010 年底的突尼斯"茉莉花革命"开始，北非和中东持续动荡，这种动荡一直在持续，乌克兰、中东到南中国海的地缘政治和军事纷争在持续发生，都是世界开始进入不稳定状态的典型标志，也是美国财政再平衡战略的必然结果。这种地缘政治、军事纷争的不断加剧，将阻碍全球贸易的增长。全球化被界定为商品、人和资金在各国之间的自由流动，近来，所有这些都面临威胁，同时因为地缘政治、军事纷争不断加剧，俄罗斯、美国和欧洲之间限制旅行和资金流动的制裁事件越来越多，贸易全球化已经遭受很大的打击。全球化的第一个根基——全球稳定的政治、军事环境已经不在。

过去30年的全球化，另外一个标志就是宽松的信贷环境。正如美联储主席珍妮特·耶伦在记者会上所说，这个时代即将终结。任何一个国家，信贷不断扩张必定导致经济效率的下降和资本收益率的降低，美国在2008年发生金融危机，本身就已经是货币扩张不可持续的标志。危机发生后，美联储通过三次量化宽松措施实现经济结构的调整，完成了去杠杆进程。2013年底开始，连续缩减量化宽松规模，标志着美元将开启一轮新周期，美元的扩张政策开始出现逆转，这是大势所趋。因此，全球化的第二个支撑也正在消失。

我国在2012年开始出现适龄劳动力人口下降，标志着人口红利正在终结。而2012—2014年不断发生的癌症村、河流湖泊以及地下水污染事件、大面积雾霾事件等，都标志着牺牲环境发展经济的道路已经走到了尽头，按原有发展模式不再具备继续扩大出口拉动经济增长的能力。

统计数字也可以很明显地说明全球化开始出现逆转的事实。2014年3月29日美国《时代》周刊刊登拉纳·福鲁哈尔题为《逆向全球化》一文，文中说明，在过去两年里，全球贸易的增速低于全球国内生产总值（GDP）的增速。这是二战以来第一次出现这种情况，标志着全球经济出现了一个转折点。

虽然这种现象（全球贸易增速低于全球国内生产总值增速）由很多因素造成，比如欧洲还在努力结束债务危机，新兴市场经济增速在放缓，等等，但最重要的因素之一是美国经济正经历深刻的变化：美国不再仅仅是世界的最终消费者。在近五年的经济复苏之后，美国的贸易逆差没有增长反而在减少，奥巴马政府上台后在减少贸易逆差方面竭尽所能，并把扭转逆差作为一项核心经济政策。白宫首席经济顾问萨默斯在2009年8月曾提出转变美国经济发展模式的4个方向，其中首要一项就是要更多依靠出口。美国积极推动与韩国、哥伦比亚、巴拿马等国的双边自由贸易协定，积极推动跨太平洋伙伴关系协议（TPP）和跨大西洋贸易与投资伙伴关系协议（TTIP）。美元贬值也令美国商品更具有国际竞争力。实际上，从 2012 年到 2013 年，美国的贸易逆差下降了约 12％，而从 2007 年到 2013 年，美国的贸易逆差减少了 33.74％。逆差减少的部分原因是页岩油和天然气的产量迅速增加使得美国从国外进口的化石燃料减少，而且美国的制造业也在增长。也有一部分原因是自危机以来工资没有增加，加上页岩气的价格优势，这让美国产品的竞争力提升。

北美现在是全球能源增长速度最快的地区，预计未来 10 年左右，美国将实现能源的自给自足，美国的天然气价格比亚欧低一半左右，未来随着企业的回迁将建立制造业的价格优势，这些都将缩减美国的贸易逆差，缩减美元在美国境外的流通。

美元在境外的流通下降，将限制贸易全球化的发展。

有些人会说，如果这样，就会有其他货币承担国际结算货币的角色，这种说法是不成立的。在国际外汇市场上，良币驱逐劣币，美元收缩，意味着美元在国际外汇市场升值，在国际贸易中所占份额会增加，其他货币更加无法挤入国际结算市场。

去全球化趋势的形成将使中国面临以下两个非常现实的问题：

第一是经济的结构性问题。中国以往的经济模式是以投资和出口为主导，更大的问题是房屋消费在总消费中占有很高的比例，这些都是不可持续的行为。很显然，未来中国将面临剧烈的经济结构调整，出口的下降将使中国的产能过剩更加严重。如果不能占据消费终端，中国的经济增长很可能会失去动力。消费的增长涉及到一系列根本制度的改革，特别是财税制度，需要使财富分配更加均衡，在经济增速下降、财税收入面临压力的时期，这种改革将面临非常大的难度。

第二是货币问题。在去全球化和美元在全球范围内收缩的时期，美元不再廉价易得。如果坚持过往的人民币发行方式——用美元派生发行货币的方式——中国必须具备比美国更高的经济效率，经济效率的提高取决于现有体制对国家管理效率的提高和科技水平的进步，如果不能实现这一点，随着基础货币的流出，庞大的资产泡沫面临破裂。如果脱离美元为锚（以美元为发行准备金）建立新的货币发行机制，这种新的发行机制必须具备比美元发行机制更高的信用，至少是相等的信用，否则货币将因信用问题而出现非常惨烈的局面。

中国要崛起，实现长期的繁荣，完善货币的四大功能是必须的。今天，依靠美元派生发行并不能保证人民币具备和美元相同的信用，因为人民币不是可自由兑换货币，人民币的内在价值与美元的价值以及中国的外汇储备并没有直接的关系，主要取决于内部的购买力和国家的财政状况。

要提升中国货币的信用，在坚持现有货币发行机制的情况下，就必须实现货币的可自由兑换，自由兑换之后，美元可以作为中国货币的价值标尺，是真正的汇兑本位制。

如果建立新的货币发行机制，也必须从制度上和发行机制上提升货币内在的信用。货币信用的提升，完善货币的功能，是中国经济继续繁荣的唯一道路。

第八章

货币与经济趋势预测

全球的货币只有两种模式,因为社会的结构只有两种。

读历史是为了预测未来,本章将告诉读者未来最可能出现的经济现象和货币升值与贬值的趋势,也告诉读者如何预测每个行业的变化规律以及通胀型经济下汇率的走势规律。

历史是最丰富的课堂，今天社会上发生的任何一件事情，都可以在历史中找到答案。虽然时间变了，地点变了，外在的表象变了，但内在的规律不变。

社会的内在规律极其繁杂，难以形象地表述，而政策也是瞬息万变。但所有的内在规律都有外在的表现形态，那就是货币。货币的坚挺或衰落代表了社会运转的真实轨迹。

货币的身后，反应的是气候、历史、哲学、经济、文化等宏观因素，更反应了金融、财政、贸易等微观因素。社会是一个大舞台，构成舞台的因素错综复杂，货币就是最主要的演员之一，代表的是社会运转的综合趋势。

货币信用的"土壤"

在中国漫长的封建社会历史中，一直处于人治社会，既然是人治，那么，就存在统治者和被统治者，也就形成了两个阶层。古语有云：水能载舟，亦能覆舟。既然有类似"水"和"舟"这两个不同的阶层，两个阶层的利益并不完全吻合是一种客观存在。如果"水"与"舟"合二为一，浑然一体，社会的基本矛盾就会消失。在"水"与"舟"同时存在的情形之下，所有的手段都会成为统治者维护自己统治地位的工具，当然也包括货币的内在信用，因为统治者自身的统治地位所代表的利益才是至高无上的。所以，中国古代历史上，当一个王朝遇到统治困难的时候，绝大多数时候都会利用虚钱的手段（贬值货币）为其利益服务。比如王莽铸造虚钱、南宋会子不断超发、元朝纸币不断改革、咸丰铸造虚钱并发行钞票，等等，目的都是通过货币贬值的手段，聚敛财富，强化国家机器，为维护自己的统治地位服务。这时，维护货币的信用就下降到次要的地位，货币仅仅是统治者对社会进行统治的工具之一。

因此,在这样的人文环境之下,就很难产生真正的信用货币,无论贵金属货币时代还是纸币时代都是如此。

这就造成一个特定的现象,英国从1694年诞生英镑,到今天依旧是英镑。可是,在此期间,中国已经使用过多种货币。

如果要建立真正的信用货币,则必须将法律置于所有人的权力和利益之上,脱离人治,弥合社会两个阶层之间的鸿沟,使社会成为一个整体,然后,使用合理的制度和法律保卫货币的信用。在这样的人文环境下,信用货币才能诞生。

价格与汇率

对于通胀型经济体,价格的走势就代表汇率的走势。

巴西现在已经陷入滞胀的苦海。

巴西经济是典型的资源型经济,也是通胀型经济,资源的价格代表的是巴西的经济增长水平。

2008年底和2009年初,随着美国次贷危机的爆发,世界主要经济体开闸放水,特别是中国四万亿的经济刺激措施,使得世界资源价格在2009—2010年达到一个高峰,伴随的是巴西经济的最后繁荣。

2010年以后,欧洲的主权债务危机爆发,2011年后,新兴经济体特别是中国的经济增速放缓,资源价格从2010年开始下跌,巴西经济增速也快速下降。2010年,巴西经济增长率是7.5%;2011年,增长2.7%;2012年,增长0.9%;2013年,增长2.3%,2014年,仅仅增长0.1%。

2010年以前,随着世界经济对大宗商品需求的上升和价格的上涨,巴西经济蒸蒸日上,巴西货币雷亚尔也遭遇疯狂升值,2010年7月初,雷亚尔再创历史新高,美元对雷亚尔汇率跌到1∶1.5523。从2010年以后,随着大宗商品需求的下降,价格也开始回落。在巴西经济增速开始下降的同时,雷亚尔也开启贬值之旅。2011年6月4日,美元兑雷亚尔汇率为1∶1.5765;2012年6月22日,美元对雷亚尔汇率为

1∶2.06；2013年6月20日，虽然巴西中央银行再次干预外汇市场，美元兑雷亚尔汇率依旧达到1∶2.2591；2014年1月26日，美元兑雷亚尔汇率为1∶2.426。

随着巴西持续十多年通胀型经济从2010年开始见顶回落，虽然巴西央行曾经多次连续加息，但都改变不了雷亚尔汇率持续三年多贬值的趋势。

这就是前文中多次说过的原理，在资源需求放大、价格上涨的周期中，巴西经济的资本投资回报率高，资本持续流入，本币升值；当资源价格开始回落以后，巴西的资本投资回报率过低，资本持续流出，带来雷亚尔的贬值，央行使用利率干预汇率的作用是微弱的。

伴随本币不断贬值的一定是通胀高烧不退，巴西的通胀率2010年是5.91%，2011年是6.5%，2012年是5.84%，2013年是5.91%，2014年是6.46%。

经济持续低迷加上汇率持续贬值，通胀维持在高位，使得巴西经济持续处于滞胀之中。

价格也将决定人民币汇率，因为中国经济也是通胀型经济。

但是，影响中国经济的价格要素由两部分组成：一是资源价格，以煤炭为主，这是中国最主要的资源，其他资源比如原油、有色金属、铁矿石等在世界上并不处于主要地位；二是房地产价格。

煤炭价格在2011年底开始，出现持续的回落，这是从2014年初开始人民币开启贬值的根本原因之一，煤炭价格的回落，意味着与重化工业化相关的基础行业的资本投资收益率不断下降，资本出走，施压汇率。之所以在这中间滞后了大约两年，是因为2012年到2013年，有些行业（主要是房地产）的价格还未见顶，有资本流入，可以对冲这种基础产业资本的流出，或者有些其他行业的资本转战房地产，直到2013年四季度，房地产成交开始回落，才显示出基础行业的资本流出对汇率的冲击作用。

另一个决定人民币汇率的主要因素是房地产价格。这个价格的影响力比煤炭等基础行业对汇率的影响大得多，是决定性因素。

首先是房地产价格进入下行轨道之后，成交量下降，会带来钢铁、有色金属、建材等基础行业的继续萎缩，资本继续外流，冲击汇率，房地产行业的资金也会外流，共同施压汇率。其次，随着房地产价格的下跌，政府在房地产行业和房地产上下游产业链上的财政收入将大幅下降，开始一定是采取发债的形式解决财政缺口，当债券利率上涨到不可承受的时候，如果依靠增发货币弥补财政缺口，利率将受到剧烈冲击。

这是将房地产作为支柱产业必定面临的难题。

经济趋势预测的要点

行业的逻辑

本人涉及过医药、酿酒、煤炭、有色金属、化工、金融期货等行业。有时会反问自己，这些学科和行业都是相互独立的吗？起初，认为每个行业都有自己独立的内在规律。可是，逐步地，却发现虽然每个行业的内在规律各有自己的特点，但认知和研究的方法是一样的，具有深刻的内在联系。比如气候学和历史学、气候学和货币金融学几乎就是孪生兄弟，从本书中，大家可以明显地看出这一点。

任何一个商品行业，最终都无法逃脱供需规律的掌控。

房地产行业是比较典型的例子，2000—2014 年，中国的房地产行业就是"东方不败"，而很多行业都已经经过了自身的行业循环。比如白酒行业，3～5 年一个周期。房地产行业真的可以永远不败吗？那是不可能的！只不过房地产行业的周期之长远远超过大部分行业。这个行业是以人口周期为自己的循环周期，加上 20 世纪后期的房改政策，取消福利分房，形成了很长时间的繁荣。很多人过去以房屋租售比、收入房价比来预测房价的拐点，现在已经证明，这些判断都成了乌龙。是因为这些理论出现了错误吗？肯定不是。最根本的原因在于：这些因素不是主要因素，对于任何一个商品行业来说，供需关系是王道，供需关系逆转的时候，必定是行业拐点的时候。

本人在 2012 年下半年的博文中，预测白酒将出现拐点。源于白酒的产量太大、利润太高了，当时，如果全国所有白酒企业开足产能，需要全国每个男人每天喝 3 两左右，这显然是荒唐的事情，而且著名白酒品牌的毛利率都在 90% 以上。可想而知，有多少社会资本想方设法进入这一行业？大量资本进入就意味着未来产能的急剧扩张，基于地方政府增加税收的欲望，地方政府也会主导白酒行业投资额的快速增长。在中国，地方政府的冲动力是强大的，因为他们渴望税收超常增长。当时的产量和潜在的产能，就决定行业的拐点已经到了。事实证明，2013 年，滑落速度最快的行业之一是白酒，这是客观因素使然。这轮白酒行业的调整周期会超过以往，因为它复合了中国经济增速回落的周期。行业拐点出现以后，任何一个对行业的负面因素，就会成为"黑天鹅"。结果塑化剂成为了白酒的"黑天鹅"，白酒行业遭遇了"滑铁卢"。在那样的情形下，没有塑化剂也会有其他的事件成为"黑天鹅"。谁当"黑天鹅"不重要，重要的是行业规律。当行业发展出现拐点的时候，可以坐等"黑天鹅"，即便没有"黑天鹅"也一样无法阻挡行业的回落。

这种行业规律贯穿在每个行业。比如煤炭行业，本人也曾及时给出了行业拐点。似乎没有很明显的"黑天鹅"事件，但一样从 2011 年 10 月份开始出现持续回落。煤炭行业的周期远远长于白酒行业，因为这个行业和中国的重化工业化周期紧密联系。

虽然行业规律是一致的，但供需关系的分析却需要很丰富的知识和很强的分析鉴别能力。

对于房地产这个行业来说，这种供需分析就更加复杂。20 世纪末期取消福利分房，2001 年中国加入世贸组织，加上人口红利释放，这些因素决定了对房屋的需求既有刚性需求（就是地产商们嘴中的刚需），又有改善型需求，无论刚需还是改善型需求，他们的购买力又都与价格和银行按揭贷款的利率密切相关。

既然房地产反映的是人口的周期性经济行为，中国适龄劳动力总数在 2012 年开始下降（2011 年就是中国适龄劳动力总数的最高峰），这表明，从 2011 年起，房地产行业形成长期拐点。

拐点年份的具体判断由以下两个因素决定：一是，经济增长速度。因为房屋的需求之中，无论刚性需求还是改善型需求，经济增长速度下降，意味着购买力增长的速度下降；经济如果继续高速增长，意味着购买力继续增强，房屋就不会出现供需关系的真正恶化，即便短期恶化，也改变不了长期涨势。2012年，中国央行实行货币宽松政策，可是中国经济增长速度却从9.2%跌至7.7%，说明由综合因素决定的中国经济高增长已经开始回落，人们收入增长的速度必定开始回落，意味着购房者购买力的增长速度在下降，对价格的推动力在下降，这是供需关系开始逆转的信号。二是资本利率水平。虽然中国央行在2012年实行货币宽松政策，可是，2013年银行间拆借利率在当年年底急剧攀升，这说明中国资本的形成速度已经无法支撑经济继续高速增长，更无法支撑资产价格继续上升。这种利率攀升的原理，本人在2012年10月初曾专门撰文说明（如松的新浪博客，《中国正在向廉价资本时代告别》和《中国的银行患了什么病》）。如果房价继续上涨，利率会继续急剧攀升，利率就会成为价格的天花板，所以本人在2013年年中曾说："未来一年左右，将形成房地产价格的大顶。"何况，美国从2013年底逐渐缩减量化宽松的规模，人民币兑美元汇率从2014年初告别单边升值，这些因素都将继续推动国内的利率不断上行，所以，2014年成为楼市的历史顶部的概率非常大。资本利率水平本身就是楼市价格的一部分，而且是决定性因素之一。未来，如果利率开启新的上涨周期，会出现需求骤然消失的情形。

购买力增长速度开始下降，利率进入上涨轨道，这就是拐点的信号。

中国的房屋，现在一直被当作资产看待。可是，中国的房屋都有一定年限的使用权，无论你用什么价格购买房屋，房屋总价除以使用权的年限，就是每年的自然损耗（不考虑中国房屋的质量问题，很多房屋的实际使用年限达不到使用权的年限）。价格见顶回落的时候，房屋的商品属性将逐渐显示出来，需要每年计算折旧费用，增加价格下跌的压力。

为什么中国现在的楼市呈现地域不平衡的特征？比如温州、鄂尔多斯、神木都曾经是中国房地产最风光的城市，但已经先于全国楼市的走势而不断下跌。这源于中国的煤炭价格在2011年10月就开始不断回落，鄂尔多斯和神木等这些煤炭资源城市，经济增长速度和人们的收入增长速度都出现了快速下降，意味着刚需和改善型需求的购买力下降，供需关系逆转，所以神木和鄂尔多斯的楼市价格也从2011年之后不断下跌。而温州是中国民营出口企业最集中的地区，大部分企业从事一般性商品的制造出口，随着中国生产要素价格的不断上升，出口失去竞争力，一般制造业在2011年左右即难以为继，利润十分微薄，温州的经济增速开始下降，这意味着购房者的购买力下降，温州的房价也在那时开始不断地下跌。温州、鄂尔多斯和神木的楼市价格，都体现了地域经济的趋势，所以，2012—2013年，基本上脱离全国的楼价走势，独自下跌。

中国央行在2012年实行货币宽松政策，温州、鄂尔多斯和神木的房地产价格却不断下跌，说明了任何商品市场，当供需关系逆转以后，中国央行即便释放货币，也改变不了价格的趋势。

当人口红利释放整体结束，环境无法承载过往的经济增长模式时，意味着经济增速的回落不可逆转，无论刚需还是改善型需求，购买力开始下降，从而就决定了中国房地产行业的趋势。

从交易的角度来思考，也可得出一样的结论。2012年，是中国典型的货币宽松之年，形成2012年四季度和2013年楼市总体的量价齐升，但本次上升显示了不一样的特征，一线和部分二线城市房地产的价格上涨，部分二线城市和大部分三四线城市房地产的价格涨幅甚微，只是被动跟随的走势，甚至有些城市还在下跌。这直接说明，广大三四线城市和部分二线城市已经过了供需平衡点。

需求自身不能独自决定价格，只有供需关系才决定价格。

未来，随着利率不断上涨，购房成本提升，供需关系越过平衡点，房屋价格就将走向下降通道。

行业的机会

世界的变化必定带来行业的变化，随着中国重化工业化的结束和去全球化时期的到来，过去一些年兴盛的行业注定都会衰落，相反，也会有一些行业面临机会。

首先是能源行业，在未来很多年，中国的能源行业都孕育着最重大的机会。中国的原油对外依存度很高，世界地缘政治持续动荡，可能打击中国的海上运输线，推高国内原油价格。人民币汇率从中长期告别升值周期，如果贬值，亦将带动国内原油价格的上涨。所以，太阳能、风能、生物能等新能源会有很大的机会，页岩油、页岩气未来也会展现比较大的发展空间。同时，由于煤炭价格长期下跌趋势的确立，煤制油行业也会出现非常大的发展空间，但这个行业很大程度上会受制于水资源的供给能力。

中国的周边关于领土（领海）纷争的地点非常多，东海、南海、西部陆地都有领海、领土纠纷，这些地区的局势时刻可能出现恶化。军工行业将是未来很长时间的主题。按现在的局势判断，国家对许多行业的投入都有很大的可能被削减，唯独军工行业的投入会持续扩大，这是比较确定的。

老龄化已经是摆在面前的现实，建国后出生率最高的时间段是20世纪50年代后期到70年代前期，这部分人从现在开始都将逐渐步入老龄，医药、医疗器械和养老产业将迎来发展的黄金时期。不过，中国现在的医药行业和养老行业，大部分主要依靠政府的支出，随着未来经济增速的下滑，财政收入下降，这一产业的支出是否受到压缩，具有很大的不确定性。

气候的变化已经进入了关键的时期，2014年是拉马德雷冷位相的第14个年头，2014—2016年属于月亮赤纬角最小值周期。任何气候的变化，都有量变到质变的过程，会出现骤变的阶段，需要密切关注这一阶段的到来，当质变时间点出现时，农业将再次成为全社会关注的焦点。

中国经济要实现转型，唯一的出路在于创新。当实现了生产要素按市场原则优化分配的时候，这时必定伴随着货币内在信用的确立，创新的温床就出现了。

再一个必须关注的行业是黄金行业。如果信用货币出现危机，黄金行业必定出现暴发性的机会，这和每个国家的具体情况有关。

如何定义泡沫

什么是泡沫？业界一直在争论不休。对于房地产，有些人说没有泡沫，有些人说有泡沫，这些争论是无意义的。任何趋势如果不能持续，就是泡沫，可以持续就不是泡沫。比如，如果中国经济增速继续回落，房屋价格终要进入连续下跌的过程，那就有泡沫；如果经济就此转型成功，再次进入新一轮增长（意味着人均收入继续高增长），房地产市场肯定继续繁荣一段时间，暂时就没有泡沫。

这是因为供需关系和市场实际利率水平密切相关，如果中国经济就此转型成功，意味着投资收益率再次回升到高位，资本形成的速度加快，利率下跌；同时，经济增长模式转型成功，经济可以实现继续高增长，意味着人们的购买力继续上升。这两点都将继续放大购买力，价格只能继续上涨，反之，价格的推动力下降，房价只能下跌，泡沫破裂。

中国过去二三十年的重化工业化、外汇储备超常增长、资本廉价化，无不和人口红利释放密切相关。没有丰富的劳动力，就没有出口的持续高增长，也没有外汇储备的加速形成；没有丰富的劳动力，也无法实现重化工业化；没有出口的超常增长，加上货币双发机制，也就没有廉价资本的形成。在廉价资本时代，利率长期处于低位。虽然本轮经济繁荣周期有很多因素支撑，但人口红利和环境的可承受是最基本因素。随着人口红利释放结束，过去的很多经济现象都将不可持续。所有不可持续的经济现象，意味着就是泡沫。

当然，泡沫的破裂具有先后的顺序。

从当前的现象来观察，受到环境和资本收益率下降双重压力的行业泡沫先行破裂，那就是和煤炭、钢铁、有色金属等行业，这也是社会的趋势。当污染严重恶化的时候，社会对政府的压力巨大，这些行业受到人口红利结束、政府对污染的治理、资本投资收益率下降等综合因素的共同压力，先行破裂是必然的。

最坚强的是房地产。这在于住房是每一个人的需求，政府对于土地财政的依赖程度过高，政府无论如何都要竭尽最后一份能力保经济增长（保经济增长可以保房屋的购买力增长），综合因素造成房地产泡沫最坚固。

当任何一个泡沫破裂之后，说明供需关系彻底逆转，在供需关系没有恢复以前，增发货币措施不能阻止价格的下行，也无法挽救泡沫的破裂。

任何一个行业泡沫破裂的进程,都要通过企业的大面积破产和重组,才会达到行业的底部。因为没有企业的大面积破产,就无法恢复供需关系。

经济周期

经济的繁荣与收缩,是客观规律,不以任何人的意志为转移,这就是气候、人口、世界储备货币所决定的经济规律,例如,美国历史上既有"镀金时代"的繁荣(图8.1),也有1929年开始的大萧条(图8.2)。

图 8.1　太平洋铁路通车时期的场景

图 8.2　1933 年,纽约的民众在街头摆卖家当度日

为什么经济周期会不断地循环？

这源于任何一个繁荣周期，都有最基本因素的支撑，包括制度红利、人口红利、科技进步带来的产业革命，等等，使得经济效率实现了大幅提高，开启一轮经济繁荣。随着繁荣周期的持续，所有生产要素价格都会出现不断抬升的过程，比如人员工资、原材料价格等，对应地，需求也有逐渐满足的过程，这就在资本投资回报率上形成抛物线形态，当资本收益率下降到银行利率水平以下，那么这种繁荣周期也就结束了。

以往，只要遇到经济下行的情形，就无一例外地使用宽松货币的政策对抗经济下行。使用这一政策要有两个前提才能达到预期效果：第一，资本投资回报率还在上升阶段或顶部阶段，这说明支撑过往经济增长的内在动力还存在；第二，汇率还未达到均衡值，甚至还低于均衡值，撒货币不会带来汇率的大幅下挫。

用宽松货币的手段对抗经济下行，工业品、原材料价格都会提升，经济也就拐头向上，因为过剩还未出现，价格还可以向终端传导。这种现象不代表央行很强大，只意味着经济依旧处于健康的轨道上。

可是，当工业生产全面过剩以后，宽松货币对抗经济下行的做法是彻底无效的。全面过剩的出现压制了资本投资收益率，因此，资本不会再进入工业、基础设施等行业。这时期的宽松货币措施将使得通胀加速上行。

因此，对经济管理的做法必须进行根本性的改变。

经济繁荣与萧条的循环，是经济规律，二者相伴而生，人们需要的就是拥抱未来的繁荣，勇敢地面对萧条。

中国的 M2 到何处去

2013 年底，中国 M2 达到 110 万亿人民币，而且这个数字在 2014 年一季度还在增长。据统计，2013 年，中国的国民经济总量是 56.88 万亿元人民币。很显然，M2 绝对额已经接近经济总量绝对额（GDP）的 2 倍。

这些多余的货币到何处去？因为超发的货币最终会有一个去处。

近些年，很多专家拿经济腾飞期的亚洲四小龙以及其他国家或地区说事，这是僵化的思维模式。在经济的腾飞期，如果这个国家的经济结构比较合理，创新在经济增长中起到主要作用，那么，即便 M2 与 GDP 的比值高也不容易出现问题，甚至是正常的；如果经济的结构性矛盾比较突出，即便 M2 与 GDP 的比值接近 2 倍甚至低于这一数字也一样会带来严重的问题。一个国家的 M2 增长和国家经济质量密切相关。

而中国，庞大的 M2 聚集在房地产和相关上下游行业，具有典型的不可持续性，和其他国家的情形没有丝毫的可比性。

因此，如果中国的资本投资回报率还足够高，这不是问题，甚至央行还可以继续扩大 M2 增速，增发的货币进入投资领域促进经济增长，同时通胀依旧控制在可以忍受的范围内，那么这个问题就不是迫在眉睫的问题。如果经济有很强的创新动力，意味着经济效率可以实现再次提升，也意味着资本投资回报率可以不断提升，相当于中国经济避开了很多国家曾经出现的中等收入陷阱，那么，这些多余的货币还有去处，也就是继续进入投资领域，M2 过高也不是问题。但是，中国 2012 年的资本投资回报率已经低至 2.7%，经济增长方式的转型又不是短期行为，过高的 M2 就必须有去处。

最危险的情形是转化成通胀的动力，这是巴西现在已经陷入滞胀的根本原因，也是经济无法顺利转型成功的必然结果。因为金砖国家在过去的经济高速发展过程中都形成了庞大的货币"堰塞湖"，如果不能在经济增速下降的过程中合理处理这一"堰塞湖"，就会陷入滞胀的陷阱。这时，消灭这些多余的 M2 的方式就只能是经济危机，只有经济危机才能消灭这些超过经济总量所需求的货币，使得残存货币的信用得到提升，使经济恢复效率。这是现代社会不断发生经济危机的根源。

资本投资回报率

衡量通胀型经济进程和拐点的最重要的指标是资本投资回报率。

清华大学经济管理学院白重恩教授研究计算了调整价格之后的税后投资回报率，认为 2012 年中国已经降低到 2.7% 的新低水平。该数据从 1993 年 15.67% 的高水平持续下降，在 2000—2008 年还曾稳定在

8%～10%，但美国金融危机之后资本投资回报率快速下降。来自世界大型企业联合会的报告（2013年），中国的全要素生产率（TFP）增长率从2007年4%下降到2008—2012年的－1%。

这一资本投资回报率的数字已经远远低于五年期贷款基准利率。但是，为何中国在如此低的资本投资回报率的情况下，仍然在2013年实现了7.7%的经济增长率？这显然和资本投资回报率的数据并不吻合，这也是很多经济学家困惑的原因。

原因应该在于中国经济发展的不均衡性和各个行业发展的不均衡性。2.7%的资本投资回报率是社会整体的指标，可能有些东部地区已经远远低于这一指标，而西部地区高于这一指标；同时，各个行业之间也有很大的不均衡，有些行业还高于这一指标，有些行业早已经低于这一指标。这只能说明经济尚有潜力的地区和行业在拉动经济的增长，但是，从社会整体上来说，投资是无意义的活动，部分行业和地区拉动经济增长只不过是投资活动的末端。

当投资活动失去效率之后，通胀的形成方式将面临变化。表8.1所列为2010—2013年M2增速和GDP增速数据。

表8.1　2010—2013年M2增速和GDP增速数据

年　份	M2增速	GDP增速	差　额
2010年	19.7%	10.4%	9.3%
2011年	13.6%	10.3%	3.3%
2012年	13.8%	7.7%	6.1%
2013年	13.6%	7.7%	5.9%

货币增长速度持续高于GDP增长速度，剩余部分的货币没有对应的商品和服务，就会造成通胀，差额的数字代表的就是潜在的通胀率。以2009年为基数1来计算，那么2010—2013年的潜在通胀率是26.86%。前面说过，因为增发的货币进入投资领域，加上汇率升值，进口商品价格降低压制了国内通胀率，综合因素的表现就是实际通胀率低于这一数字。因此，我们看到这四年国家统计局公布的CPI数据分别是3.3%，5.4%，2.6%，2.6%，四年通胀总水平是14.61%，明显低于上述计算的数据。

当全社会资本投资回报率过低，无法吸收增发货币的时候，增发的货币就会冲击供给受自然条件限制的农产品，形成结构型通胀。

以上这些数字深刻地反应了 2008 年以来中国经济的轨迹。2008 年，美国爆发次贷危机，中国经济快速下滑。2008 年底，中国推出四万亿投资项目，开始宽松货币，经济立即回升，因为那时中国的资本投资回报率在相对高位（8%～10%的水平）。2012 年，央行开启新一轮宽松货币周期，地方政府和发改委推出大量的投资项目，累计总投资额超过 20 万亿。但这些举措依旧无法阻止经济的回落，GDP 增速从上年的 9.2%跌落至 7.7%。主要原因在于资本投资回报率已经下降，投资项目对资本的吸引力下降，无论央行释放货币还是政府推出投资项目，都无法带动经济维持原来的增长水平。

所以，通胀型经济的结束就在于全社会资本投资回报率的回落。今天，中国既然不能主动刺破资产泡沫，实现生产要素价格的快速调整，未来就只有两条路：要么转型成功，经济进入新一轮增长；要么转向滞胀不断恶化的经济模式，同时伴随着资产价格泡沫的破裂。

后 记

世上每个人都熟悉货币，或许最不熟悉的也是货币。

货币是什么？严格来说它并不等于我们日常生活中所接触的钞票。从哲学的观点来看，货币是一种信用，是看不见摸不着的东西；从经济学的观点来看，它是一般等价物。货币体现的这种信用不受时间的影响，也不以国家、民族和任何人的意志而改变，因为金银等拥有长期稳定的特征，就承载了这种信用而成为货币。那么，现代的钞票是什么？是银行券。从初始的含义来说，银行券由银行发行、只起到代替货币流通的职责，如果一种银行券的内在价值可以长期稳定，它就接近了货币，但永远无法成为货币。因为货币信用的稳定时间是无限长，适用的范围是无限广，严格公正地对待世界上的每个人，不以任何人的意志而改变，所以，有存续寿命的银行所发行的银行券只能接近货币，却永远无法成为货币。相反，如果银行券不断滥发，发行银行就会破产，银行券就会被快速淘汰，中外历史上部分银行券的存续时间很短，最典型的事例是津巴布韦币，这样的银行券逐渐接近的不是货币的信用本质，而是快速远离信用本质逐渐接近一般商品——纸张的价值。

既然现在的社会将银行券称作货币，我们也只能称其为货币，就是现在的信用货币。

在信用货币的时代，世界上绝大多数国家都会说自己的体制是最先进的，文化也是最先进的，这实际上是不可能的，因为总有先进和落后之分，但无法用量化的指标来衡量，所以，这是一本历史的糊涂账。如果想把这本糊涂账算清楚，就可以落在货币身上。当一个国家的经济长期稳定发展、货币相对世界上主要货币可以保持长期升值趋势的时候，意味着这个国家的文化对社会和经济进步的支撑力、推动力强大；体制拥有完善的自我修复功能可以使得这个国家的基本国策永远保持在正确的道路上；社会非常公正、公平、公开而不断焕发生机。这些综合因素带来的结果很可能就是社会持续繁荣、经济竞争力稳定提升，本国货币相对于世界的主要货币长期升值。

作者的初衷是将自己对历史、气候与货币之间的关系写出来，为社会提供一些参考，而推动社会的持续繁荣是每一个人的责任。同时，也希望告诉每个百姓，"钱"为什么会变"毛"。在写作的过程中，陈小惠、马施君、陈恩国、张广江、陈腾宙、周江挺、张洋、陈湘云、张哲、陈小霞、何文涛、曾玉媚、冯玉珍、邓忠诚参与了本书编辑、整理和资料查找等工作，在此衷心感谢这些人的辛勤劳动！

另外，本书参考了很多文献资料，基本上已经在页末注中列出，但不免会有遗漏。在此向这些作者致以感谢！